CSSCI 来源集刊

Dialogue Transculturel
跨文化对话

第 52 辑

主　　编　　王邦维　〔法〕金丝燕
执行主编　　钱林森　董晓萍　陈　明
副 主 编　　王一川　陈越光

商务印书馆
The Commercial Press

图书在版编目（CIP）数据

跨文化对话.第52辑/王邦维，（法）金丝燕主编.
—北京：商务印书馆，2025.-- ISBN 978-7-100-25439-7
I. G40-53
中国国家版本馆 CIP 数据核字第 2025XP8327 号

权利保留，侵权必究。

跨文化对话

第52辑

主　　编　王邦维　〔法〕金丝燕
执行主编　钱林森　董晓萍　陈　明
副 主 编　王一川　陈越光

商　务　印　书　馆　出　版
（北京王府井大街36号　邮政编码100710）
商　务　印　书　馆　发　行
北京虎彩文化传播有限公司印刷
ISBN 978 - 7 - 100 - 25439 - 7

2025年7月第1版　　　开本 710×1000　1/16
2025年7月北京第1次印刷　印张 21¼

定价：128.00元

《跨文化对话》主办机构

中国文化书院跨文化研究分院
北京大学东方文学研究中心
北京大学跨文化研究中心
南京大学比较文学与比较文化研究所
北京师范大学跨文化研究院
欧洲跨文化研究院

《跨文化对话》网址：
http://www.pkujccs.cn

鸣谢：

浙江敦和慈善基金会

《跨文化对话》学术委员会成员
Membres du Comité Scientifique/Members of the Academic Committee

中国 / Chine/China（以姓氏笔画为序）

丁石孙（1927—2019） 数学家、北京大学前校长
Ding Shisun
Mathématicien, ancien président de l'Université de Pékin
Mathematician, former president of Peking University

丁光训（1915—2012） 神学家、金陵协和神学院院长、南京大学前副校长
Ding Guangxun
Théologien, président de l'Institut de Théologie de Nanjing, ancien vice-président de l'Université de Nanjing
Theologian, president of Nanjing Union Theological Seminary, former vice president of Nanjing University

厉以宁（1930—2023） 经济学家、北京大学光华管理学院名誉院长
Li Yining
Economiste, directeur honoraire de l'École de Gestion Guanghua, Université de Pékin
Economist, honorary director of Guanghua School of Management, Peking University

叶 朗 美学家、北京大学教授
Ye Lang
Esthéticien, professeur de l'Université de Pékin
Aesthetician, professor of Peking University

刘小枫 古典学家、中国人民大学教授
Liu Xiaofeng
Philologue, professeur de l'Université du Peuple
Culturalist, professor of Renmin University

iii

汤一介（1927—2014）　哲学家、中国文化书院院长、北京大学中国哲学与文化研究所所长

Tang Yijie

Philosophe, président du Collège de la Culture Chinoise, directeur de l'Institut de Philosophie et Culture Chinoises, Université de Pékin

Philosopher, president of Chinese Culture College, director of Chinese Philosophy and Culture Institute, Peking University

杜维明　历史学家、哈佛大学教授、北京大学高等人文研究院院长

Du Weiming

Historien, professeur de l'Université Harvard, directeur de l'Institut supérieur des Sciences humaines de l'Université de Pékin

Historian, professor of Harvard University, Dean of Institute of Advanced Humanistic Studies, Peking University

吴志攀　法学家、北京大学前副校长

Wu Zhipan

Juriaste, vice-president de l'Université de Pékin

Jurist, vice president of Pekin University

张异宾　哲学家、南京大学教授

Zhang Yibin

Philosophe, professeur de l'Université de Nanjing

Philosopher, professor of Nanjing University

陈　骏　中科院院士、南京大学前校长

Chen Jun

Académicien de l'Académie des Science de Chine, ancien président de l'Université de Nanjing

Academician of the Chinese Academy of Sciences, former president of Nanjing University

周　宪　美学家、南京大学教授

Zhou Xian

Esthéticien, professeur de l'Université de Nanjing

Aesthetician, professor of Nanjing University

庞　朴（1928—2015）　历史学家、中国社会科学院研究员
Pang Pu
Historien, chercheur à l'Académie des Sciences Sociales de Chine
Historian, research fellow of Chinese Academy of Social Sciences

赵汀阳　哲学家、中国社会科学院研究员
Zhao Tingyang
Philosophe, chercheur à l'Académie des Sciences sociales de Chine
Philosopher, research fellow of Chinese Academy of Social Sciences

董　强　法国文化与文学教授、北京大学燕京学堂院长
Dong Qiang
Professeur de culture et de littérature françaises, doyen de l'Académie de Yenching de l'Université de Pékin
Professor of French Culture and Literature, Dean of Yenching Academy, Peking University

戴锦华　北京大学比较文学教授
Dai Jinhua
Professeur de littérature comparée de l'Université de Pékin
Professor of Comparative Literature, Peking University

欧洲 / Europe/Europe（par ordre alphabétique du nom）

皮埃尔·卡蓝默　夏尔−雷奥波·梅耶人类进步基金会执行主席，瑞士−法国
Pierre Calame
Président de la Fondation Charles Léopold Mayer pour le Progrès de l'Homme, Suisse-France
President of the Charles Leopold Mayer Foundation for Human Progress, Switzerland-France

安东·唐善　生物学家、巴斯德学院基因与遗传研究部主任，法国
Antoine Danchin
Biologiste, directeur du Département Génomes et Génétique, Institut Pasteur, France
Biologist, director of the Department Genomes and Genetics, Pasteur Institute, France

恩贝托·埃柯（1932—2016） 符号学家、作家、文学批评家、欧洲跨文化研究院学术委员会主席，意大利

Umberto Eco

Sémioticien, écrivain, essayiste, président du Conseil Scientifique de l'Institut International Transcultura, Italie

Semiotician, writer, literary critic, president of the Academic Committee of Transcultura International Institute, Italy

克萨维·李比雄 地质动力学家、法国科学院院士、法兰西学院教授，法国

Xavier Le Pichon

Géodynamicien, membre de l'Académie des Sciences, Institut de France, professeur au Collège de France, France

Geodynamician, member of the Academy of Sciences, Institute of France, professor at the Collège de France, France

利大英 中国学家、法国里昂三大第一副校长、研究部主任，法国

Gregory B. Lee

Sinologue, 1er vice-président chargé de la recherche, Université Lyon 3, France

Sinologist, 1st vice-president for research, University Lyon 3, France

卡梅罗·利松-托罗萨纳 人类学家、西班牙皇家学院院士、康普鲁登塞大学人类学系教授，西班牙

Carmelo Lison Tolosana

Anthropologue, membre de l'Académie Royale d'Espagne, professeur au Département d'Anthropologie, Université Complutense de Madrid, Espagne

Anthropologist, member of Spanish Royal Academy, professor of Department of Anthropology, Complutense University of Madrid, Spain

阿兰·海伊 语言学家、词典学家、国际词典学联合会主席，法国

Alain Rey

Linguiste, lexicographe, président de l'Association Internationale de Lexicographie, France

Linguist, lexicographer, president of the International Lexicography Association, France

《跨文化对话》编辑委员会成员
Membres du Comité de rédaction/Members of the Editorial Committee

主编　王邦维教授（北京大学）
Wang Bangwei (Rédacteur en chef/Editor-in-chief)
Professeur à l'Université de Pékin/Professor of Peking University
通讯地址：中国北京 100871，北京大学外国语学院
Adresse: Faculté des Langues étrangères, Université de Pékin, 100871, Pékin, Chine/School of Foreign Languages, Peking University, 100871, Beijing, China
Tel: 86-10-62753239, Email: bwmitra@pku.edu.cn

主编　金丝燕教授（法国阿尔多瓦大学）
Jin Siyan (Rédactrice en chef Editor-in-chief)
Professeur à l'Université d'Artois/Professor of Artois University, France
通讯地址：4 allée Henri Dunant, 94340 Joinville-le-Pont, France
Adresse: 4 allée Henri Dunant, 94340 Joinville-le-Pont, France
Tel: 33-631292804, Email: jinsiyanor@gmail.com

副主编　王一川教授（北京语言大学）
Wang Yichuan (Rédacteur en chef adjoint/Associate editor-in-chief)
Professeur à l'Université des Langues et des Cultures de Pékin/Professor of Beijing Language and Culture University
通讯地址：中国北京 100083，北京语言大学艺术学院
Adresse: Faculté des Arts, Université des Langues et des Cultures de Pékin, 100083, Pékin, Chine/School of Arts, Beijing Language and Culture University, 100083, Beijing, China
Email: wangyichuan@blcu.edu.cn

副主编　陈越光研究员（北京师范大学）
Chen Yueguang (Rédacteur en chef adjoint / Vice executive editor-in-chief)
Chercheur invité de l'Université Normale de Pékin / Scholer invited of Beijing Normal University
通讯地址：中国北京 100875，北京师范大学跨文化研究院
Adresse: Collège des Etudes transculturelles, Université Normale de Pékin, 100875, Pékin, Chine/College of Transcultural Studies, Beijing Normal University, 100875, Beijing, China
Tel: 86-10-67172890, Email: cyg01@vip.sina.com

执行主编　钱林森教授（南京大学）
Qian Linsen (Rédacteur en chef exécutif/Executive editor-in-chief)
Professeur à l'Université de Nanjing/Professor of Nanjing University
通讯地址：中国南京 210093，南京大学比较文学与比较文化研究所
Adresse: Institut de Recherche en Littérature et Culture Comparées, Université de Nanjing, 210093, Nanjing, Chine
Tel: 86-25-86206233, Fax: 86-25-83309703, Email: linsenqian@hotmail.com

执行主编　董晓萍教授（北京师范大学）
Dong Xiaoping (Rédactrice en chef exécutif / Executive editor-in-chief)
Professeur à l'Université Normale de Pékin / Professor of Beijing Normal University
通讯地址：中国北京 100875，北京师范大学中国民间文化研究所
Adresse: Institut de recherche sur la culture populaire chinoise, Université Normale de Pékin, 100875, Pékin, Chine/Institute of Chinese Folk Culture Research, Beijing Normal University, 100875, Beijing, China
Tel: 86-10-58807998 Email: dongxpzhh@hotmail.com

执行主编　陈明教授（北京大学）
Chen Ming (Rédacteur en chef exécutif/Executive editor-in-chief)
Professeur à l'Université de Pékin/Professor of Peking University
通讯地址：中国北京 100871，北京大学外国语学院
Adresse: Faculté des Langues étrangères, Université de Pékin, 100871, Pékin, Chine/School of Foreign Languages, Peking University, 100871, Beijing, China
Tel: 86-10-62765006, Email: aryachen@pku.edu.cn

执行副主编　李国英教授（北京师范大学）
Li Guoying (Rédacteur en chef exécutif adjoint/Executive associate editor-in-chief)
Professeur à l'Université Normale de Pékin/Professor of Beijing Normal University
通讯地址：中国北京 100875，北京师范大学文学院
Adresse : Faculté des Langue et Culture chinoises, Université Normale de Pékin, 100875, Pékin, Chine/School of Chinese Language and Literature, Beijing Normal University, 100875, Bejing, China
Email: bjlgy@bnu.edu.cn

执行副主编　李正荣教授（北京师范大学）
Li Zhengrong (Rédacteur en chef exécutif adjoint/Executive associate editor-in-chief)
Professeur à l'Université Normale de Pékin/Professor of Beijing Normal University
通讯地址：中国北京 100875，北京师范大学文学院
Adresse: Faculté des Langue et Culture chinoises, Université Normale de Pékin, 100875, Pékin, Chine/School of Chinese Language and Literature, Beijing Normal University, 100875, Bejing, China
Email: lizhengrong@bnu.edu.cn

执行副主编　赵白生教授（北京大学）
Zhao Baisheng (Rédacteur en chef exécutif adjoint/Executive associate editor-in-chief)
Professeur à l'Université de Pékin/Professor of Peking University
通讯地址：中国北京 100871，北京大学世界文学研究所
Adresse: Institut de Recherche en Littérature Mondiale, Université de Pékin, 100871, Pékin, Chine
Tel: 86-10-62754160, Fax: 86-10-62765009, Email: bszhao@pku.edu.cn

执行副主编　余斌教授（南京大学）
Yu Bin (Rédacteur en chef exécutif adjoint /Executive associate editor-in-chief)
Professeur à l'Université de Nanjing/Professor of Nanjing University
通讯地址：中国南京 210093，南京大学比较文学与比较文化研究所
Adresse: Institut de Recherche en Littérature et Culture Comparées, Université de Nanjing, 210093, Nanjing, Chine
Tel: 86-25-83730391, Email: yubing1960@126.com

编辑部联络人　施越长聘副教授（北京大学）
Shi Yue (Correspondant/Editor and Liaison)
Professeur associé à l'Université de Pékin/Associate Professor of Peking University
通讯地址：中国北京 100871，北京大学外国语学院
Adresse: Faculté des Langues étrangères, Université de Pékin, 100871, Pékin, Chine/School of Foreign Languages, Peking University, 100871, Beijing, China
Email: ct@bnu.edu.cn

编辑部联络人　章文长聘副教授（北京大学）
Zhang Wen (Correspondante/Editor and Liaison)
Professeur associé à l'Université de Pékin/Associate Professor of Peking University
通讯地址：中国北京 100871，北京大学外国语学院
Adresse: Faculté des Langues étrangères, Université de Pékin, 100871, Pékin, Chine/School of Foreign Languages, Peking University, 100871, Beijing, China
Email: ct@bnu.edu.cn

编辑部联络人　罗珊助理研究员（中国艺术研究院）
Luo Shan (Correspondante/Editor and Liaison)
Chercheuse associée à l'Académie nationale des Arts de Chine/Research Associate of Chinese National Academy of Arts
通讯地址：中国北京 100029，中国艺术研究院
Adresse: Académie nationale des Arts de Chine, 100029, Pékin, Chine/Chinese National Academy of Arts, 100029, Beijing, China
Email: ct@bnu.edu.cn

编辑部联络人　张锦副编审（中国社会科学院）
Zhang Jin (Correspondante/Editor and Liaison)
Vice-rédactrice à l'Académie chinoise des sciences sociales/Associate editor at the Chinese Academy of Social Sciences
通讯地址：中国北京100732，中国社会科学院外国文学研究所
Adresse: l'Institut des Recherches de littératures étrangères à l'Academie chinoise des sciences sociales, 100732, Pékin, Chine/Institute of Foreign Literature Studies, Chinese Academy of Social Sciences, 100732, Beijing, China
Email: ct@bnu.edu.cn

编辑部联络人　刘超副教授（东南大学）
Liu Chao (Correspondant/Editor and Liaison)
Maître de conférences à l'Université du Sud-Est de Chine/Associate Professor of Southeast University
通讯地址：中国南京210096，东南大学外国语学院
Adresse: Faculté des langues étrangères à l'Université du Sud-Est de Chine, 210096, Nanjing, Chine/School of Foreign Languages at Southeast University, 210096, Nanjing, China
Email: ct@bnu.edu.cn

编辑部联络人　萧盈盈教授（南京大学）
Xiao Yingying (Correspondante/Editor and Liaison)
Professeur à l'Université de Nanjing/Professor of Nanjing University
通讯地址：中国南京210023，南京大学文学院
Adresse: Faculté des Lettres à l'Université de Nanjing, 210023, Nanjing, Chine/School of Liberal Arts at Nanjing University, Nanjing 210023 China
Email: ct@bnu.edu.cn

目 录
Table of Contents

乐黛云先生逝世周年纪念
In Memory of Prof. Yue Daiyun

"远近丛书"的故事：当下还是永诀？ ……………………〔法〕金丝燕　3
Jin Siyan, Histoire de la Collection Proches-Lointains: à présent ou jamais?

炉中之火 ………………………………………………………尹　捷　11
Yin Jie, The Eternal Flame Within the Furnace

池塘骤雨停，归路晚风清：怀念乐黛云先生 ……………萧盈盈　18
Xiao Yingying, Pluie s'apaise sur l'étang, âme retourne dans la brise du soir: Hommage à Mme Yue Daiyun

追随乐先生的"跨文化之路"
——记乐黛云先生与《跨文化对话》………………江　力　24
Jiang Li, Following Prof. Yue's "Cross-Cultural Path": In Memory of Prof. Yue Daiyun and *Dialogue Transculturel*

特稿
Special column

"桥上人"与"楼上人":我们怎样相互"看风景"？............王邦维　31
Wang Bangwei, "The People on the Bridge" and "The People on the Tower": How We View Each Other's Scenery

比较文学文献学:作为总体研究方法的目录与索引............张哲俊　38
Zhang Zhejun, Comparative Literature and Bibliography: A Catalog and Index as a General Research Method

中国近代的"鞍型期"与跨文化性（上）........................李雪涛　56
Li Xuetao, The "Saddle Period" of Modern China (1840–1911) and Transculturality (Part One)

中国诗的现代性之二
　　——文明的特殊维度:与宇宙对话........................〔法〕金丝燕　77
Jin Siyan, Modernité en poésie chinoise (II) Une dimension culturelle particulière: dialoguer avec le cosmos

专稿
Focus

新中国的第一位印度外教
　　——柏乐天在北京大学东方语文学系的任教历程............陈　明　107
Chen Ming, The First Indian Lecturer in the People's Republic of China: the Teaching Career of Pandit Prahlāda Pradhāna in the Department of Oriental Languages and Literatures, Peking University

中印互动中被遗忘的篇章:新近发现的泰戈尔画作背后......张　幸　146
Zhang Xing, A Forgotten Chapter in China-India Interactions: Recently Discovered Paintings of Rabindranath Tagore

旅印学者周祥光的学术交往与历程........................朱　璇　162
Zhu Xuan, The Academic Journey of the Scholar Dr. Chou Hsiang-kuang who Had Ever Lived in India

近现代印度的华文教育：档案与访谈所见噶伦堡中华学校
 兴学情况（1941—1960）·················赵晋超 179
Zhao Jinchao, Chinese Education in Modern India: Reconstructing the Educational Activities at the Chung-Hwa School in Kalimpong (1941-1960) through Archival Materials and Interviews

乌黛·香卡舞蹈团1957年的访华演出与印度现代舞蹈在中国
 ··································〔美〕魏美玲 196
Emily Wilcox, Uday Shankar Dance Company's 1957 China Tour and Indian Modern Dance in China

孟加拉本土期刊中想象与现实中的中国（1860年代至1940年代）
 ····················〔印度〕萨尔瓦尼·古普图（李　睿 译）214
Sarvani Gooptu, translated by Li Rui, China in Imagination and Reality in Bengali vernacular periodicals (1860s to 1940s)

重思泰戈尔翻译的"忠实性"问题····〔印度〕马蒂蕊（林俊涛 译）234
Adhira Mangalagiri, translated by Lin Juntao, Rethinking the Problematic of Faithfulness in Tagore's Translations

论稿
Articles

《水浒传》及其故事在越南的传播及影响·············刘志强 253
Liu Zhiqiang, Dissemination and Influence of *Water Margin* and Its Stories in Vietnam

佛教宇宙观的跨文化传译与构建
 ——以泰国佛教文学经典《三界论》为个案的考察·········熊　燃 270
Xiong Ran, Transcultural Interpretation and Reconstruction of Buddhist Cosmology: A Case Study of the Thai Buddhist Literary Classic *Traibhūmikathā*

"万国之子"
 ——普拉姆迪亚民族主义思想的多源兼收与开放包容······郄莉莎 286
Qie Lisha, "Child of All Nations": A Study on Pramoedya Ananta Toer's Multi-sourced and Open-minded Nationalism

学术信息
Bulletin d'information scientifique

北京大学第八届"文学与图像"学术论坛顺利举办
………………………………………………… 虞雪健　刘雪璁　303
Yu Xuejian & Liu Xuecong, The Eighth Academic Forum on "Literature and Image" Successfully Held at Peking University

"文明与互鉴：东方的文学与文明"中国外国文学学会东方研究分会
2024年第二次学术研讨会圆满落幕 ……………………… 黄群俸　311
Huang Qunfen, The Second Symposium on "Civilization and Mutual Learning: Literature and Civilization in the East" of the Oriental Studies Branch of the Chinese Society of Foreign Literature in 2024 was successfully convened

"学脉与学术：近现代学人的学风养成与学科建设"学术工作坊
顺利举办 ……………………………………………………… 姜　蕾　313
Jiang Lei, Academic Workshop "Academic Lineage and Scholarship: The Formation of Scholarly Style and Academic Disciplines of Modern Scholars" Successfully Held

潮起东方　美韵华章——"古代东方美术理论选萃"新书发布 ……… 320
The Rising Tide of the Orient and The Rhythm of Beauty: "Selected Works of the Ancient Oriental Art Theories" Book Release

乐黛云先生逝世周年纪念

In Memory of Prof. Yue Daiyun

"远近丛书"的故事：当下还是永诀？[*]

〔法〕金丝燕

2001年乐老师退休，她在电话里说："退休后我有两个孩子最上心：《跨文化对话》杂志和'远近丛书'。"我回复："一定陪同到底。"

1997年，我们在南京召开"文化：中西对话与文化多样性的共存"会议（以下简称"南京会议"）。一年后，由法国人类进步基金会（Fondation Charles Léopold Mayer，以下简称"基金会"）邀请，南京会议的与会者再次会聚巴黎近郊的维拉梭（Villarceaux）城堡，参加《跨文化对话》杂志的工作会议。与会人员中，新增了上海文化出版社社长郝铭鉴和编辑李国强。会议的目标是推动并落实曾在中国酝酿的出版计划，寻找新的出版商和合作伙伴。会议开得很务实，其中同中国合作的几项主要出版计划（"远近丛书"、《跨文化对话》和"关键词"计划）都取得了进展。会议还确定了编委会成员，达成如下共识：由林赛·沃特斯（Lindsay Waters）、汤一介和王宾提议并主持的"关键词"计划由基金会负责协调。经基金会时任出版与交流部主任的米歇尔·苏盖（Michel Sauquet）与法国老牌出版商德斯克雷·德·布鲁沃出版社（Éditions Desclée de Brouwer，以下简称DDB）社长商定，关于"远近丛书"，由乐黛云与金丝燕分任中法主编，翻译、封面设计两项工作由基金会资助；后者同时为《跨文化对话》杂志中文版提供资助。

乐老师定下"远近丛书"编辑委员会名单。

关于"远近丛书"的宗旨，乐老师在亲自主笔的序中写明：

---

[*] 作者系法国阿尔多瓦大学东方学系教授、中国文化书院导师。

中国古话说"人之不同，各如其面"，朝夕相处的人尚且各不相同，何况远隔重洋，在完全不同的文化环境中成长起来的人呢？事实上，就是同一个人，从不同的角度和眼光来看，也全然不同；中国古代诗人苏轼（1037—1101）早就说过："横看成岭侧成峰，远近高低各不同。不识庐山真面目，只缘身在此山中。"一个封闭的自我是不可能真正认识自己的；一个封闭的民族也不可能真正了解自己的长处和弱点，从而得到发展。所谓"和实生物，同则不继"（《国语·郑语》），就是说，只有参差不齐，各不相同的东西，才能取长补短，产生新的事物，而完全相同的东西聚在一起，则只能永远停留于原有的状态，不可能继续发展。因此，孔子一贯强调必须尊重不同，他说："君子和而不同，小人同而不和。"有智慧的人总是最善于使不同的因素和谐相处，最大限度地发挥其各自的特点，使之成为可以互相促进的有益的资源，这就是"和"。

要保持独特之处，就必须从每一个人自己的人生体验出发，而不是从已经形成的概念、体系出发。中国古人认为每个人都是生活在自己的时间里，个人在不同的时间里与周围的环境构成一种"情景"，这种"情景"随个人的心情，个人与他人的关系，以及周围景物的变化而变化。没有作为主体的人的体验，外在的一切就不能构成意义。中国古代哲学家王阳明（1472—1529）提倡"心外无物"。有一次，他的一个朋友指着谷中花树问他："此花树在山中自开自落，于我心中亦何相关？"王阳明说："你未见此花树时，此花于汝同归于寂。你来看此花时，则此花颜色一时明白起来，便知花不在你的心外。"（《传习录》）内在的"情"与外在的"景"相触相生，就产生了独特的生活体验，构成了人的存在。

关于"远近丛书"的缘起，基金会出版项目负责人苏盖和文化间项目负责人盖尔尼耶在2002年于北京召开的工作会议上做如下陈述：

别出心裁的丛书

我们又一次认识到,这套书的确别出心裁。"远近丛书"围绕着日常生活和人际关系的主题让两位作家的思想得以辉映。中法两位作者分别以自己的方式,依托自己的经历,从自己的文化背景中寻找古圣先贤、文人骚客的名言,谈论同一个话题。这是一次通过他文化来更好地了解己文化的尝试,同时也增强了中法文化间对话。当然,理解与误解依旧不可避免。

丛书中法版几乎在同一时间出版,法文版由巴黎德斯克雷·德·布鲁沃出版社出版,中文版由上海文化出版社出版。第一辑包括四册,先后于1999年9月在巴黎,2000年2月在北京和上海出版。该辑的四个主题是:梦、夜、死亡和自然;第二辑则于2000年3月在巴黎出版,其中包括《美丑》(朱存明、多米尼克·费尔南代[Dominique Fernandez]著)、《味》(龚刚、保尔·阿利耶斯[Paul Ariès]著)和《建筑》(杨辛/昂热列可·舒尔乡[Angelico Surchamp]著)。相应的中文版也将随后问世。[①]

1997年,我参加"远近丛书"法方约稿,主要由基金会和DDB出版社负责提名和联系。我直接出面的有三次,所以有三个故事。

第一个故事,组稿《美丑》。DDB出版社的社长告诉我要约请法国作家多米尼克·费尔南代撰写,但费尔南代索要的费用他们难以承受。我答应出面协调。正值巴黎书展,我去费尔南代先生的新书签字台。静等他抬眼喘息之机,对他说:"作为'远近丛书'法方主编,特别来约请写'美丑',让法国年轻人和中国年轻人都读到您。具体细节请与DDB再商量。"他笑了:"好的,尤其为中国年轻人。"听说他和出版社很快谈妥,费用降至出版社可以接受的范围内。那是2000年,

---

① 米歇尔·苏盖、嘉特琳·盖尔尼耶,在"龙年之始:北京之冬"第三次法中丛书出版计划编辑工作会议报告上所做的报告,2002年2月15—20日,引自乐黛云、〔法〕金丝燕主编《编年史:中欧跨文化对话(1998—2003)》,张琰、高振华译,北京:北京大学出版社,2008年,第39页。

中国文化在法国广受欢迎。

第二个故事，约请程抱一先生。程抱一先生住先贤祠附近，我住索邦大学那条街，算近邻。我们之于熊秉明先生位于巴黎南郊义霓（Igny）的家中相识。有时陈力川自熊先生家返回拉丁区，就会带上程先生夫妇。但程先生每每让在先贤祠左侧的教堂前停车，不透露具体地址。朱德群先生说他也是碰到这样的情形。

和程先生的来往主要围绕诗歌。当时北岛把程先生的译诗和评述文章转交《跨文化对话》刊载。程先生不通信，只通话，通话时长一般在一个小时左右，谈的都是个人感悟，很独特。我劝他写写，因只是我一人听，太浪费了，但他依然说而不写。他偶尔也来家坐坐。2000年，高行健得诺贝尔奖，程先生打来电话："人真正的生命，开始于六十岁。之前只是准备而已。一直到四十多岁，我的生活是比较辛苦的。"有一段我的记事可引之：

> 二〇〇一年三月二十二日，周四下午14：45，我与程抱一先生去DDB出版社，为"远近丛书"约稿。谈了一小时，商定12月底交稿。写60—70页。路上，程先生说：他相信人间有至真和至美。偶然不存在。任何偶然的后面都有定因（积累、沉淀），之后有事件（我们称之为"偶然"）发生。他说，由于他的心"开裂"和性格上的"谦卑"，文学创作与成就晚了二十年。

一次，我收到程先生邮寄来的邀请，邀我去参加他的诗歌朗诵会，在市中心夏特莱（Châtelet）的诗人之家。他一人在台上左侧一角坐着独语。散场后，我请程先生把此次诵读的稿子给"远近丛书"，不用特别写。程先生询问他签约的出版社，得到同意后把稿子交给了DDB出版社，书名为《对话》。DDB出版社接手后续工作并转告我：程先生的要求有二，一是独自代表中国和法国，不要搭档中国作者；二是封面的书法由他自己来写。

乐老师却认为，书法可以破例让程先生自己写，但双作者是"远近丛书"跨文化特点的体现，尤其该书名为《对话》，一个人该怎么对话呢？DDB出版社社长和我商量，希望尽量满足程先生的要求，毕竟他也是好不容易说服了自己签约的出版社，才能给我们写书。乐老师于是决定，法文版尊重程先生的要求，中文版仍按原规则，请法国培养的哲学家高宣扬代表中国参与《对话》的写作。

后《对话》中文版问世，我寄给程先生，未再往来，只从法国国家图书馆东方部主任裴程那里持续收到程先生的消息，他是程先生多部著作的汉译者。不过《对话》的中译是张彤完成的。

第三个故事，组稿"远近丛书"的《童年》。我建议作家张炜代表中方，乐老师建议由施舟人代表法方，我同意。不久，两份稿子抵达。张炜的稿件由我在法国请人翻译，施舟人的则是他妻子自法文译为中文。这两篇稿件立即得到DDB出版社赞叹，决定马上延请杨辛先生题写封面，杨先生也是乐老师推荐的。之后，装有杨先生书法的牛皮纸大信封抵达法国。我带去出版社，背包却在路上被人打开，牛皮信封不见了，小偷或以为是钞票。杨先生重写，我手捧着再送。

后又忽接乐老师电话，施舟人不同意出法文，要出英文。我同DDB出版社接洽，但作为法国出版社，社长不同意出版英文稿件。乐老师斡旋一阵，又发回信息：施舟人坚持英文出版，否则不出。我把此事讲给汪德迈先生，汪先生点头："在法国，施舟人就和我好。"他试说服，未果。汪老告诉我，施舟人对法国有意见，因之前没能当选法兰西公学院教授。我和乐老师如此努力协调，是因为施舟人的童年故事令人扼腕，放弃其作十分可惜。

乐老师最后拍板：中文版保留施舟人稿，法文版请法方另找作者。我推荐了法国作家莫尼埃（Véronique Meunier），她写了自己如何收养柬埔寨孤儿的故事。

2002年，法文书出版当年，程抱一先生当选法兰西学院院士，书的销售量达一印两万册。这把DDB出版社乐坏了。2000年出版的《美丑》一书，也因作者多米尼克·费尔南代2007年当选为法兰西学院院士，销售一空。DDB社长笑问我，是否有可能再去约一位这样的作者。我笑了：偶然是不接受设想的。何况同布尔迪厄、德里达、托多洛夫约稿的经历告诉我，接受了丛书约请但不立即动笔，可能会有生命危险呢。

比如，向布尔迪厄（Pierre Bourdieu, 1930—2002）约稿。

读到社会文学批评家布尔迪厄的论著《艺术的规律》(*Les Règles de l'art: Genèse et structure du champ littéraire*, Paris: Points Essais, 2015）后，我听说他在法兰西公学院主持教席，便前往约稿，送去"远近丛书"前四本小书。他欣然允诺：一年后抽时间为"远近丛书"写一篇。不到一年，媒体报道，布尔迪厄去世。

又比如，向德里达（Jacques Derrida, 1930—2004）约稿。我和力川的好朋友、教科文组织《信使报》(*Courrier*）前副主编奥尔咖（Olga Rödel）是俄裔，最迷哲学。从她那里听到德里达讲课的讯息，便随她去听课。课程在法兰西公学院底层的阶梯教室，进去吓了一跳：教室里座无虚席，侧面和后面有三组电视拍摄团队，奥尔咖以高龄为由——她当时八十多了——让年轻听众让出一个位置。我没有如此的理由，只好坐在讲台旁侧的地上。讲台很长，约有八米。尽头，一头白发的德里达坐着，读着讲稿，没有手势，不抬眼睛，细声慢气，让我十分吃惊。原来思想家上课是如此内敛的，不做任何吸引听众的努力。两个小时过去了，阶梯教室里所有人都静如淑女。下课后，我挤上讲台长桌尽头，捧上"远近丛书"前八本，说明约请之意。德里达说："好的，等我有点时间就写。"一年后，德里达去世。力川和奥尔咖去拉丁区高师旁侧的居里医学院殡仪馆与遗体告别。

再比如，向托多洛夫（Tzvetan Todorov, 1939—2017）约稿。与托多洛夫的第一次会面，在索邦广场的书桌咖啡馆（L'Écritoire），是钱林森教授为《跨文化对话》杂志组织的聚会。初次见面，他的眼睛有孩童般的清澈。第二次，我约请托多洛夫为"远近丛书"写作，请他写一个最想写的主题，他的回答是"L'homme dépaysé（失去家园的人）"。第三次，2016年秋季，他约了我，在先贤祠后面的慕府塔街（rue de mouffetard）广场上一个大的老牌咖啡馆见面。进去之后，左侧尽头有一个小桌，上置一绿色台灯。"这是我写作的地方"，托多洛夫说。我问他："您最想写哪一个词语？""失去家园的人，"他回答，"但要等到有空的时候。"不久后，媒体就报道了他逝世的消息。

自此，我再去约稿，无论中方或法方，总是先说：无论写与不写，都要回复且立即动手，如不能做到，就直接回复我不行，我好撤回约请，以避免被约稿人的生命一年之后突然结束。当然，这一条件似乎有点让人心悸。

到2018年，《谦卑》①，"远近丛书"18卷的最后一本出版，作者是陈越光和冉刻（Michel Zink）。汪德迈先生亲自向冉刻约稿。2016年，一次在拉丁区某餐馆的晚餐席间，汪先生请客。汪老一提出，冉刻就欣然首肯。他之前已经是法兰西金石美文学院的终身秘书长、院士了。2022年6月，越光也当选中国文化书院院长。这是否应了"远近丛书"的玄机，不得而知。

"远近丛书"的中译是钱林森教授的功劳，他发动南京大学和国内多位年轻的法语译者承担了这项工作。

2008年12月10日，我参加了世界孔子学院年会。同日晚七点半，我前往朗润园乐老师家谈话，和阿尔多瓦大学外事副校长雅尼斯（Yanis Karamanos）一起。谈话主题有：1.《跨文化对话》杂志的下一步主题。2.《跨文化对话》与孔子学院的相关事务对接；阿尔多瓦大学跨文化研究室加入《跨文化对话》。3.北大跨文化研究中心作为协办方，参加明年以"西方传教士在东方的活动"为主题的国际研讨会。4."远近丛书"请汪德迈加入，请汪先生写《天》。乐老师请法兰西公学院物理讲席教授克萨维·李比雄（Xavier Le Pichon）写"远近丛书"

---

① 陈越光、〔法〕米歇尔·冉刻：《谦卑》，金丝燕译，北京：中国大百科全书出版社，2019年。

中的《同情》。5.《编年史：中欧跨文化对话（1988—2003）：建设一个多样而协力的世界》法文版新版交由北京大学出版社出版。

谈话间，乐老师约请汪德迈先生为"远近丛书"写稿。我回到巴黎后就转达了约请。还是在书桌咖啡馆，当日工作坊的任务结束后，汪老说："我认为，最能反映中国文化的是'天'。请汤先生做中方作者。他是哲学家，我也读过哲学专业。"[①]汪先生不到一个月就写成了《天》(Tang Yijie, Léon Vandermeersch, *Le Ciel*, Paris: DDB, 2010)。

这一天，乐老师还问起了奥尔咖，想约她给"远近丛书"写一本。我告诉她说，因丈夫背叛，奥尔咖对人间有意见，遂不再和人接触，无人知其所终。若在世，应该过百岁了。

乐老师沉吟良久，说："这是人生的真面目，不知所终。我的好朋友航船时失踪，也是这样。"

对于我，任何生命的结局都一样不知所终。少数开悟者可能除外。

---

① 汪德迈先生于1946年至1951年间就读巴黎索邦大学，攻读哲学专业学士和硕士学位。

炉中之火*

尹 捷

2003年晚秋，为了送陈方正先生前往机场返回香港，一大早我开车从北京东边明城墙遗址公园附近的寓所赶到西边北大勺园。陈方正是我们的老朋友，此次来北大主持"汤用彤学术讲座"。我下车后顿觉清晨寒意袭人。正要给陈方正打电话时，一眼看到不远处汤一介先生身穿一袭中式薄袄肃立着。看到我，他双手合十和我打了招呼。那时我和汤先生虽已相识多年，也知汤先生身体不太好，想劝他进屋避寒，却不知如何开口。好在陈方正很快拖着行李下来了，看到汤先生站在寒风里，他也很吃惊，想必之前他并不知情。两人握手告别，汤先生研究儒释道，晚年和人招呼、道别一般只是行合十礼，握手实为给陈方正这位小他一轮的"西洋博士"的特别礼遇。等我们将行李放妥，坐稳出发，汤先生就一直那样站着。他大清早从朗润园居所来勺园门前候着，只为这一送。此后很多年，直至汤先生去世，这个场景一直留在我的记忆里，汤先生逝世后，陈先生曾多次再来北大，感慨此地再也没有汤先生了。

一

初次见到乐黛云老师是在二十世纪九十年代初的昆仑饭店，那天在场的除了越光和我，还有汤一介夫妇、庞朴夫妇和孙长江。我那时三十多岁，在场的两位夫人都已年过六旬。年轻时的我对于人生百态

---

* 作者系北京教育学院英语副教授，已退休。

的认识还是很有限，习惯上会把人归类，很自然地就把一直在发表看法的乐黛云归到"学究"一派。几年后某一天的情景历历在目：汤先生夫妇来我们家，乐老师从手提包里先拿出一盒巧克力，那是给少年顿斐的，而后又拿出一盒包装精美的香奈儿香水给我说："哎呀，这不是我买的，是我在巴黎时别人送我的，你正好可以用。"乐黛云老师做跨文化研究，那时正开始和法国人合作，刚从法国回来。很巧，我那一阵子正好迷上了香奈儿五号，点在手腕耳后的一点精华飘散在空气里，令人感觉轻舞飞扬又沉静典雅。于是我欣然收下礼物。乐老师虽然一直做研究，同时也张罗成立文化机构、出版学术刊物，国内国外非常忙，然而就在她递给我香水时，一个平常女子的情态跃然眼前。想起她此生诸多遭遇，看透了人情冷暖多似薄纸一张，却依然有血有肉有情感，实在是不容易。

两三年前，我的一个大学同学告诉我他读过汤一介夫妇的一本散文集《未名湖畔的两只小鸟》，觉得书名很有趣。我大概可以猜到这位同学的潜台词：两位耄耋老人在北大几乎呆了一辈子，以他们对北大的贡献和成就，小鸟大概是驮不动的；如果就他们在北大的遭遇坎坷，小鸟也是承受不了的。人都老了何以自喻"小鸟"？其实以汤、乐两位先生的见地和阅历，又何尝不会想到这些呢？回忆汤先生夫妇送我们此书时，曾有一段有趣的对话。汤先生问越光："你猜猜这个书名是谁起的？"越光答："你要不问我，我肯定觉得是乐老师起的，但是你问我，那我就要想想了。"汤先生笑着说：绝大部分人都以为是乐黛云起的，但其实是我起的。汤先生素日里对于"自由"的想象和议论有过许多，他明确表达："自由的思想最重要。那么小鸟此生的愿望是什么呢，当然是展翅化为鲲鹏，冲破层层阻挠飞上蓝天追求自由。"用汤先生自己的话来说就是："人的生命如火焰，小小的火焰燃烧的时间长，但它照亮的面积也十分有限。烈焰转瞬即逝，但它照亮的面积更广阔。"北大本该是一个自由的天地，可以让小鸟化为鲲鹏，飞上蓝天，但未名湖畔沉积了诸多沉重过往，埋葬了无数自由向往。前些年我目睹汤先生在肝癌病重时，依然有条不紊地组织人员编辑几乎是不可能完成的《儒藏》，便知道他还有许多理想、计划在心中。去年乐黛云在87岁高龄时获得了法国法兰西学院颁发的"汪德迈中国学奖"。看她获奖后的平静反应以及立刻开始讨论下一阶段工作的状态，一个终身奋斗者的风范尽显。2014年秋天，汤先生去世，在告别仪式上看到素日里和我们谈笑风生的汤先生就这样走了，我悲从中来。坐在轮椅上的乐老师看到我流泪，反而安慰我不要哭，说我们还有许多事要做呢。依我的理解，以北大的百余年历史为背景，看北大人才、学问辈出，又有许多无可奈何的历史现实，他们称自己是"小鸟"，虽是谦虚，也是理性的表达。如果读过他们对北大岁月的回忆，便会清楚他们的遗憾和惋惜。难得的是，直到晚年他们依然保持了年轻时的向往，并乐意表达出来，这既使人感慨，又令人鼓舞。

二

多年来，印象中汤先生总是谦谦君子、温和书生模样。他常常邀越光去和他们侃大山，希望听听年纪是他下一辈的越光对于一些问题的看法，而自己并不多言。我想这与汤先生的家学有关。在我的记忆里汤先生很少和我们谈他父亲汤用彤先生对他的影响，然而汤先生几乎一生都浸润在北大，他的语言举止有父亲的烙印。记得汤先生在纪念父亲的文中写过，他父亲在很多情况下，作为一个做学问的教授总是采取明哲保身的态度，但又坚持纯粹的学术操守。例如他曾经一口拒绝梁漱溟参加民盟的邀请，认为教授只是应当教好书。1948年胡适校长离开北大时曾经托付两位先生尽力维持北大传统，其中之一就是汤用彤。然而随之而来的一切变化不是他能预料和左右的。1954年开始胡适被批判，这是汤用彤先生无法躲避的政治事件，因而批判会的当天晚上（1954年11月13日）他便脑溢血发作，他实在不是一个善变之人。这一点在我与汤一介先生相识的日子里，也有较深感受，汤先生亦是忠厚之人，从日常言谈也可以揣度出为何他"文革"时会被人利用，做些不得已的事，以致于事后要被审查。然而一个正直之人的可贵在于他敢于直面自己的过往。他曾坦言真正开始做学问已经是晚年了，精力最好的时候却是在无数政治运动中度过的，此生浪费了数不清的光阴。汤先生曾说起二十世纪八十年代他常去国外，有许多学界的朋友问他："为什么大陆学者能接受思想改造，而且在十分恶劣的情况下，还教书和研究？"汤先生觉得这个问题很难说清，原因复杂，但是他认为这可能是因为中国知识分子有一种"爱国情结"。这种"情结"使他们可以忍受一切苦难。汤先生的这个想法让我想起众多与他同辈及上一辈的知识分子，"爱国"似乎是他们从摇篮到墓地的必由之路，他们的品格，融合了中国士大夫文化，使他们难以接受当下不少年轻人的选择。当然，汤先生在二十世纪八十年代后便不断强调"会东西之学，成一家之言"，这表明他的认知和立场并不保守。

相对而言，乐老师的日常表达要更果敢激烈一些。这其中有许多是贵州人的耿直，也和她1948年17岁时便离开家庭来北大上学、参与革命事业的经历相关。上学时她算是"青年得志"，是北大校园里的风云人物。她参加各式各样的政治活动，负责各种各样的任务，其中包括劝说她的老师沈从文先生留在大陆，不要前往台湾。留下来的沈先生历经苦难这是后话。在那个大变动的时代，乐老师说她真正读大学的时间只有五个月，多年后她回忆自己当年的情绪是："我喜欢读书，但更惦记着革命。"这容易让人理解为何"反右"时，只有二十几岁的她便遭到了厄运，成为极右派，历经苦难。可贵的是，她并没有像被大雪压折的柔弱枝条，靠着顽强的意志渡过各种难关。五十岁时她才又开始求学之路，先去哈佛进修，又去伯克利，在此期间她还和美国作家合作完成了记录她反右之后二十年苦难经历的英文回忆录《面向风暴》(*To The Storm*)。这部书在美国、德国、日本出版，一直以来被很多大学选作讲述中国现代史的补充教材。同时她也开始了比较文学研究，取得了一系列的成就。2016年冬天，我在三亚见到了94岁高龄的张世英教授,他给我们讲述从西南联大开始直至"文革"的一些往事,最后他总结了一句话:"我妻子比较革命,她常常批判我的思想,也常常阻止我说一些过分的话,这大概就是我能够平安度过一系列运动的原因。"只可惜他的妻子早已去世,没能听到他的这席话。汤、乐这一对坎坷的学者夫妇能互相同情并理解,相濡以沫走到晚年,并能在各自的领域取得成就,实在是上天的恩赐。有一次晚年的乐老师和我聊起她被划为极右派时,被押到农村劳动,那时她的幼儿才刚出生8个月。临出门,她回头望了一眼汤家老宅的窗口,心中充满了苦楚。那一刻,她看到公公汤用彤老先生站在窗前朝她挥挥手,年轻的她顿时安心了许多。我想乐老师终究还是幸运的,一个脾气倔强、受了冤屈的年轻女子,若是没有燕南园这一片温暖的云彩,不知会发生怎样的悲剧。

后来和乐老师熟了,她有时便会和我谈一些平常家事。有一回她拉开一个抽屉,里面满是形态各异的玩具兔子,我知道汤先生属兔,这都是她在各处为汤先生买的。于是我便问汤先生为她买了什么?乐老师笑了,用手拉起胸前的丝巾,说他喜欢买这个。确实,每回见到乐老师,胸前总佩戴一条漂亮的丝巾。他们的儿孙生活在美国,汤先生对于这一点显然是有遗憾的,作为读书人的后代,他曾经写文表达了这一点。对这一现实,乐老师有时表现乐观,称自己的儿女是"新人类、世界人",哪里对生存和发展有利就去哪里。说到这一点她颇有些当年高中毕业时瞒着父亲,北上求学、闹革命的气概;有时她却表现出一个母亲的无奈,毕竟中国人还是会有天伦之乐的念想。说到家事,她家的小刘是不能不提的人。二十一岁时小刘从安徽农村来到他们家,两位老师待她如女儿一般,家里琐碎之事就交给了小刘。以后在他们老两口的鼓励下,小刘读书,学电脑打字,学开车,不止具备了在城市生活的能力,有时听他们俩和她的对话,小刘同时也是个能张罗很多事情的秘书了。她年轻时,曾决心此生不成家了,专心和两位先生相守,但是乐老师劝她应该有一个自己的家,他们终老以后,她要有自己的归宿。两位老人为她以后的安居也做了安排。后来小刘果然在北京成了家，生养了自己的女儿，如今小姑娘已经在北京读了小学。她们一直和两位老人住在一起，俨然是一家人。汤先生去世前在医院是小刘陪在一旁，弥留之际汤先生对小刘说："我觉得这次我回不了家了。"小刘答道："先生好好静养，好了，我们一起回家。"她平静地送走了87岁的汤先生，并且留话让汤先生放心，她会好好照顾乐老师的。汤先生去世后，乐老师一度好似失了魂，令朋友、学生有点不放心，然而看到镇定的小刘，大家又觉得可以不必那么焦虑。次年我们去乐老师处，客厅里多出了一架古琴，85岁的乐老师开始学古琴，那天除了谈她在进行的工作，她还为我们弹了《梅花三弄》。虽弹得生涩，但显然已经走出了困境。得知我在练习钢琴，她还鼓励我，说钢琴比古琴难多了。乐老师历经波折，有时像冬天里被大雪覆盖的老梅，不免让人担心，然而她总是能挺过那个寒冬，让我们看到她旺盛的生命重新绽放馨香，这令我很感动。

三

我早年当翻译，后来改行教书，在相当长的时间里我觉得自己像是个没有专业的人，也因此很遗憾年轻时没有人指导自己应当如何读书用功，如何用自己的"专业"来做事。如果早一些遇到乐老师，或许她可以给我好的建议。她的精神也会鼓舞我，使我有可能走出自己满意的专业道路，以至于今日不必为此沮丧。2015年我的新书出版，当时我第一时间就想到请乐老师为我写序，这其实也是为了弥补我的遗憾。最近一次去看乐老师，她由于多年的膝盖问题，加之三年前股骨意外摔断，已经无法站立。我给坐在轮椅上的她看我同学96岁的母亲经历三次骨折又站起来的照片。我想现在轮到我鼓励她了。乐先生如今住的一楼居室曾经是季羡林先生的住处，我扶着她的轮椅慢慢走下门前的斜坡时，想起若干年前高龄的季先生居然还从窗口攀下，不禁笑出了声，我想季先生、汤先生会听到的吧。

就在我写完上文的三个月后，在北京法国驻华使馆，法兰西学院为乐老师颁发"汪德迈中国学奖"，表彰她对跨文化研究做出的贡献。88岁的她因为腿脚不便，已经不能再去法国了。于是法国人远渡重洋来为她颁奖。那天她虽然站不起来，却仍戴着旧日汤先生买的美丽丝巾，微笑着接受各方的祝贺。我看着那一幕，想起的是1949年有一个年轻的贵州女孩不顾家庭的阻扰，北上求学。那时她不会想到，苦难和荣耀如此起彼落的烟花，伴随了她一生。

2019年2月27日

修改于2023年11月23日

后记：2024年2月初，临近春节，在朗润园我见到了93周岁的乐黛云老师。与前一次相见，时隔两年（因为疫情，北大校外人员一般不能进入）。她清瘦了许多，然而耳聪目明，依然亲切地称呼我"小尹"。在闲谈中，她嘱咐我：时光过得很快，和家人要相亲相爱。她知道我脾气急，出言犀利，容易伤人。在谈起她自己时，她说："我此生没有做过对不起别人的事，也没有人对不起我。"说这些话时，她平静温和，像是在和一个时代告别，也像是和多年前她遇到的不平之事和解。已经53岁的小刘还守在她身边，她将自己读中学的女儿送回安徽老家由外婆照顾，自己一直信守着对汤先生的承诺。

五个月后我最后一次见到乐老师是在北大医院，她陷入了昏迷。我伏在她耳边轻轻地说："再见，乐先生。"

池塘骤雨停，归路晚风清：怀念乐黛云先生[*]

萧盈盈

第一次见乐先生是在2010年暮夏将尽的北京，那时汤先生还在，乐先生的腿脚也还灵便，而我，还是留法博士生。记得前夜骤雨初停，池塘中荷花依然，两位先生在北大的寓所就在这蝉鸣清漣的池塘前。

与乐老师的见面是时任北大法国哲学研究中心主任的杜小真老师促成的。杜老师是将我的博士生导师弗朗索瓦·于连（François Jullien）的思想引入中国学界的第一人。乐老师对于连的思想很感兴趣，想进一步了解，于是就有了这一契机。其实早在中学时代我就读过乐老师的《比较文学原理》，当时只知以国别区分文学，初见此书就像发现了一个新世界，从此才知文学还可以有这样的研究法。我后来选择来法国留学和《比较文学原理》不无关系。初见那天，乐老师比想象中更热情。近80岁的老人，还有着对世界的好奇，对未知的好学，以及一种强烈的文化责任感，而这种责任感，并不局限于中华文化，而是面向全球文化。在听了我对导师于连历年著作的介绍后，乐老师立刻请我推荐他的作品，她来联系北京大学出版社翻译出版。我推荐了几本，但同时也向乐老师细述了2009年在于连与法国另一位思想家郭赛（Marcel Gauchet）之间发生的关于文明的差异性、普世性和民主人权的辩论，以及辩论所引发的种种争议。

乐老师听后沉思良久，转头问我：你怎么看？我并不讶异乐老师这突然的提问，因为这也是我自己一直在思考的问题。我从2006年开始在索邦攻读法国文学博士，但在第二年决定放弃，转而求学于巴

---

[*] 作者系南京大学文学院文艺学教授。

黎七大的于连门下，正是有感于阅读其著作给我带来的巨大思想冲击，觉得透过他关于中西两种文明的差异性研究，可以解释当下的中国。所以我完全能理解为何在法国颇受争议的于连，不但在中国被视为海外新汉学的代表，而且被归入"新儒家"而寄予无限期待。这与其说是中国学界的一厢情愿，不如说恰恰透露了当代儒学依然面临现代化转型的困境，也解释了学界为何对与汉学相关的理论如此渴求。然而，2009年于连和郭赛的那场辩论却让我反思，这凸显中西文明差异性的研究在导向对话的同时，是否也悖论地给各自的文化提供了一种原旨性"舒适区"，比如于连讨论的"意志"问题。"意志"在西方哲学中是赋予"我"之主体性的关键，却未在中国思想中被充分讨论。如果说欧洲对"自由"的思考始于"意志"，中国的道德观却从未以"自由"为基础，而是从平凡日常的生活中获取意义，正因其日常，所以自带"普遍/普世性"，换言之，中国的道德观以一种自发、"顺天"的姿态出现，故此，这"普遍性"之合情合理似乎也无需论证，因其"自然而然"。这样的对比的确有助于解释为什么在我们的传统里没有对权力的深刻反思，但也似乎为权力大于法则（即，使政府机构得以运作的是权力而非法令的问题）提供了一种方便的溯源性解释。虽然于连一再申明这非他研究的本意，但在事实层面上，却很难避开这悖论的反击。一直以来，儒家道德的社会性规范化（礼）和统治阶层的治理工具（法）无法真正互洽，也无法达到民主社会所需要的制度透明化协作。单从这点来看，我觉得儒学理念难以重新成为当代道德准则的基础，解决我们的社会和人生问题（退一步说，这目标在政体与儒家理论深度绑定的时代尚不能达成，在儒学与政治制度分离的今天如何能实现？）。这是新文化运动以来国人一直尝试寻求答案而又求而不得的老问题，当然也是于连和郭赛关于文明差异性争论中的实质。

在回答乐老师的问题时，我很有些不管不顾，明知乐老师的先生汤一介是当代儒学大家，明知他们是罕见的伉俪情深，我心中却像压着沉积多年的块垒，只想一吐而快，当然也带着那所谓的"年少"傲气。没想到我还没说完，乐老师就已很激动，朝着另一个屋子喊："老汤快来！"汤先生比乐老师高大很多，行动却更便捷，他很快从另一房间走出，来到客厅，坐在乐老师旁边。乐老师两眼亮晶晶地向汤老师介绍我，并让我复述刚才的回答。面对汤老师，我突然底气全无，刚刚口若悬河的劲儿也不知到哪儿去了，却也只能硬着头皮再说一遍。如今再追忆，已全然忘记汤老师是如何回应我的，只记得汤老师和我之间的"二人论"最后变成乐老师也加入的"三人论"，而乐老师明显是"站"我这边的。

那是个很欢快的上午，两位敏慧洞察的前辈遇到了一个头上长角的晚辈，欣然接谈，非但不愠，反倒像是发现了新大陆。大概是他们见惯了恭敬有礼的学生后辈，看到我这样什么都敢说的，新奇之外也觉畅快。而我则完全没有想到初次见面的乐老师会帮着我反对汤老师的观点，这多少有些颠覆我对国内乐老师那一代女性学者的想象。自此之后，我们就有了很多邮件和电话联系。乐老师常问我：有没有什么未翻译的法国当代优秀学者著作可以推荐？有什么新的文坛动向？关于某些事件和观点，法国学界有什么评论？他们为什么会有这样的想法？在多大程度上受了传统影响？如何解释他们的激进观点？我本是散漫的人，从没有制定过什么系统的学习计划，看书由着自己的兴趣来，并不限于文学和哲学。想要回答乐老师的这些问题，就不得不对法国文学史和思想史做系统梳理，这在很大程度上推进了我的博士论文写作。我后来常常想，乐老师是不是看出了我不合时宜的"博览"，以这种方式助我完成论文。在这四年里，乐老师向我约了好几篇稿子，其中有一篇在未出版前引发过争议，有人认为涉及敏感话题。但乐老师坚持要发表，并说：如果这篇不能发，那么这期就不发了。这是我毕业回国后才知道的。也是在这四年里，乐老师向《跨文化对话》副主编、法国阿尔多瓦大学教授金丝燕老师推荐了我。依然记得第一次和金老师在巴黎见面时，金老师说，乐老师嘱我来考察你，同时也嘱我要对你提供帮助。这让我觉得自己像是在接受考验，但同时又觉得心底暖暖的，有很幸福的感觉。

四年后，我完成博士论文回国，再见已失挚爱（汤老师在2014年去世）的乐老师，她似乎已经从哀痛中走出，还提议到北大里面的资源宾馆吃饭庆祝我博士毕业。席间乐老师一次都没有提到汤老师。餐毕，乐老师拿出一部那年最新版的苹果手机，说："这是老汤走时嘱人买来给我的，是他最后留给我的礼物，他希望我能好好使用新技术。"我突然想到，2010年我去拜见两位先生时，随身使用的正是一部苹果手机，当时手机从包中滑出，汤老师还问了我一些手机性能和运行的问题（苹果手机在2009年才开始进入中国），可能那时他就意识到智能手机将带给世界巨大改变。临走前，他送乐老师手机，推动她融入这场巨变，可见在汤老师的心中，乐老师永远是生机勃勃的，永远能够抓住时代的脉搏。而事实也正是如此，重新振作的乐老师依然像年轻人一样工作，依然对各种事情充满好奇，依然无成见地去理解这巨变中的世界。

回国后，乐老师立即荐我加入《跨文化对话》编辑部。因此我虽不在北京工作，但与乐老师有很多见面机会。乐老师广博而细致，洞察而敏锐，反应迅捷，精力旺盛，我与她交流从没有过代沟感。我在乐老师面前从未恭恭敬敬执学生礼，因知她并不喜如此，更多的时候，我们像忘年交一般对话。记忆中，乐老师并不是只对我这么亲切，她对学生晚辈几乎都有这么一种平等的态度，而且不遗余力帮助年轻学者，热情洋溢地对他们寄予学术上的期待。

从2015年到2017年乐老师出事故前，我们有过多次长谈。有时聊到饭点，乐老师干脆留饭，大多时候是咸鸭蛋配白米粥：这很像我南方故乡的夏日晚餐，难耐的暑热之后，最为开胃的就是一碗粥和咸味配菜。在那些长谈中，我们不仅聊学术，也聊各自对生活的观察，尤其是身为女性在社会中的权利和责任。乐老师曾不止一次向我感慨当代女性的自我意识较之她年轻时（二十世纪五十年代），反像退步，女性越来越沉默，还有越来越多的年轻女性将嫁个好老公看得比自身奋斗还重要。记得有一次，乐老师谈到这里，突然说："我隔壁新搬来一位物理教授，也是从海外引进，和你年纪相差不大，介绍给你好吗？"我瞪眼望着乐老师，又忍不住笑了："乐老师，急转弯太快，车尾灯打到我脸啦！"乐老师马上回说："不勉强，不勉强，哈哈。"现在想来，乐老师真是把我看作家人一般，才会突然想到就脱口而出，完全忘记自己刚刚对女性急觅金龟婿的批评。但在批评当代女性自我意识消退的同时，乐老师也认为，这或许只是暂时的，转折会很快来到。我也有同感，因为观察到很多女性压抑的无声愤怒，那些沉默更像是爆发前的力量积聚。2018年开始的各种女性运动验证了我们的猜测，只是我们再没有机会面对面聊这个话题。经历过2017年摔跤断骨事故的乐老师，身体状况已急转直下，任何超过半小时的谈话都会让她觉得疲惫。

　　2017年前的乐老师一直是说干就干的行动派。我回国工作时她已年逾八十，还有各种想法想要实施，比如讨论新科技和文学哲学之间的关系，比如推动中法学术之间的合作和对话。对我的很多想法，她鼓励我"放手去做"，她会给予我一切她能给的支持。只是，在所有的计划还未开始时，意外就已到来。2017年乐老师出了事故，同年我父亲骤然离世。我沉寂了两年。那两年里，虽被邀请到法国巴黎高师的跨文化中心（Labex TransferS）做客座教授，也在南京组织了一次国际会议，但没有做过任何学术研究，那两年里所有的论文发表都是2017年前的旧稿。那是第一次体会到什么是"永远失去"，而且是完全在预料之外的失去。先前深感确定性的生活就这样在自己眼前变得无意义，而这时，学术当然无法回答我虚无的质疑。那两年里，我和乐老师的交流越来越少，我们都陷在自己的困境里。对乐老师而言，是身体的，对我而言，是精神的。两年后，在我们终于缓过劲儿来的2019年底，疫情来了。这一次，我们都没有想到疫情持续的时长，更没有想到，以往4小时内就能到的北京，在健康宝的弹窗中成了无法抵达的首都。

翻看手机里2019年后和乐老师的微信对话，好像是一种无限的循环重复：我说要来北京，乐老师说"等你来"，然后我解释为什么来不了；过阵子，我再说要来北京，乐老师回答说"你来"，然后依然是我的抱歉和解释；再一次，又说要来北京，乐老师回答说"来"，最终还是抱歉和解释。在一次次的重复中，我们的话越来越短，到最后重新陷于沉默。

刚回国时，乐老师曾问过我为什么选南京而不是北京，为什么选师范大学。我依然记得自己当年意气风发又不免天真的回答：因为南京不是那么"名利场"，师范大学的学生以后大多会成为老师，我希望用我的课来影响学生，以后学生还会再影响他们的学生，我希望能做一些改变。我还记得乐老师回答说"你不在北京，就太不方便了"，但眼里却有着满满的赞许。在之后的很多年里，在经历挫败、每每想嘲笑自己的"蠢真"时，总会想起乐老师的这个眼神。对我来说，这眼神是一道光，是一种力量，并不会随着乐老师的逝去而失去。

坐在法国国家图书馆里，敲打以上的文字，突然泪目。好在我位置的对面是木头半墙，抬头还能看见远远的天空，以及中庭松树的枝丫。那些朝着天空无限延展的树枝是对虚无的回答吧。

2024年10月23日
于巴黎法国国家图书馆（BNF）

追随乐先生的"跨文化之路"*
——记乐黛云先生与《跨文化对话》

江 力

> 每一个学生，都是她的孩子；每一个孩子，都是她的学生。
> 她在，我并不觉得她的存在；她不在，我觉得整个世界都变了！
>
> ——题记

很多年前，有人说，季羡林先生是未名湖畔凌晨亮起的第一盏灯。而今，伴随着乐黛云先生的离去，未名湖畔最后一盏烛照中西方的"跨文化"学术之灯，悄悄地伴随着黎明的到来而隐去最后一息光亮。

从住院到病逝，先生经历的时间为二十一天。我惊奇地发现，自2003年我追随先生（乐黛云、汤一介先生）至今，是二十一年。从来没有那么多时间陪伴先生的我，在乐先生住院期间，每天无论早晚，必到点卯。想了想，先生陪了我二十一年，我陪了先生二十一天（次）。缘分如此，无力回天，仰天长叹，悲夫！

1996年前后，我接触到"北大学术讲演丛书"及乐黛云先生主编的《独角兽与龙》。2003年，我带着首次主编的作品《中国散文论坛：讲演、作品以及评析》（北京大学出版社）和编纂的作品《鲁迅报告——关于鲁迅及其讲演》两本小书，敲开了北大朗润园13公寓103的大门，这才开始近距离正式接触乐黛云、汤一介先生。

此时，乐黛云、汤一介先生正在和北京大学二十世纪中国文化中心的陈平原老师合作编辑出版《二十世纪中国学术文存》。乐先生负责

---

* 作者系中国文化书院监事。

《比较文学研究》卷，汤先生负责《魏晋玄学研究》卷。幸运的是，乐先生丝毫不嫌弃我这个学术基础浅薄的学生，竟然让我担负起《比较文学研究》卷的配合工作。我主要是负责查对引文、核校注释。

这时期，乐先生主持着北京大学跨文化研究中心，又主编《跨文化对话》学术集刊，我进而知道乐先生的学问路向是从"比较文学"走向"跨文化"。她不仅是中国两个学科的开山者，也是一个极有激情、发奋有为的"中青年"学者。那时候她已经七十岁了，但在我心目中，她是那样的年轻而富有活力。

依稀记得，我跟乐黛云先生很多的"第一次"，如第一次跟随先生接受学术训练，第一次跟先生编书是受俄罗斯院校委托在2003年疫情期间做关于"痛苦"的中国成语集成，第一次收到先生赠书是送我朱光潜先生《诗论》副本，第一次跟先生寄赠《跨文化对话》，第一次听先生谈话流泪，第一次和先生加班过午而没有吃午饭，第一次乐先生教我喝咖啡，第一次跟乐先生、汤先生接触海外学者成中英先生、杜维明先生、陈鼓应先生、龚鹏程先生，以及法国大儒汪德迈先生，等等。

再后来，乐黛云先生为了培养我这个"跨文化"新兵，督促我去北京大学研究生院开办的"北京大学比较文学与世界文学研究生进修班"（比较文学方向）读书。她和温儒敏老师共同推荐我去北京大学中国语言文学系进修，做访问学者（现代文学、散文研究方向），苦心经营，力图把我培养成为"比较文学与现代文学"的一员。

虽我学术上不成器，但因为两位先生的偏爱与不弃，我依然得以在北京大学跨文化研究中心、中国文化书院做秘书，配合乐先生、汤先生做《跨文化对话》的海内外交流工作。

每一辑《跨文化对话》出版后，乐先生总会带着我整理寄赠名单，分发、打包，发往北京大学校方、各院系，寄往北京各高校，各国驻华使馆、领事馆以及大使、文化参赞，海内外各高校图书馆，最高数量达一百几十册。特别记得有一次，乐先生和我分发、打包至中午，还没有吃饭，乐先生说，咱们中午去北招吃饭吧（汤先生不在家）。我因为拘束，说就不吃了吧，然后各自分头，我去邮局邮寄，乐先生又去忙别的工作了。

每年一届的编刊会，是《跨文化对话》学术集刊以及北京大学跨文化研究中心的工作重头戏，也是乐先生带我做的主要工作。因为刊物是中、法合办，所以北大毕业、留法任教的金丝燕老师每年从法国回来的日子，就是乐先生召集我们开《跨文化对话》编刊年度工作会议的时间。乐先生让我做好北大勺园房间的预订、餐厅选择、会场布置安排等事务的衔接。事无巨细，她都会亲自过问，落实情况，包括涉及此项活动费用报销方面（她和汤先生个人从来没有在跨文化中心报销过任何费用），乐先生不仅手把手地教我，还请北大财务部、基金会的赵建国老师、尹海莺老师指导和帮助我。

每年一届的编刊会议简朴而隆重。乐先生威望高，招呼得周全，租赁会场，安排开会，料理用餐以及茶酒，又因为都是老朋友，大家往往乘兴而来，兴尽而归，会议开得很扎实，大家都很有收获。乐黛云先生、钱林森先生、金丝燕老师、董晓萍老师、陈越光老师，以及赵白生、唐建清、余斌等编辑部同仁，萧盈盈、刘超、张锦等年青一代学人也参与其中。每一次除了选题，对选题导向、出版机构的选择等问题，都多有讨论。

《跨文化对话》因为是学术集刊，又是同仁刊物，并没有固定的经费来源。早期是法方资助，后来乐先生自筹资金，请学生帮忙资助。比如中国宋城集团（浙江）的黄巧灵、张娴总，一直承担着《跨文化对话》的资助任务。直到中国文化书院的陈越光院长、法国阿尔多瓦大学东方学科的金丝燕教授、北京师范大学跨文化研究院的董晓萍老师接手协助，这时乐先生年岁大了，才不再具体管了。回头想想，这些年先生带我们工作的日子，生活充实、丰富，工作高效，终生难忘。

想想与先生的二十一年相遇，都是点点滴滴，并非宏大叙事。每一次的"第一次"，多是先生的"无言之教"，很少听到先生和我谈学问，什么具体的说教，哪怕就每年一两次有意无意的谈话也是如此。

回忆往事，让我只有在先生的文字、先生喜欢的音乐和日常里体会两位先生的"言外之意、画外之境、弦外之音"了。

甚至完全不必如此，这里我能够追寻的，常常是难以言说的，就是我和汤师、乐师之间那种世界上最单纯、最干净、从来无猜的师生关系、亲人关系——借用寓意诗人林庚先生的一句话，"那难忘的岁月，仿佛是无言之美"！

行文至此，想一想先生已离开我们一个多月了，想一想再去朗润园，先生已不再会在那里等我，那种无助的空虚和绝望，那种再也不可能实现随时看看的痛苦，让我这个在先生去世时没有流一滴眼泪的人，此刻悲从心来，泪如雨下——谨以此文纪念敬爱的、伟大的母亲老师乐黛云先生远行！

自此，两位有功于《跨文化对话》的大先生、有恩于我们一家的老人乐黛云、汤一介先生（2014年辞世），"未名湖畔的两只小鸟"，在天上云端相会啦，永爱先生，先生永生！

2024年8月19日完成
2025年2月19日改定

特稿

Special column

"桥上人"与"楼上人"：我们怎样相互"看风景"？[*]

王邦维

摘　要：本文用卞之琳诗中的"桥上人"与"楼上人"作比喻，同时举出实例，尝试解说历史上的中国人和外国人是怎样在相互"看风景"，相互"书写"，又相互"装饰"，以至这些故事成为"跨文化"视野下的一种景观。

关键词：卞之琳诗《断章》　玄奘《大唐西域记》　拉施特《史集·中国史》"跨文化"视野

漆永祥老师要我来发言，我其实有点为难。半年前，5月15号，在北大开过一个有关"燕行录"的会。那次漆老师要我发言，我发言了，这次还讲，讲什么呢？首先当然是表示祝贺，祝贺会议的召开。疫情期间，开这个会，一波数折，最后不得不以线上的形式召开，不容易啊！

对于"燕行录"和"使行录"一类文献，我没有做过具体的研究，提不出什么意见，即便是肤浅的意见。不过，因为自己的专业，对于历史上中国和外国互相交流相关的文献，我一直很注意，有一些想法，也想到一些问题。下面就谈我的想法和相关的问题。

我先念一首诗，然后提一个问题，再讲两个故事。我念的这首诗，大家也许不生疏，那就是卞之琳很有名的《断章》。诗很短，就两个长句，分为四行。很美，意蕴深邃，空灵，还很有哲理：

---

[*]　本文为2022年11月5日在北京大学召开的"'使行录'与东亚学术文化交流研讨会"会议上的发言。作者系北京大学东方文学研究中心、北京大学外国语学院教授。

> 你站在桥上看风景，
> 看风景人在楼上看你。
> 明月装饰了你的窗子，
> 你装饰了别人的梦。①

这首诗上次开会时我就想到了，怎么会跟我们的会议主题扯上关系？我最后解释，这里先按下不表。提一个问题，什么问题呢？那就是，我觉得我们目前对域外与中国相关的文献的研究，好像还有一些空白点，缺了点什么。

北大中文系1977级有一位学生，葛兆光，我们是老朋友。葛兆光先生在中文系念本科的时候，我念研究生。葛兆光先生后来在复旦大学担任教授，他研究做得非常好，学术成果很多。21世纪初或者稍晚一点，葛先生组织了一个项目，讨论"燕行录"，也讨论日本古代僧人到中国所做的记录，例如圆仁的《入唐求法巡礼行记》、圆珍的《行历抄》。还讨论越南的记录。这个项目的成果很多。后来中华书局出了三本书。一本是《从周边看中国》(2009)，一本是《宅兹中国：重建有关"中国"的历史论述》(2011)，还有一本是《想象异域：读李朝朝鲜汉文燕行文献札记》(2014)。三本书都与此相关。其中两本，葛兆光先生送给过我。书很好，葛先生有很多高见。但说到"从周边看中国"，我觉得这中间多少有点遗憾。什么遗憾呢？就是我有一次跟葛先生开玩笑说，你说的周边，不完整呢，只能算半边，而且还是小的半边。

我们看今天中国的地图，东边是朝鲜半岛，隔海是日本，南边是越南，很短的一段。北边呢？西边呢？作为周边的一部分，西边北边其实有更长的边界线。当然，历史上东边和南边与中国的关系，与西边、北边与中国的关系很不一样。这中间的差异可以谈的太多，这里

---

① 卞之琳：《十年诗草 1930—1939》，北京：北京联合出版社，2021年，第33页。

不细谈。

那么北边和西边有没有可以值得我们注意的东西呢？答案是：有。这是我下面要谈的。这方面我讲两个故事，也就是举两个例子。

第一个故事与印度有关。

唐代的玄奘，到印度去求法，回来后写了一部很了不起的书，书名叫《大唐西域记》，讲他一路经过的，也包括听闻到的，一共一百三十多个国家各个方面的情况。其中卷四的一个地方讲，在印度，有一个叫作"至那仆地"的国家。玄奘到了这个国家，并做了比较详细的记载。玄奘的记载中，与我们今天话题相关的有两点：

第一，玄奘发现，这个国家的名字与中国有关。国名"至那仆地"中的"至那"，意思就是中国。"至那仆地"一名，梵文是Cīnabhukti，意思是"中国封地"，玄奘的翻译是"汉封"。

第二，玄奘还说：

> 此境已往，泊诸印度，土无梨桃，质子所植，因谓桃曰"至那你（唐言汉持来）"，梨曰"至那罗阇弗呾逻（唐言汉王子）"。故此国人深敬东土，更相指语："是我先王本国人也。"①

"至那你"还原成梵语，是cīnanī，词的前一部分cīna，"至那"，就是中国。后一部分nī，音译"你"，意思是"持来""拿来"，合起来意思就是"从中国拿来的"。"至那罗阇弗呾逻"一名，还原成梵语，则是cīnarājaputra。前一部分仍然是cīna；后一部分中的rāja，音译为"罗阇"，意译为"王"；最后一部分的putra，音译"弗呾逻"，意思是"儿子"，整个词合起来，意思是"中国王子"。玄奘的翻译是"汉王子"。

玄奘还讲，这个国家的人因此对中国特别地敬重。他们见到玄奘，

---

① ［唐］玄奘、辩机原著，季羡林等校注：《大唐西域记校注》，北京：中华书局，1985年，第367页。

就指着玄奘说："这是我们以前的国王本国来的人啊！"

但是历史上真有从中国来的王子，在"至那仆地国"作"质子"，也就是国与国之间的人质，并且真的把桃和梨带到了印度吗？

这是一个很有意思，我们不能忽视的问题。这故事中讲的事，是不是真的呢？我的意见，其中一部分应该是真的，作为一个传说，不完全是无中生有，它有一定的历史背景和历史依据。这位"质子"，不一定是来自古代中国的中心地区，但有可能来自与中国有更密切联系的"西域"地区。①

无论如何，玄奘不会凭空编出这样的一个故事。相关的一些问题真值得我们做进一步的研究。

古代的"至那仆地国"，大致在今天印度的旁遮普邦境内。

玄奘的书《大唐西域记》，一定程度上反映了当时中国人对西方世界的认识。如果从印度人方面看，不就是中国人写的"使行录"吗？同样的著作，中国历史上还有好些，例如东晋时代的《法显传》，唐代的《南海寄归内法传》和《慧超往五天竺国传》。最后一种书是古代新罗人，就是今天的韩国的求法僧写的。其他在古代还有好多，大多散佚了，需要今天做辑佚、考订、整理的工作。今天参加会议的，很多是做古籍整理的，我希望大家也来关心这类文献。

跟上面讲的故事类似，这类书中的很多地方，也记载了外国人，包括印度人怎么看中国。例子很多，不举了。

印度方面有没有他们的"使行录"呢？也有的，但要晚一千年，那就是晚清时代的印度人，英国来华军队中的印度士兵，在广州和香港作贸易的印度商人、旅行者。更晚一点的，国共内战时期，甚至到过"苏区"，写过记载"苏区"的书。

第二个故事有关波斯，也就是今天的伊朗。

古代波斯有一部很有名的书，称作《史集》(*Jami' al-tawarikh*)，

---

① 参见拙文《桃和梨的故事：印度的中国物产》，《奇人奇地奇书：玄奘与〈大唐西域记〉》，北京：中国大百科全书出版社，2021年，第79—91页。

作者是古代伊朗的一位学者、历史学家，也是当时统治伊朗的蒙古四大汗国之一的伊儿汗国的丞相，名字叫拉施特（Rashid-al-Din Hamadani），但这本书实际上是集体著作，成于公元1300年至1311年之间，内容以当时的蒙古史为重点，同时也全面覆盖了那个时代亚欧地区主要民族和主要国家的历史，可以说是历史上的第一部世界通史，内容非常丰富。只是在中国知道的人不是很多。

《史集》是极大部头的著作，由多部书合成，其中一部称作《中国史》。

近代以前，中国以外的国家，很少有人在书中讲到中国的历史，更没有人写过专门讲中国历史的书，但《史集》的《中国史》是个例外。编成时间是1304年，也就是元大德八年。

《史集·中国史》开首的部分，介绍中国整个的地理概况，其中讲到中国的西南地区，汉译文是：

> 在乞台的西南方还有一个地区，名叫大理（Dāy Līu），蒙古人称之为哈喇章（Qarājānk），忻都人称之为犍陀罗（Kandhar），义为[大国]，在我们这里叫做罕答合儿（Qandahār）。①

"乞台"一名，来自"契丹"，也就是"辽"或"辽国"，后来演变为蒙古人对中国北方地区的一个广泛的称呼，Dāy Līu就是今天云南的大理，这没有问题。忻都人就是印度人，这也没有问题。这里的问题只在于，拉施特的书中，为什么要说印度人把大理称作犍陀罗（Kandhar）。犍陀罗在古代印度的西北部，这个名字怎么会跟中国的大理联系在一起呢？另外，罕答合儿（Qandahār）就是今天阿富汗的坎大哈。波斯人为什么又会把大理说成是印度的犍陀罗，再说成是在阿富汗的坎大哈呢？这个问题是不是也值得研究？这背后其实

---

① 王一丹：《波斯拉施特〈史集·中国史〉研究与文本翻译》，北京：昆仑出版社，第117页。

有一个颇为曲折的原因。①

拉施特的书，讲中国史，从盘古开始，一直讲到辽、金和南宋，列举出中国的 36 个王朝，267 个帝王的世系。这很了不起。让人诧异的还有，书中有 80 多幅，100 多位中国历代帝王的画像。从形象看，应该是从中国古代的书中描摹下来的。什么书呢？我们至今不知道。

图1 《史集·中国史》中国帝王的图像

（来源：王一丹：《波斯拉施特〈史集·中国史〉研究与文本翻译》，第224—225页）

《史集》不算是"使行录"，是波斯人的专著。但我们还是应该关心，这些说法，这其中所有的信息，包括中国帝王的图像，从哪里来，又是通过什么路径，怎么样地传到了波斯人那里的呢？

中国西边的国家，其实也不是没有"使行录"一类的著作。《马可波罗游记》就是一种，但类似而且更早的还有阿拉伯作者的《中国印度闻见记》；亚美尼亚作者的《海屯行纪》；与马可波罗同时，也是意大利人写的《鄂多立克东游录》；波斯人写的《沙哈鲁遣使中国记》；

---

① 参见拙文《Qandahār 与 Kandhar：古代外国人怎么称呼大理？》，载《2013年崇圣论坛论文集》，昆明：云南民族出版社，2014年，第3—9页。

荷兰人写的《东印度航海记》。例子不少，不举了。

由此展开，我以为我们可以做的工作还有很多。

天下的事就是这样：不仅我们看人家，也要看人家怎么看我们。我在上面一开始时，念了卞之琳的一首诗，诗中的"桥上人"和"楼上人"相互对望。我想，就像诗中讲的一样，在这个世界上，我们中国人和外国人，一边就像是"桥上人"，另一边则像是"楼上人"，一两千年来，相互对看，相互"看风景"，相互想问题。要是落实到文字上，就成为相互的一种"书写"，一种记录。不仅如此，用卞之琳的诗句讲，在这中间还相互"装饰"，既装饰了"窗"，又装饰了"梦"，朗朗星空之下，明月一轮，风景各异。请大家想一下，天下的事是不是这样的呢？两千年来的历史是不是也如此？这其实都是人类文化史的一部分。用眼下比较流行的一个词语讲，这不就是"跨文化"视野下的一种景观吗？

上面讲到的这些题目，如果深入下去，就不仅仅是域外的汉文文献了，还包括各种外文的，但与中国相关的文献，梵语、波斯语、蒙古语、印地语、孟加拉语、拉丁语，当然还包括英语、德语、意大利语、法语、荷兰语等现代语言。今天来的朋友，有中国语言文学学科的，有历史学科的，也有外语学科的，相信各个学科的朋友在这方面应该也都能够相互借鉴，同时做出各自的贡献。

比较文学文献学：作为总体研究方法的目录与索引[*]

张哲俊

摘　要：比较文学文献学是以阅读书目校注交流关系的方法。校注一本诗集的交流关系之后，应当以适宜的方式统计与记载所有交流关系的信息，目录与索引是最为适宜的方式。交流关系的总体数据与款目数据，可以作为总体研究交流关系的依据。此前总体研究交流关系，基本依据总体印象，但其研究结果未必可靠。编制交流关系信息的目录、索引与数据，应当是总体研究交流关系的方式。

关键词：目录　索引　总体数据　总体研究

一、总体研究与目录、索引的细化数据

比较文学文献学以校注方式研究交流关系，完成了校注，也就等于完成了研究交流关系的任务。但除了校注每一首诗歌的交流关系之外，还需要研究交流关系的总体状态，这就需要统计交流关系的总体数据。如何统计、记录与分析，是必然面临的具体问题，这些问题是

---

[*] 本文为国家社会科学基金后期资助重点项目"乐府的文学与音乐（23FZWA010）"研究成果。作者系延边大学／四川大学文科讲席教授。

计量文献学的任务。①国内外学者已经利用计量文献学研究文本的形成、真伪等问题，比较文学文献学也可以利用计量文献学研究交流关系。交流关系也是文本形成的一部分，完全可以使用计量文献学。比较文学文献学与计量文献学存在天然的近缘关系，交流关系终究是交流信息，计量文献学所做的就是信息管理与研究。不过比较文学文献学没有必要全部移用计量文献学的方法，但可以根据校注本的需要采用适当的方法：比较文学文献学需要阅读书目、潜在书目的清单。这一清单实际就是目录，根据这个目录需要调查校注需要使用的文献用例，因而这个目录是交流关系的基础数据。其他数据是在这一数据基础上产生的，对校注者与研究者都有重要的价值。索引是校注本常用的方式，常规款目是人名、地名、书名、篇名等。此类款目可以承载交流信息，但只有常规款目不能满足研究交流关系的需求，还需要根据不同的交流形态设置款目。索引款目应当具有统计不同交流信息数据的功能，还应提供每一条交流信息的所在位置。研究者可以便利地查找交流信息及其篇目、语词与实证文献，这是研究最实用的价值之一。

从阅读书目的目录到语词、事物用例的索引，是由大而小的细化过程，也是产生基础数据与总体数据的过程。首先产生的是阅读书目的目录，这是细化目录、索引的起点。古典目录学的研究也需要经历

---

① 中国多译为文献计量学，是图书情报学、信息管理学的重要分支学科，文献统计分析法、引文分析法较近于交流关系的计量方法。日本学界称之为计量文献学，参见：伊藤瑞叡编『三大秘法抄なぜ真作か：計量文献学序説』（東京：隆文館，1997年）、『計量文献学の射程』（東京：勉誠出版，2016年）、村上征勝『シェークスピアは誰ですか？：計量文献学の世界』（東京：文藝春秋，2004年）、土山玄『計量文献学による「源氏物語」の成立に関する研究』（博士論文，2015年3月22日），等等。比较文学文献学是根据阅读书目校注的方法，阅读书目的用例类似引文，校注类著作可以利用目录、索引来统计交流数据，并在数据基础上分析交流关系的总体状况。国内成果不多，主要有王笛《从计量、叙事到文本解读——社会史实证研究的方法转向》（北京：社会科学文献出版社，2020年）。计量文献学的一个基本问题是计量标准化，计量标准是判断的依据，对科学、医学、社会科学都有着重要的意义，但对比较文学文献学没有太大的价值，因为无法确定网状关系与常见关系的标准值，虽然交流信息的计量可以显示交流关系的总体状况。

细化过程，从了解书目到了解书目的提要，再到了解书目的全部内容。这是研究学术的一般过程，研究交流关系亦不例外。从调查阅读书目，到产生阅读书目的目录，到产生交流关系的篇目，再到确证包含交流关系的语词。从阅读书目的目录到语词的索引，就是从目录到索引的细化过程。2010年笔者曾提出比较文学文献学应当始于目录学的构想，并以为比较文学目录学是细化目录的过程："目录总是根据研究的对象与主题有所变化，从而深化与细化。"①"研究过程中还要进一步确立和搜寻更为细小的研究对象，生成更为细小的目录，这是以浦岛子传说中的各种因素为单位重新排列的目录，这个目录会把学者带入更细更深的故事形态演变过程的考察之中。当然一般不会把这个细目的建立过程看成是目录学，但在我看来这是目录学的细化深入的延伸过程。"②撰写此文时只是朦胧感觉到比较文学目录学的推进方向，但以阅读书目校注与研究交流关系之后，就明确了推进方向。

　　古典目录学可以产生提供书目、版本信息的工具书，也可以是生长原始研究的起点。现今学术研究不大始于目录学，大多始于概念、理论，或始于先行研究，这成了学术研究的常规动作。从事目录学研究的学者专注于目录、版本的著述，不大涉及目录学与研究路径的起始关系。不过始于目录学的研究路径距今并不遥远，有必要重新认识这种研究路径："离我们不算太远的王国维的学术，就是从目录学开始的。王国维的一生中最为重要的成就之一是戏曲史的研究，戏曲史的代表作是《宋元戏曲考》(《宋元戏曲史》)，撰著于1913年。那么应当思考的问题是王国维的戏曲史研究是如何展开的，他最先是从目录学开始的。'1908年，戊申，光绪三十四年，三十二岁。9月，辑《曲录》初稿二卷。又手录明抄本《录鬼簿》，并作《跋》。'《曲录》是一本什么样的书呢？《曲录》就是一本目录学著作，辑录了戏曲作品目

---

① 张哲俊：《辉煌学术的发生与发展》，《严绍璗学术研究》，北京：北京大学出版社，2010年，第5—6页。
② 同上书，第6页。

录，其中有传世的作品，也有只是存目的作品，还有残篇存世的作品。'1913年，癸丑，民国2年，三十七岁。1月，撰成《宋元戏曲考》，并作序（后易名为《宋元戏曲史》）。'从王国维撰著《曲录》入手，最终完成《宋元戏曲史》，两者的关系看得一清二楚。《曲录》这本目录学著作，是《宋元戏曲史》的基础，没有目录学的起始工作，后面所有的研究都是不可能出现的。"①目录学著作的价值在于记述书目、版本，还有一个重要价值就是从目录学生长出原始创新的著作。

> 《曲录》也可以看成是普通的工具书，但决不是普通的辞书，只是用来查阅相关信息的工具书。《曲录》是具有着极大学术生命力的目录学著作，在此基础上能够生长出极其伟大的学术。②

王国维为了研究戏曲文学史，首先调查了中国宋元时期出现的戏曲作品，写出了《曲录》，也就有了戏曲作品的清单；研究了《录鬼簿》，也就有了曲家的清单。有了作品目录与曲家目录，也就可以展开更细致深入的研究，也就是在《曲录》与《录鬼簿》的基础上，写出了古代戏曲文学史的开山之作《宋元戏曲史》。《宋元戏曲史》是原始创新的著作，在此之前没有出现过同类著作，原始创新的研究尤其需要从目录学开始研究。但如果已经有了目录学著作，也就不需要重复，正是这一原因王国维没有自己撰写《录鬼簿》，而是研究了《录鬼簿》，

---

① "这是普通的辞书所不具备的，普通的辞书只能是辞书，不会有生长出诸多原创性的学术研究。现今提到王国维的学术方法，就会想到地上地下的二重证明法，几乎完全忘记了由目录学到专门史的方法。《宋元戏曲史》是王国维的代表性著作，将《宋元戏曲史》放在前面，《曲录》放在后面，或者根本不会提及《曲录》。其实这是本末倒置，完全没有明白王国维学术的科学方法。产生这种现象的原因是现今的文学史或专门史，往往不是原创性的学术，只是根据已有的文学史之类著作，只要对作家作品或文学现象，提出些许自己的看法就可以了。这就完全省去了目录学的部分，目录学显得完全没有价值，也只能把目录学著作看成是无益的东西。这当然是完全不懂得科学治学方法的结果。"（张哲俊：《辉煌学术的发生与发展》，《严绍璗学术研究》，第5页。）
② 张哲俊：《辉煌学术的发生与发展》，《严绍璗学术研究》，第5页。

这是科学的方法。

如果研究对象不是文体文学史或断代文学史，而是校注一本别集的交流关系，那么几乎都需要从目录学开始，迄今还没有出现过以阅读书目校注交流关系的个案，这样所有个案都将是原始研究。目录学的研究起点在比较文学文献学有着更重要的意义，如果具备调查阅读书目的条件，就应当从调查阅读书目的目录开始，从目录再进入索引层面。阅读书目的目录与王国维的《曲录》不同，两种书目的目录不在一个层面：一个是一般书目的目录，一个是阅读书目的目录。从一般书目的目录到阅读书目的目录，已经大大地缩小了书目层面的调查范围，但还需要继续细化，必须沉入更细的篇目、语词层面，提供三个层面交流关系的目录、索引与数据，这是交流关系的基本特征决定的。

其一，交流关系的三个层面与基本层面。比较文学目录学必须细化的原因有二：一、交流关系存在于书目、篇目、语词等三个层面，这样必须记录三个层面的交流信息，才能提供交流关系的排查结果。如果只记录书目层面，没有细化的索引，那么记录的交流关系必然残缺不全，无法记录排查交流关系的结果。二、语词是交流关系的基本层面，目录、索引不能停留在书目层面，必须深入到语词的基本层面。如果不能确定基本层面的交流关系，书目、篇目层面的交流关系也难以确定，从目录到索引的细化过程是必由之路。下面来看看瑞溪周凤《香影斋》诗的交流信息与编制索引的关系问题。

香影斋

未可行寻雪后林，庭梅春浅胜春深。
小横枝上乾坤在，移得孤山入冻吟。[1]

---

[1] 瑞溪周鳳『臥雲藁』，『五山文學新集』卷五，東京：東京大學出版會，1971年，572頁。

香影斋在京都闹市区，在瑞溪周凤友人有牧老人的今是庵。香影一词的交流信息似乎比较简单，瑞溪周凤以为香影斋的名称来自林逋的诗歌，孤山即指林逋。这是诗人自己在诗歌文本中记述的，这个说法自然无误，但这未必是全部的交流关系。诗人不需要在诗歌中记述所有的交流关系，事实上诗人自己也未必记得都在哪些书中看到过。如果在诗歌中勉强记录更多的交流关系，恐怕就难以写成诗歌。香影二字出于林逋《山园小梅》的"疏影横斜水清浅，暗香浮动月黄昏"这广为流传的名句，从两句中各取一字构成香影一词。瑞溪诗歌的香影与孤山、林逋的关系，也证明香影二字源于林逋的诗歌。《山园小梅》载于阅读书目林逋的《林和靖集》卷二，这里已经有了书目、篇目、语词，三个层面连成一体，编制索引必须从书目细化到语词，这是与古典目录学的不同之处。不过交流关系的实际状况更为复杂，语词用例与篇目的关系比较稳定，但篇目名称时有变化。阅读书目宋代吕祖谦《宋文鉴》卷二四载为《小园梅花》，《山园梅花》与《小园梅花》篇名不同，这种情况在古代文学中并不罕见。不同篇名对交流关系可以没有影响，但也可以成为影响交流关系的决定性因素，这主要取决于瑞溪的《香影斋》诗中是否存在篇名的印迹：如果存在《小园梅花》的篇名印迹，那么《宋文鉴》将是交流关系的典据；没有篇名印迹，《宋文鉴》只能是典据范围的阅读书目。这些信息将会直接影响编制索引：或记入于典据，或记入于典据范围，不同的编制会产生不同的细化索引。

林逋的《山园小梅》是名篇，载于很多书目，即使缩小到阅读书目范围，也有不少书目。香影一词来自林逋的《山园小梅》，但不等于必然来自《林和靖集》。还有不少阅读书目也收载了《山园小梅》，或者收入完整诗歌，或者引用部分诗句。宋祝穆《古今事文类聚后集》卷二十八《山园小梅》《评和靖梅诗》、宋曾慥《类说·陈辅之诗话·体物赋情·林逋咏梅》，《锦绣万花谷前集·梅》，宋陈景沂《全芳备祖前集·梅花》，《咸淳临安志·纪遗三》，《朱子语类》，《东坡志林》，宋欧阳修《文忠集·归田录》，宋黄庭坚《山谷集·题跋书林和靖诗》，元方回《瀛奎律髓·梅花类》，宋阮阅《诗话总龟》卷七、八、九，《诗话总龟后集·隐逸门》，《诗话总龟后集·咏物门》，《诗话总龟后集·咏物门》卷二八两例，《渔隐丛话前集》卷二七有三例、卷三二有一例，《渔隐丛话后集》卷二，《渔隐丛话后集》卷二十一，《诗人玉屑》卷六、十七与《诗林广记后集》卷九，以上都是收入林逋《山园小梅》的阅读书目，都是交流关系的范围，应当都列入目录或索引与数据。但全部记录于索引，索引必然极度膨胀，这些书目已记录于校注，完全可以根据瑞溪诗歌的篇名检索到这些阅读书目，找到这一典据范围的阅读书目。

其二，阅读书目的不同文献用例，必然产生不同的交流关系，也就需要在索引中编入更多的交流关系。林逋的《林和靖集》没有香影一词，但阅读书目有香影用例，由于语词不同，必然产生不同的交流关系。两种不同语词的交流关系，都存在于语词层面，但需要进一步细化。语词层面是最细层面，无法进到更细层面，但在索引中可以增加一条典据范围。下面是阅读书目的香影用例，《全芳备祖前集·五言古诗散联》："桃花女昭君，服饰靓以丰。徘徊顾香影，似为悦己容。"①《锦绣万花谷前集·金华殿中》："风定玉炉香影直，日融金掌露华鲜。"②《江湖小集》卷三十八叶茵《顺适堂吟稿·自和》："岁寒独有梅花月，香影年年到户除。"③古代诗人将香影一词作为了林逋《山园小梅》甚至是林逋诗歌的标志性词汇，阅读书目《元风雅后集·李絅斋》："诵净植之说，吟香影之诗。又若亲炙濂溪之旁，而徘徊孤山之

---

① ［宋］陈景沂编辑，［宋］祝穆订正，程杰、王三毛点校：《全芳备祖》卷八，杭州：浙江古籍出版社，2014年，第217页。《全芳备祖前集》的诗句来自宋韩驹诗《次韵程致道馆中桃花》："桃花如昭君，服饰靓以丰。徘徊顾清影，似为悦己容。"（《陵阳集》卷二，《景印文渊阁四库全书》第1133册，台北：台湾商务印书馆，1986年，第775页）别集的"清影"在《全芳备祖前集》中误为"香影"，"如"字误为"女"字。
② ［宋］佚名辑：《锦绣万花谷前集》卷八，《景印文渊阁四库全书》第924册，第100页。
③ ［宋］陈起编：《江湖小集》卷三八，《景印文渊阁四库全书》第1357册，第307页。

下也。"①"香影之诗"指林逋的《山园小梅》诗句，香影一词在宋代十分流行。五山诗歌的香影一词可能直接来自收入林逋诗歌的阅读书目，也可能来自存在香影一词的阅读书目，这样在索引中就会是两条典据范围。

其三，本事典据与用例典据不同，索引应当记录本事典据、本事典据的范围。日本诗人在诗歌中使用中国的典故，典故有语词用例，也有本事用例，两种用例可以合一，也可分离。如果语词用例与本事用例分离，就又会增加一条交流关系，这样同一语词最多可以产生三条交流关系，都需要记入于索引，可见语词层面仍然需要继续细化。本事典据范围与索引的关系可见后文《袁安洛雪》的本事。一般来说同一语词会产生一条交流关系或两条交流关系，同时出现三条交流关系并不常见。书目、篇目、语词等三个层面的联动与分合关系，使交流关系变得更为复杂，这可以体现在索引的典据或典据范围的数据。

比较文学目录学的具体形态是由研究交流关系的任务决定的。目录、索引并不陌生，一般以为目录、索引只有工具功能，没有研究性质。但是比较文学目录学的目录、索引与数据，既有工具功能，也有研究性质：

其一，目录、索引是描述交流关系的总体状况与基本特征的方式，也是总体研究的依据。比较文学文献学的任务是研究与记录交流关系，如果只是记录别集每一首诗歌的交流关系，校注就可以直接完成任务。然而交流关系散见于校注，难以总体描述与研究。汇总所有的交流关系，可以得到新的数据，这是以往的校注未曾提供的总体数据。总体数据是总体研究的需要，是交流关系研究的重要部分。总体数据是由汇总数据与细化数据组合而成，这是数据群，数据相当庞大，不是校注本的前言可以承载的，这样必须将目录、索引、数据作为记录与描述总体状况的方式。这样既可以提供每一交流关系的所在位置，可以

---

① ［元］孙存吾辑：《元风雅后集》卷七，《景印文渊阁四库全书》第1368册，第142页。

保持索引的工具功能，也可以为总体研究提供总体数据，在此基础上可以展开客观准确的研究。在此之前总体研究只能依赖于总体感觉或印象，即使总体感觉或印象没有偏差，依然需要总体数据的支撑，否则实证研究的价值落空。以往交流关系的总体研究，一般采用以若干交流关系替代总体交流关系的方法。这种方法并不可靠，但在未曾以校注研究交流关系之前，只能采用这种方法。从这个意义上说，校注类著作比一般研究著作更需要目录、索引与数据。然而现实是校注类著作一般只要完成了校注，就完成了任务，不会提供总体数据，这就等于放弃了彻底实证的可能性。

其二，目录、索引、数据与研究交流关系的意义。也许有人认为目录、索引、数据未必有用，文学研究与社会科学不同，思想、情感与艺术感觉、体验等文学性的研究，并不一定需要总体数据，更重要的是细读文本的体验与分析、阐释。特定语词出现数量较多，未必是诗人表现的主要思想；出现数量较少或者完全没有，也不等于不是诗人的主导思想。文学性研究是客观性较差的一种研究，目录、索引与数据提供的总体数据，虽然不无益处，但未必有太大的助益。然而交流关系的研究与文学性研究不同，研究的是交流关系的纯粹事实，只要能够保证目录、索引、数据精确无误，就完全可以说明交流关系的总体状况。这是强调目录、索引、数据的原因。对比较文学学者来说，最好是提供全面的交流信息，一本校注在手，既可以了解每一首诗歌的交流关系，也可以通过目录、索引与数据，全面了解文集的交流信息。以校勘、注释的方式研究交流关系，编制汇总的交流关系信息，同样也可以产生学术著作。将校注作为研究比较文学交流关系的新平台，可以展开各种研究动作，从而得到未曾有过的新成果。

其三，比较文学文献学的索引与一般索引的差异。比较文学文献学索引的编制依据不是别集的所有字词，而是别集语词的交流关系。绝大部分的交流关系存在于校注之中，校注之前无法编制索引，但校注之后可以汇总数据，这样索引既有工具功能，也有研究性质；既提供字词的所在位置，也提供交流关系的类型与位置，据此还可以查到相关的文献用例。一般索引的编制依据是别集文本的所有字词，没有任何校注也可以编制，目的是提供有序排列所有字词的位置，以便于查找全部字词的所在位置。这样的索引只有工具功能，没有研究性质，今天已经不大需要编制此类索引，只要录入为电子文本，就可以替代一般索引。一般索引没有丧失工具功能，但远不如电子检索方便，也就等于丧失了索引的价值。现今编制交流关系的目录、索引与数据，也依赖于电脑与专门软件，大大改善了研究条件。但电脑软件不能提供一切，还是需要相当艰巨的人工研究与操作，数据过于庞大，也就难免错漏。虽颇为无奈，但仍然具有无可替代的价值。

二、交流信息与目录、索引的数据款目

总体数据是由不同款目的数据群构成的，款目又取决于交流关系的相关因素与总体特征，也取决于工具功能。

第一，阅读书目、潜在书目的目录性质与具体形态。

以阅读书目校注需要阅读书目的目录，在阅读书目目录的范围内寻找校注的文献用例，据此可以确定交流关系。校注之前阅读书目的目录只是存在交流关系可能性的范围，没有确定交流关系，就不会存在交流关系的位置，也就无法标出诗歌编码或页码，无法编制有效阅读书目的清单。目录的特征是标出所示内容的位置，但调查相关文献得到的阅读书目，没有可以标出位置的信息，因而不是目录，只能算清单。这种清单可以认为是阅读书目的准目录，为了方便使用，阅读书目或者按照笔画或拼音记录，或者可以按照经史子集记录。这是前目录、索引的阶段，最终会在准目录的基础上产生索引。与阅读书目清单最近的是书名索引，但不能合并，只能各自独立：其一，阅读书目的清单与书名索引性质不同，无法合并，这是从交流关系的可能性到确认交流关系的变化。编制书名索引的前提是存在交流关系的所在

位置，可以编入书名索引，但阅读书目清单无法编入书名索引。其二，阅读书目的清单必须作为独立款目，才便于调查与使用。校注时经常需要回到阅读书目，并在阅读书目清单的范围内寻找文献用例，或者确认特定书目是否为阅读书目，这是阅读书目清单的工具功能。

瑞溪周凤《袁安洛雪》的诗题来自中国文学，既出现于一般书目，也出现于阅读书目的清单。一般书目的诗题能否成为补遗阅读书目的依据，或阅读书目清单的书目能否编入索引，取决于调查的结果。

袁安洛雪

风雪洛阳埋屋时，身宁冻死节何移。
孝廉一举起高外，我不干人人自知。①

袁安洛雪，是中国的十雪题咏之一，咏袁安大雪僵卧洛阳房中之事。诗题典源为南宋方凤《存雅堂遗稿·怀古题雪十首·长安落雪》："朔风琼粉如筛堕，四望民居绝烟火。路无行踪门反关，珍重先生独僵卧。洛阳令尹举孝廉，三冬喜爱照河南。有志何妨屡迁擢，要以清操除奸贪。"②此诗写的是长安，而非洛阳，《存雅堂遗稿》不是阅读书目，不存在编入书名索引的可能性。那么《十雪题咏》是否见于阅读书目清单的书目呢？阅读书目《元风雅后集》卷十二袁安道《袁安卧雪》写的是洛阳："世界琼瑶别一船，出门半步即风寒。飞花上下山河异，卧榻中间天地宽。无过客来行迹少，作干人态此时难。立身大节当然耳，岂意清高却得官。"③袁安道的《袁安卧雪》与瑞溪的诗题名称不同，说明瑞溪周凤的诗题未必来自《元风雅》，或者瑞溪周凤的诗

---

① 瑞溪周鳳『臥雲藁』,『五山文學新集』卷五, 525頁。
② [宋]方凤:《存雅堂遗稿》卷二,《全宋诗》卷三六一九, 北京: 北京大学出版社, 1999年, 第43342页。
③ [元]孙存吾辑:《元风雅后集》卷十二,《景印文渊阁四库全书》第1368册, 第169页。

题讹误，或者变异，这关系到校勘和变异。但进入古典目录学层面调查，就会发现《四部丛刊初编》的《皇元风雅》内，此诗题为《袁安洛雪》。瑞溪周凤的诗题显然来自《四部丛刊初编》版本系统的《元风雅》，完全可以确定二者发生过交流关系。阅读书目清单是调查日记等相关文献得到的，一般而言相关文献不会直接记载版本信息，因而阅读书目清单没有版本信息。但这并不意味着不需要古典目录学的调查，不同版本会有不同的字词，这也是阅读书目清单能否变成书名索引书目的依据。比较文学目录学与古典目录学在此重合，这是两种目录学的重要关系。在确定瑞溪周凤《袁安洛雪》与《元风雅》的交流关系之后，《元风雅》就不是没有交流关系位置的书目，交流关系存在于瑞溪《袁安洛雪》的诗题，诗歌的编码应当记录《元风雅》，这样就可以编入书名索引。根据书名索引可以查到《元风雅》与瑞溪的《袁安洛雪》的交流关系，但阅读书目清单没有这种可能性。

潜在书目（交游圈别集）是另一种阅读书目，也是交流关系的另一形态。潜在书目是由交游圈诗人的名单决定的，交游圈诗人的别集都是潜在书目。潜在书目是交游圈诗人的人名清单或别集清单，同样也没有交流关系的位置与诗歌编码。但只要确定了交流关系，也可以产生位置与编码。除了瑞溪周凤的《袁安洛雪》之外，五山文学还有其他的《袁安洛雪》诗歌，全部出于交游圈诗人的别集。西胤俊承《真愚稿·袁安洛雪》："饿殍填沟雪未除，干人应槁傍门间。何知累世台司贵，尽出弊庐僵卧余。"[1]惟肖得岩《东海琼华集·袁安洛雪》："纷飞乱落几多般，铁笴衣棱刮骨寒。人倚介山夸闹热，独僵雪屋乐间宽。"[2]南江宗沅《渔庵小藁·袁安雏雪》："态不干人屋似村，饥肠三日雪埋门。只缘幸〔夸〕屈雏阳令，卧见阶前新履痕。"[3]这是《袁安洛雪》诗题在五山文学的分布，是《袁安洛雪》典据范围的一部分。三

---

[1] 西胤俊承「眞愚稿」，『五山文學全集』卷三，東京：思文閣，1973年，2727頁。
[2] 惟肖得巖「東海瓊華集」，『五山文學新集』卷二，東京：東京大學出版會，1968年，824頁。
[3] 南江宗沅「漁庵小藁」，『五山文學新集』卷六，東京：東京大學出版會，1972年，141頁。

本别集也都有了交流关系的共同位置与编码，就不再只是潜在书目清单的书目，可以编入书名索引与人名索引，并从书名索引与人名索引找到交流关系的信息。

潜在书目是瑞溪周凤交游的诗人别集，但还包括了瑞溪弟子横川景三交游的诗人别集。合并两个交游圈的纽带是横川景三，这个纽带是否存在，也需要数据来证明。这样就应当将横川别集作为索引的款目，从而了解横川别集用例的分布与数据，这一数据可以证明横川是否确实为两个交游圈的纽带。在获得这一数据之前，也可以感觉到横川的纽带作用，但只能用相当丰富之类的模糊语词描述，这是无奈的描述：如果一一举证横川别集的用例，就会无休无止地罗列文献，所占篇幅与实际价值完全不匹配。这里需要的不是描述个例，而是可靠的总体数据，这个数据只能通过索引调查得到。索引及其数据并不是简单的工具，也是描述交流关系总体状态的方式。在瑞溪周凤《卧云稿》的校注中，横川别集的用例有366条。①如何解读这一总体数据，是总体研究的一部分。《卧云稿》共有532首诗歌，横川景三的用例有366条。《卧云稿》一多半的诗歌都有横川别集的用例，这是相当惊人的数据，可以证明合并两个交游圈的纽带是横川景三。合并两个交游圈是在确定交游圈别集，也是总体研究的一个问题。

第二，语词、本事与典据、典据范围的索引。

典据、典据范围是交流关系的两种基本形态。存在位置与编码，可以编入索引，这是最重要的索引。典据、典据范围隐含了阅读书目、篇目、用例以及相关考证，如果这些因素都作为索引的款目，索引必然臃肿不堪，不便查索，丧失工具功能。编入索引只能简化交流关系，简化的最小限度是典据、典据范围，典据、典据范围应当作为款目。根据典据、典据范围的索引，可以回到特定诗文，可以查到相关的交

---

① 参见国家社科基金重大项目成果：张哲俊《瑞溪周凤〈卧云稿〉的校注与研究》。

流关系。典据、典据范围索引的另一功能是调查与统计总体数据，为此就需要记录每一首诗歌交流关系的数据，这就具有了统计总体数据的基础数据。典据、典据范围的总体数据，其实也是交流关系的全部数据，其他款目的总体数据只是典据、典据范围总体数据的一部分。编制典据、典据范围索引的一个比较特别问题是典源，典源存在两个问题：其一，典源同时也是典据或典据范围，那么应当作为典据或典据范围编入索引，这种状况还是较为常见。其二，典源不是典据或典据范围，但不等于完全没有交流关系，典源通过典据、典据范围存在间接的交流关系，间接的交流关系不是记入索引的依据。瑞溪《袁安洛雪》诗题的典源是《存雅堂遗稿·长安落雪》，但《袁安洛雪》与《长安落雪》之间不存在交流关系，至多是通过《元风雅》的《袁安洛雪》产生了间接关系。这似乎是两可的问题，但典源书目不是阅读书目，也就不能编入典据、典据范围的索引，不过典源书目可以见于书名索引。总体数据从无到有，不是单纯数据，是呈现交流关系总体状态的方式。这是工具功能与研究功能合而为一，提供总体数据是一种研究，解读总体数据是进一步的研究。

　　《袁安洛雪》的诗题有一个用例典据，还有本事典据的范围，这是同一交流的不同来源。袁安（？—92）字邵公（一作召公），汝南郡汝阳县（今河南商水西南）人，东汉名臣。仅从《元风雅》的《袁安洛雪》还不能了解袁安卧雪的完整本事，不过其他阅读书目记载了袁安洛阳卧雪的本事，《后汉书》卷四十五："袁安字邵公，汝南汝阳人也。祖父良，习孟氏《易》，平帝时举明经，为太子舍人；建武初，至成武令。安少传良学。为人严重有威，见敬于州里。初为县功曹，奉檄诣从事，从事因安致书于令。安曰：'公事自有邮驿，私请则非功曹所持。'辞不肯受，从事惧然而止。后举孝廉，（唐李贤注引《汝南先贤传》曰：'时大雪积地丈余，洛阳令身出案行，见人家皆除雪出，有乞食者。至袁安门，无有行路。谓安已死，令人除雪入户，见安僵卧。问何以不出。安曰：'大雪人皆饿，不宜干人。令以为贤，举为孝廉'也。)除阴平长、任城令，所在吏人畏而爱之。"①阅读书目《氏族大全》卷五亦载："袁安字邵公，微时客洛阳。时大雪。洛阳令按行，至安门，门闭，无行迹。令人除雪入户，见安僵卧，曰：'大雪人皆饿死，不宜干人。'令举为孝廉。汉建初中，为河南尹，在职十年。论曰：'尹者正也。'"②《艺文类聚·天部下》、《太平御览·天部十二》亦载本事，皆有"不宜干人""孝廉"等语词，这些语词亦见于瑞溪诗歌，《后汉书》《氏族大全》《艺文类聚》《太平御览》为本事典据的范围，本事典据的范围应当编入于索引。但是否另立款目是一个问题，无论是用例典据范围还是本事典据范围，都是来自阅读书目，更重要的是用例典据范围与本事典据范围可以是同一诗歌同一语词的交流关系。如果本事典据范围另立一个款目，就会割裂同一语词的交流关系，这显然不益于研究交流关系。更好的方法是以典据或典据范围的数量来标记，这样不能显示用例典据范围与本事典据范围的类型，但并不影响交流关系的总体数据，可以保证总体数据的准确性。

第三，常规索引与交流索引：书名、篇名、人名与地名。

书名、人名、地名是常规索引，常规索引与交流索引不同，其中没有交流关系的信息。既然二者不同，那么常规索引不应当也作为交流索引。书名、人名、地名索引是记录书中出现的书名、人名、地名以及所在位置，以便于通过书名、人名、地名迅速找到相关内容，也有助于研究者获得相关信息。典据、典据范围的索引是查找交流关系的方式，书名、人名以及地名索引也可以是查找交流关系的方式，这是因为书名、人名、地名也可以是交流信息的载体，这与校注的内容不无关系，如果以校注方式研究交流关系，那么校注中就会书名、人名、地名的交流信息，这样常规索引也会变成交流索引。只是与典据、典据范围的索引有所不同，不是所有的书名、人名、地名都承载交流

---

① ［南朝宋］范晔撰，［唐］李贤等注：《后汉书》卷四十五，北京：中华书局，1965年，第1517—1518页。
② ［元］佚名：《氏族大全》卷五，《景印文渊阁四库全书》第952册，第167页。

信息，因为书名、人名、地名的索引不是以交流信息编制为目的，但其中还是存在丰富的交流信息的。

其一，书名索引与交流信息的特殊关系。书名索引是各类书籍常见的索引，根据书名索引可以找到与书目相关的内容。比较文学文献学的书名索引在形态上没有什么不同，编制书名索引的目的也没有变化。但实际上比较文学文献学的书名索引还是存在较大差异，差异在于书名索引的构成：一是没有交流关系的书目，二是存在交流关系的书目。第一种书目属于常规的书名索引，第二种书目是常规书名索引中没有的部分。以阅读书目校注是基本原则，但是并非只能使用阅读书目，毕竟还存在没有交流关系的校注，即使存在交流关系，也不是完全不用一般书目，这是与常规书名索引相同的地方。但比较文学文献学原则上使用阅读书目校注，书名索引包含大量的阅读书目，同时也包含丰富的交流信息，这是常规书名索引没有的部分，也是设立书名索引的必要性。书名索引也是检索交流关系的工具，可以根据书名检索校注中的阅读书目，从而查到交流关系的信息。与书名索引最近的是阅读书目清单，从阅读书目清单到书名索引是重大的变化，似乎应当编制阅读书目的专用索引。但编制阅读书目的专用索引，就无法检索书目的所有信息。编制所有书目的索引，既可查到一般书目，也可查到阅读书目。其实这也是校注引用书目的目录，引用书目也是需要的信息。

其二，人名索引与交流信息的特殊关系。人名索引也是常规索引，主要是记录书中出现的人名及其位置。一本别集的文本与校注中出现大量人名，其中有本国人名，也有他国人名。日本五山文学与中国文学的交流关系极为密集，出现了很多中国人名，这些人名也是交流关系的载体。瑞溪周凤《卧云稿》的诗歌文本中出现了陶渊明、苏轼、黄庭坚等中国诗人的名字，此外校注原则上使用阅读书目，那么也会大量出现阅读书目撰者、编者的名字，这样人名索引必然也会成为检索交流关系的途径。人名索引与交游圈诗人清单也存在密切关系，人名索引中出现最多的本国诗人就是交游圈诗人，通过人名索引的数据可以了解交游圈清单，从而了解潜在书目的清单。瑞溪周凤《香影斋》校注中的本国人名，是由交游圈诗人名字构成的：首先，香影是林逋诗歌的标志性因素。横川景三《梅溪号》："千树孤山香影寒，春消息在画桥看。"①天隐龙泽《林处士画像》："香影诗成屡岸巾，夜寒冰锁砚无春。"②南江宗沅《读和靖诗》："李及未知香影句，惟携白集上归舟。"③季弘大叔《西湖图》："西湖以梅而重焉，梅以和靖而重焉，横斜浮动之香影也。"④心田清播《江路见梅》："香影更论佳句法，家家昏月水边扉。"⑤心田此句没有直接提及林逋，但"佳句法"是指林逋。其次，没有林逋的用例。江西龙派《江南一枝，赠金吾藤公时寓禅院，故戏云》："残月梦回僧院晓，多情香影胜空房。"⑥心田清播《曙窗梅月》："寒鲸罢杵初知处，香影犹残月半扉。"⑦驴雪鹰灞《和春谷试毫之韵》："此花若不嫌茅舍，香影今宵和月来。"⑧横川景三《竹里早梅》："更有春风胜香影，无双花向竹西开。"⑨这里出现的人名除了林逋之外，其他都是日本诗人名字。横川景三、天隐龙泽、南江宗沅、心田清播、江西龙派等都是瑞溪周凤交游圈诗人的核心成员，在这些核心成员的诗人名字中包含着林逋诗句影响的印迹，也存在着与瑞溪周凤的交流信息。阅读书目的撰者、编者与交游圈诗人的名字，是人名索引的主要部分，但也不是全部，还有其他一般书目的撰者、编者与非交游圈的人名。因而既有一般人名索引的功能，也有提供交流关系信息的功能。

---

① 横川景三『補庵京華續集』,『五山文學新集』卷一，東京：東京大學出版會，1967年，482頁。
② 天隐龍澤『默云稿』,『五山文學新集』卷五，1121頁。
③ 南江宗沅『漁庵小蘽』,『五山文學新集』卷六，146頁。
④ 季弘大叔『松山序等诸師雜稿』,『五山文學新集』卷六，348頁。
⑤ 心田清播『聽雨外集』,『五山文學新集』別一，東京：東京大學出版會，1977年，687頁。
⑥ 江西龍派『續翠詩集』,『五山文學新集』別一，182頁。
⑦ 心田清播『聽雨外集』,『五山文學新集』別一，664頁。
⑧ 驢雪鷹灑『驴雪藁』,『五山文學新集』別二，東京：東京大學出版會，1981年，169頁。
⑨ 横川景三『補庵集』,『五山文學新集』卷一，1967年，18頁。

其三，地名索引与交流关系。地名索引没有人名索引那样常见，但从地名索引可以查到诗人的地域活动范围。比较文学目录学的地名索引，是为了搜查地名的交流关系，日本五山文学别集提供了丰富的地名交流信息：一是诗文文本出现的中国地名，从这些中国地名可以了解到五山诗人感兴趣的中国地方有哪些，与地名相关的交流关系有哪些，这都是需要研究的问题。二是五山文学中的唐风地名，这也是一般地名索引变成比较文学目录学的地名索引的重要因素。唐风地名不是中国地名，而是日本地名的别称，由于使用了唐风地名，就产生了交流关系，这样地名索引就会变成比较文学文献学的地名索引。地名索引也有本土的大和地名，大和地名没有交流关系。这样地名索引既有一般地名索引的功能，也有检索交流关系的功能。

交流关系的基本形态、构成决定了目录与索引的款目，每一本别集的校注可以编制不同的索引。但交流关系的基本形态、构成并不是经常变化的，目录、索引的款目也有一定的稳定性。常规索引的款目最初并不是出于研究交流关系的需要，但常规索引的款目也可以用于检索交流关系，这也是索引及其款目稳定性的来源，稳定性也是编制目录、索引的重要依据。

中国近代的"鞍型期"与跨文化性（上）*

李雪涛

摘　要：本文梳理了鸦片战争后六十年中国士大夫对"变局"的表述，以德国历史学家科泽勒克的"鞍型期"为基本概念，认为与欧洲1750—1850/1870年间的转型期相对应的近代中国过渡时期，既是王尔敏从中国社会出发所认为的晚清六十年（1840—1900），也是张灏从中国思想出发所确定的甲午战争之后三十年（1895—1925）。在这一时期，中国开始脱离与传统过于紧密联系的近代早期，形成了通向现代世界的转折阶段。原本不属于同一时代的近代早期与现代的一切相汇聚。文章还运用"跨文化性"与"文化互化"理论，认为近代以后中国社会的性质不再是同质性与单一性，而是异质性和混合性，并在此基础之上对"文化圈"及"文明的冲突"等理论进行了批判。

关键词：中国近代史　"鞍型期"　文化圈　跨文化性　文化互化

历史转折点（Historische Zäsur）在历史思维中占有突出地位。然而，所谓的"转折点"并不在于事件本身，而在于其当时或事后的诠释。它服务于历史的主观秩序和对时间单位的划分。转折点的概念很难把握，它与所在领域以及不同视角有关。因此，我们今天有必要区分后来的解释转折点与当时的经验或秩序转折点。

历史上那些重大的转折点决定着历史的走向，而时代的转折点却让我们对一切产生了怀疑。当中国历史进入19世纪40年代，一个具有悠久历史的文明古国，被一个不知名的远道而来的"蕞尔小国"所打

---

* 作者系北京外国语大学历史学院院长，全球史研究院院长，教授，博士生导师。

败，签订了丧权辱国的不平等条约。鸦片战争使中国士大夫对时代的笃信骤然动摇，转而陷入对未来的深重不确定。

重大事件的发生可谓"时代的转折点"，就鸦片战争对于中国历史而言，当时很多士大夫都已经意识到了这一点。而"历史的转折点"尽管是历史连续体中的一道鲜明切口，但它遵循社会结构变迁的幅度，只有在此之后的历史学家才可能通过历史的比较和分析得出结论。

一、鸦片战争之前的中西接触

罗马天主教宗教团体耶稣会（Societas Jesu, SJ）自16世纪建立以来，在东亚和南亚地区开展了长期的传教活动。沙勿略（Francis Xavier, 1506—1552）曾经是耶稣会创始人圣依纳爵·罗耀拉（Ignatius of Loyola, 1491—1556）的好友，也是耶稣会的共同创始人，他曾到过印度、马鲁古群岛和日本，最终于1552年在试图进入中国时去世。其后以利玛窦（Matteo Ricci, 1552—1610）、罗明坚（Michele Ruggieri, 1543—1607）为代表的耶稣会传教士开始进入中国，并将欧洲古典、中世纪乃至文艺复兴时期的知识和信仰传播到了中国。这些知识由于东亚知识间的环流，也被汉字文化圈中的朝鲜、日本和越南所接受。

1748年耶稣会传教士魏继晋（Florian Bahr, 1706—1771）编辑了《华夷译语》中的《额呼马尼雅语》（德汉词汇手册）。尽管这一词汇手册收录了20类的2017个词汇，但这些词汇大都是在明清之际固定下来的词语及其德译，并没有反映当时德国流行的表达上升时期的市民阶层在精神文化方面需求以及政治上诉求的词汇，当然不会有诸如Aufklärung（启蒙运动）、Bildung（教育、教养）、Brüderlichkeit（博爱）、Freiheit（自由）、Humanität（人性）、Kultur（文化）、Ideal（理想）、Menschlichkeit（人性）、Toleranz（宽容）、Weltbürger（世界公民）、

Wissenschaft（科学、学术）等新产生的词汇。①况且这些启蒙运动的理念也是作为耶稣会传教士的魏继晋所反对的。②

1793年英国公使马戛尔尼勋爵（Lord Macartney，1737—1806）出使中国，第一次将外交触手伸向了北京朝廷。当时使团携带的礼品共有19项590余件，包括大型天体运行仪（Planetarium），以及天球仪、地球仪、空气真空泵、聚光大火镜、"君主号"战舰模型、毛瑟枪、连珠枪、钢刀、铜炮、榴弹炮等，都是当时欧洲科学发展水平的代表性成果。③1807年基督新教传教士马礼逊（Robert Morrison，1782—1834）抵达广州，这位被认为是新教在华传教事业之父的伦敦会（LMS）传教士，开始将欧洲近代知识和信仰传播到中国。

其实不论是马戛尔尼使团，还是马礼逊，他们来华所带来的知识与耶稣会时代的知识体系已经完全不同了：这是以实证的方式对以往理性知识的系统性整理。④

但耶稣会、马戛尔尼使团抑或新教传教士对中国社会的影响都是极为有限的。举例来讲，尽管早在16世纪末利玛窦来华之后，中国人已经见识过自鸣钟。17世纪，中国社会对这种新奇精致的小型机械非常感兴趣，到了18世纪以后很多贵族家庭也开始使用钟表计时，但当时钟表依然只是一种阔绰和地位的象征。成书于18世纪中期的《红楼梦》中"刘姥姥一进荣国府"就描写了刘姥姥第一次见到自鸣钟时的"惊愕"：

> 刘姥姥只听得咯当咯当的响声，大有似乎打箩柜筛面的一般，

---

① 参见〔德〕约阿希姆·希尔特（Joachim Schildt）《简明德语史》，袁杰译，上海：同济大学出版社，2012年，第113页。
② 参见李雪涛《〈华夷译语〉丁种本与〈额哷马尼雅语〉之研究》，《中国文化》2021年春季号（总第53期）。
③ 参见王宏志《龙与狮的对话》，上海：东方出版中心，2023年，第241—322页。
④ 参见李雪涛《接续启蒙运动的知识传统——"贝克通识文库"中文版序》，载〔德〕安内马丽·彼珀《善与恶》（贝克通识文库），吕晓婷译，北京：北京出版社，2023年。

不免东瞧西望。忽见堂屋中柱子上挂着一个匣子，底下又坠着一个秤砣般的一物，却不住的乱幌。刘姥姥心中想着："这是什么爱物儿？有甚用呢？"正呆时，只听得当的一声，又若金钟铜磬一般，不防倒唬的一展眼。接着又是一连八九下。[1]

直到此时，西洋的时钟依然被视为"异国情调"（Exoticism）的摆设，并没有对中国的时间机制产生任何影响。一般来讲，欧洲钟表制造商以他们的钟表能够匀速运行，不受太阳周期的影响为傲，但在中国，同样的钟表必须被调整以适应传统的时辰——中国传统把一昼夜平分为十二个时辰，分别以地支为名称。由于时辰的长度取决于白昼的长短，因此在一年中会有所变化。因此在当时，这些机械钟表必须每天调整两次，并安装季节性的刻度盘，以抵消它对自然周期的独立性。因此，17世纪这种技术转移在中国基本上仍然是装饰性的，因为整体的社会结构和组织并没有改变，不论是时钟还是利玛窦绘制的《坤舆万国全图》都仅仅起到点缀的作用而已。[2]但到了1840年以后，情况发生了翻天覆地的变化，中国被纳入了西方政治和经济轨道。西方的时间观念被视为所有改革项目的核心要素。新工厂及其新的生产组织方式，以及包括学校和军队在内的新的社会组织形式，都需要一个新的时间制度。西方的钟表和钟楼成为现代的象征；守时和进步观念将西方时间转化为日常实践。也就是说，此时的钟表更多地受到其所处时代的地缘政治条件的影响，成为了从根本上改变日常实践的力量。[3]换句话说，1840年的鸦片战争所引起的"变局"，真正撕开了中国传统社会的一个"口子"，使其进入世界共同的"近代"进程。

---

[1] ［清］曹雪芹、［清］高鹗：《红楼梦》（上），北京：人民文学出版社，1996年，第97页。

[2] Li Xuetao, "Die Weltkarte des Matteo Ricci und ihre Bedeutung für Ostasien", In *Acta Historica Leopoldina* 67 (2015), S.43-54.

[3] Sebastian Conrad, *What Is Global History?* (Princeton and Oxford: Princeton University Press, 2016), pp.69-70.

二、鸦片战争以来中国士大夫对"变局"的认识

鸦片战争后的1842年,清政府被迫与英政府签订了中英《南京条约》。1843年英国又强迫清政府订立了《五口通商附粘善后条款》和《五口通商章程:海关税则》作为《南京条约》的附约,增加了领事裁判权、片面最惠国待遇等条款。其他列强不希望英国独自坐大,纷纷步英国后尘,与中国签订条约。1844年,中美签订《中美望厦条约》。同年,法国与中国签订《黄埔条约》,法国享有领事裁判权和传教权等。1847年,瑞典、挪威等国家也都胁迫清政府签订了类似条约。[1]鸦片战争的失败和《南京条约》等一系列不平等条约的签订,使中国社会发生了根本性的变化,自给自足的自然经济解体,整个社会也逐渐从传统转向了近代。

1860年(咸丰十年)——鸦片战争后的第二十年,举世瞩目的圆明园被毁,中英、中法签订《天津条约》,中俄签订《北京条约》。第二次鸦片战争让朝廷和士大夫感到无比屈辱,却也在一定程度上加速了中国近代化的步伐。清政府为办理洋务及外交事务,经恭亲王奕䜣等奏请,同年批准成立总理各国事务衙门。1901年(光绪二十七年),总理衙门改为外务部,班列六部之首。

第二次鸦片战争之后,中国的一部分士大夫认识到了中国面临着几千年未曾遇到的新局面。他们意识到必须学习西方先进的科学技术和制度,以图自强。历史学家王尔敏(Wang Erh-min,1927—2024)认为,在这一阶段,在西方的势力冲击之下衍生了"变局"的观念:自1861—1900年间,"申述当前变局之意旨者不下37人","中国官绅之先知先觉者对变局的认识相当广泛,实已觉悟新时代的严重意义"[2]。

中国士大夫意识到"变局"的到来,基本上是在鸦片战争到义和团

---

[1] 即1847年3月20日清政府与瑞典、挪威等国在广州签订的《五口通商章程:海关税则》。
[2] 王尔敏:《十九世纪中国士大夫对中西关系之理解及衍生之新观念》,《中国近代思想史论》,北京:社会科学文献出版社,2003年,第11、12页。

运动整个一甲子中的后四十年，在1860年前仅有黄钧宰和曾国藩有一种意识，认为中国要经历一场前所未有之"变局"。自19世纪60年代以后，很多士绅开始意识到西方人进入中国的重要意义，这一时期形成的洋务派以"自强""求富"为口号，利用西方军事装备、机器生产和科学技术，开展挽救清朝统治的"自强运动"。同时这场战争也促使中国开始关注海洋防卫的重要性，这对于维护国家统一、领土完整和海洋权益具有重要意义。而从19世纪80年代到20世纪的第一个十年间，有关"变局"的论述在中国士大夫以及后来的知识分子圈子中已经是司空见惯之事。

19世纪40—90年代有关"变局"说法一览表

序号	提出人	说法	提出年代	出处
第二次鸦片战争之前（1840—1860）				
1	黄钧宰（1826—1895）	变局	1844	《金壶七墨》
2	曾国藩（1811—1872）	奇变	1854	《讨粤匪檄》
洋务运动时期（1860—1880）				
3	黄恩彤（1801—1883）	大变动	1865	《抚远记略》
4-1	丁日昌（1823—1882）	实开千古未创之局	1867	《奏陈自强之道》
4-2		大变	1875	《海防条议》
5-1	王韬（1828—1897）	创事	约1870	《答强弱论》
5-2		四千年来未有之创局	1876	《变法自强下》
6-1	李鸿章（1823—1901）	此三千余年一大变局也	1872	《筹议制造轮船未可裁撤折》
6-2		数千年来未有之变局	1874	《筹议海防折》
7	薛福成（1838—1894）	变局	1875	《应诏陈言疏》
8	曾纪泽（1839—1890）	五千年来未有之创局	1878	《〈文法举隅〉序》
19世纪最后二十年（1880—1900）				
9	黎庶昌（1837—1898）	大变端	1884	《敬陈管见折》
10-1	郑观应（1842—1922）	数千年未有之变局	1894	《盛世危言·增订新编凡例》
10-2		千古未有之变局	1894	《盛世危言·水师》

生活在清中后期的黄钧宰，是目前所知最早用"变局"来描述鸦片战争后国内外形势的文人。1844年秋，他出版了著名的笔记《金壶七墨》，记游幕期间之亲见亲闻，保存了一些有关鸦片战争的珍贵史料。书中写道：

> 初不知洋人何状，英法国何方也。乃自中华西北，环海而至东南，梯琛航赆，中外一家，亦古今之变局哉。①

黄钧宰在此忧心忡忡地指出了英法觊觎中国的企图，同时也认为这是一个新的变局的开端：从以往的华夷隔绝之天下一变而为"中外一家"之世界。

1854年，作为晚清名臣的曾国藩指出：

> 举数千年礼义人伦、诗书典则，一旦扫地荡尽。此岂独我大清之变，乃开辟以来名教之奇变，我孔子、孟子痛哭于九原。②

此时的曾国藩依然是从中国文化的没落着手，表达出在"奇变"中对中华文明未来的担忧。

黄恩彤是《南京条约》的主要签订人之一，1845年升任广东巡抚。他最早将此种情况称作"大变动"（1865）：

> 迨英吉利互市开关，粗就条理，而米利坚、佛兰西各使踵至，均不免非分之干，其余各小国亦窃睨其旁，妄生觊觎，洵数百年来中外一大变动也。③

---

① 中国史学会主编：《中国近代史资料丛刊·鸦片战争（二）》，上海：神州国光社，1954年，第623—624页。

② ［清］曾国藩：《讨粤匪檄》，《曾文正公全集》，长春：吉林人民出版社，1995年，第1579页。

③ 黄恩彤：《抚远记略》，中国史学会主编：《中国近代史资料丛刊·鸦片战争（五）》，上海：神州国光社，1954年，第409页。

黄恩彤之后还曾参与签订中英《虎门条约》、中美《望厦条约》、中法《黄埔条约》的谈判，因此在他的论述中更多地是从政治和国际关系的角度来理解这一"大变动"。

19世纪60年代的洋务运动以后，中国整个的士绅阶层开始对"变局"产生了共识。作为洋务运动的实干家和风云人物的丁日昌在《奏陈自强之道》（1867）中称之为"实开千古未创之局"：

> 要当灌溉先勤，方可望有秋之日。若我以得过且过为安，则彼必为得步进步之计。则为货岂有艾哉！一坚持定见，以法令齐人心之不齐。西人之入中国，实开千古未创之局。其器械精奇，不惟目见其利，而且身受其害。当事者奈何斤斤为一身之利害毁誉计，不远通上下之情，而变循之习乎。①

丁日昌在奏章中对西方在机械方面的成就表现出极大的热情，他后来也为江南制造局专门拟订了经营大纲。除了"开千古未创之局"的说法外，1875年丁日昌在上奏中还写道："天下大变之来，方如烈火燎原，毁家室、毙人畜在须臾之际。"②可见，现代军事和体制改革对于他来讲是极其急迫的一件事。

王韬曾在上海的墨海书馆工作，后逃亡至香港。其后，他又游历欧洲，曾到牛津大学演讲。1874年，王韬创办了世界上第一份华资中文日报——《循环日报》，他自任主笔十年之久，发表了八百余篇政论。早在1870年初，王韬将中国历史上的这一变局称作"创事"。③他的《答强弱论》一文在《香港近事编录》上发表的时候，他还在苏格

---

① 《附呈藩司丁日昌条说》，载中华书局编辑部、李书源整理《筹办夷务始末·同治朝》第8册，北京：中华书局，2008年，第2269页。
② [清]丁日昌：《海防条议》，载葛士濬辑《皇朝经世文续编》第101卷，上海：文盛书局，1898年，第23页。
③ 萧永宏：《王韬与〈循环日报〉：王韬主持循环日报笔政史事考辨》，北京：学习出版社，2015年，第178页。

兰协助汉学家理雅各（James Legge，1815—1897）翻译中国典籍。他在文章中写道：

> 合地球东西南朔九万里之遥，胥聚之于一中国之中。此古今之创事，天地之变局。此岂出于人意所及料哉！天心为之也。①

作为当时的著名报人，王韬是近代中国"变局"论的最早倡言者之一。他鼓吹中国必须变法，在其著名的《变法自强上》《变法自强中》《变法自强下》三篇政论（1876）中提出"变法"的口号，比郑观应的《盛世危言》早十八年，比康有为、梁启超变法维新早二十三年。王韬在《变法自强下》中写道：

> 居今日而论中州大势，固四千年来未有之创局也。我中朝素严海禁，闭关自守，不勤远略，海外诸国至中华而贡献者，来斯受之而已，未尝远至其地也。以故天下有事，其危常系西北，而不重东南。②

在王韬看来，中国今天的威胁跟以往不同：并非来自传统的西北，而是来自中国的东南沿海——源自海上的西方强国的入侵。西方列强的坚船利炮，使得使用传统兵器的中国根本无法防御。李鸿章在1872年的奏折中进一步声称：

> 臣窃惟欧洲诸国，百十年来，由印度而南洋，由南洋而东北，阗入中国边界腹地，凡前史之所未载，亘古之所未通，无不款关而求互市。我皇上如天之度，概与立约通商以牢笼之，合地球东

---

① 王韬：《答强弱论》，《弢园文录外编》，北京：中华书局，1959年，第201页。
② 王韬：《变法自强下》，《弢园文录外编》，第40页。

西南朔九万里之遥,胥聚于中国,此三千余年一大变局也。①

自此,"变局"成为后人经常使用的一个说法。李鸿章让同治皇帝意识到中国要参与到这一"变局"之中。1874年李鸿章在《上奏清廷折(论列强之侵略本质)》中继续写道：

  何以言之？历代备边多在西北,其强弱之势、客主之形皆适相埒,且犹有中外界限。今则东南海疆万余里,各国通商传教,来往自如,聚集京师及各省腹地,阳托和好之名,阴怀吞噬之计,一国生事诸国构煽,实为数千年来未有之变局。轮船电报之速,瞬息千里！军器机事之精工力百倍；炮弹所到,无坚不摧,水陆关隘,不足限制,又为数千年来未有之强敌。②

李鸿章认为,鸦片战争后,西方人从东南沿海来到中国,在中国传教,或与中国进行商贸活动,他们的"轮船电报之速"以及"军器机事之精"是中国无论如何都无法与之匹敌的。正因为西方列强的侵入方式与手段前所未有,李鸿章认为,中国已无法依赖以往经验来理解和应对这一局势。

薛福成是洋务运动的主要领导者之一,他早年曾栖身曾国藩的幕府。他在1875年（光绪元年）的《应诏陈言疏》中写道：

  自古边塞之防,所患不过一国。今则西人于数万里重洋之外,飘至中华,联翩而通商者,不下数十国。其轮船之捷,火器之精,为亘古所未有。恃其诈力,要挟多端,违一言而瑕衅迭生,牵一发而全神俱动,智勇有时而并困,刚柔有时而两穷。彼又设馆京

---

① 李鸿章:《筹议制造轮船未可裁撤折》,顾廷龙、戴逸主编:《李鸿章全集》第1册"奏议一",合肥:安徽教育出版社,2008年,第107页。
② 李鸿章:《筹议海防折》,顾廷龙、戴逸主编:《李鸿章全集》第6册"奏议六",第159—160页。

师,分驻要口,广传西教,引诱愚民。此固天地适然之气运,亦开辟以来之变局也。①

薛福成的"治平六策"和"海防密议十条"都是在这份万言书中,经丁宝桢转呈李鸿章的。李鸿章立即延请薛福成加入幕府,成为北洋通商大臣的智囊人物,给直隶总督出谋划策。薛福成在"陈言疏"中,不仅认为西方科技发达,也指出西人智勇狡诈的性格,更重要的是,他认为这背后的原因在于"运会"——是人力所不能抗拒的自然势力,在不可预期的机会中到临,并由此带来天地人群事物等巨大转变。魏源(1794—1857)和徐继畬(1795—1873)也都认为,中西交往的关系,正是一个新的"运会"的开始。②当时大部分的士大夫依据八卦方位理论理所当然地认为,天地之气是从处于西北"乾"处的西方世界开始,逐渐向东南运转。根据五行的性质,西方属金,因此他们擅长金属机械制造与器物的发明创造。

曾国藩次子曾纪泽(1839—1890),是中国近代史上第二位驻外公使,与郭嵩焘并称"郭曾"。由于曾纪泽颇有见识,他当时被誉为"学贯中西"。1878年(光绪四年),曾纪泽在出使英法之前,曾为朋友汪凤藻(1851—1918)《文法举隅》(1880)一书作序,序文中说:

上古之不可知,盖泰西之轮楫旁午于中华,五千年来未有之创局也。③

---

① 薛福成:《应诏陈言疏》,《庸庵笔记》卷一,光绪十三年(1887)无锡薛氏传经楼家刻本,第19叶。另见丁凤麟、王欣之《薛福成选集》,上海:上海人民出版社,1987年,第76页。
② 魏源认为:"岂天地气运自西北而东南,将中外一家欤?"(《海国图志后叙》,《海国图志》第1册,长沙:岳麓书社,2021年,第8页)而徐继畬指出:"欧罗巴一土,以罗经视之,在乾戌方,独得金气。"(《瀛寰志略》,上海:上海书店出版社,2001年,第118页)另参见王尔敏《十九世纪中国士大夫对中西关系之理解及衍生之新观念》,《中国近代思想史论》,北京:社会科学文献出版社,2003年,第10页。
③ 曾纪泽:《〈文法举隅〉序》,《曾纪泽遗集》,长沙:岳麓书社,1983年,第135页。

曾纪泽的"创局"观念，让当时的中国士大夫阶层开始以一种近代观念审视中华文明以及中国传统政治模式所面临的时代危机。

而曾担任曾国藩幕僚的黎庶昌在驻日本使署期间，撰写《敬陈管见折》（1884），称当时的变局为"大变端"。黎庶昌提出了军事、经济、外交方面的六项改革措施。他在奏折中指出："中西交涉，为古今一大变端，所贵审度彼己，择善而从，庶不至扞格增患。"①实际上，从鸦片战争之后，中国和西方真正进入了一个"中西交涉"的阶段。这其实正是梁启超所谓"世界之中国"的一个标志。②

近代最早具有完整维新思想体系的理论家、启蒙思想家要数郑观应了，他在澳门隐居近六年的时间，在其所撰的《盛世危言》（1894年，光绪二十年）一书中，他提到他所处的时代正经历一个"数千年未有之变局"：

　　古今崇论闳议，如煌煌经史，列朝名人奏议及近人经世文编，皆高文典册，治国良谟，奚俊鄙人饶舌。惟今昔殊形，远近异辙，海禁大开，梯航毕集，乃数千年未有之变局。我君相同德，上下一心，亟宜善承其变而通之，仿泰西，复三代之法，广开民智，以御外侮。③

郑观应开始以世界的眼光来审视中西文化。他认为，以往中国人谈论历史仅仅局限在中国历史之中，以为自己是世界的中心。海禁大开之后，中国人才发现自己的文化只是世界文明之一种，并且欧洲各国的

---

① 黎庶昌：《敬陈管见折》，《拙尊园丛稿》，台北：文海出版社，1967年，第378页。
② "中国之中国""亚洲之中国""世界之中国"是梁启超在《中国史叙论》（1901）中将中国民族的演变历史划分为上世史、中世史、近世史的三个时代。"第三，近世史，自乾隆末年以至于今日，是为世界之中国"，（汤志钧、汤仁泽编：《梁启超全集》第2集，北京：中国人民大学出版社，2018年，第320页）意思是中国民族合同全亚洲民族与西人交涉、竞争之时代。在梁启超看来，马嘎尔尼使团来华，实际上标志着中国与世界融合的开端。
③ 郑观应：《盛世危言增订新编凡例》，《盛世危言》，上海：上海古籍出版社，2008年，第27页。

文化虽比中国起步晚，在科技、政治等方面却有很多优秀的地方，值得中国学习。他还认为，西方的议院制与中国三代之法度相符，主张"仿泰西，复三代之法"，以"化西为中"的手法吸收西方文化，使中国文化得到提升和完善，最终以王道宾服天下。此外，具体到海防方面，郑观应指出：

> 中国海疆袤延万余里，泰西各国兵舶飙驰，轮转络绎往来，无事则探测我险易，有事则窥伺我藩篱，从此海防遂开千古未有之变局。居今日而筹水师诚急务矣。顾其中纲领约有五端：曰轮船、曰火器、曰海道、曰水营、曰将才。[①]

郑观应认为，中国要建立一支真正的海军，必须注意发展军舰与兵器，熟悉敌我水道、建设海军基地、培养海军将官等等。以前中国的边防主要在西北，因此在郑观应看来，从海防入手与西方列强打交道是"开千古未有之变局"，从而使国家不再备受列强所欺凌。在《盛世危言》中，郑观应全面检讨了中国与西方的差距，认为中国要赶上西方，必须进行全方位的彻底变革，必须触及中国的政治、司法、教育、经济、言论自由等各个方面，必须政治公开化，朝野互动，方能使政治措施日臻完善。

启蒙运动以来在西方形成的体系化的知识，也通过各种方式被译介到了中国。19世纪60—70年代，同文馆直接采用西方的各种教材，而江南制造局则翻译了大量西方在理工科方面的教科书。有关国际关系的知识，也在这一时期被译介到中国。西方列强维持国际和平的方式与策略，给予了中国外交思想很大的启发，同时也使中国官绅认识到了所谓的"均势主义"。1878年，马建忠（1845—1900）在《适可斋记言》（1878）卷二专门介绍了"威斯特伐利亚和约"（范斯法尼之

[①] 郑观应：《盛世危言增订新编凡例》，《盛世危言》，第27页。

会），提出"均势之说"。[①]马建忠并且建议说，西方国家之间的联合与结盟，是办理外交上最有效的策略。"马氏的言论，已很清楚地移植了现在西方的均势主义与联合结盟政策。而马氏为李鸿章之僚属，李氏外交政策受马氏影响甚大。同时代人中，如郑观应主张联美，张焕纶主张联英，均反映出吸收结盟政策的外交思想。"[②]可以看出，此时的中国士大夫也已经逐渐从原有的"朝贡体系"，转向了新型的国际关系。

总体来讲，变局的观念产生于鸦片战争之后，到了19世纪60—80年代，已经成为了当时士绅阶层的普遍共识：中西文化交汇的大势已定。王炳燮（1822—1879）所指出的"当今天下，实千古一大机括"[③]，是千百年来一直固守着孔孟之道的乡村绅士们不可能预料到的时代变局。而到了19世纪80年代以后，黎庶昌、郑观应等已经不同程度地形成了对千古变局的共识。

晚清发生在中国的"变局"，完全不同于之前历朝历代朝廷的更迭。不论是宋元之变，还是明清递嬗之际，士大夫阶层依然可以依靠中国固有的伦理道德和知识，顺利化解这些变化。但发生在晚清的这次"变局"，中国的政治、文化、经济环境之变化，完全不同于以往的情形，与西洋人之交涉又远非以往的经验所能覆盖。为了应对这种

[①] "夫均势之说，创于范斯法尼之会，然而与会者不过法、奥、瑞典、西班牙暨日耳曼之属。而普因北教而屏，英以异教而斥，故其相维之势，足以联络数国，不足以统属欧洲也。至迁特来之会，英、普与焉，而俄国不与，是均势之盟未尽善也。且范斯法尼之会，诸国虽共订条章，而西班牙与荷兰另有孟斯德之约；日耳曼王率属邦先与瑞典有奥斯纳勃卢克之约，继与法国复有孟斯德之约；法国与西班牙又有比来纳山之约。前后纷纭，而统谓之范斯法尼之约。又迁特来之会，英人先与法王盟，继与西班牙王盟，复与他国王分盟。然则二会者，只属数国之私盟，而非列邦之公约。夫会者所以结同盟之信，盟之者众，则信益彰，而守愈笃。今此二会，散漫无纪，不能共相维持，宜其不久而各国弁髦之也。维也纳之会则不然，俄国与约而均势之道公，友邦共盟而要结之谊固。"（马建忠：《适可斋记言》卷二，《采西学议——冯桂芬、马建忠集》，沈阳：辽宁人民出版社，第163—164页）

[②] 王尔敏：《十九世纪中国士大夫对中西关系之理解及衍生之新观念》，《中国近代思想史论》，第22页。

[③] 王炳燮：《毋自欺室文集》（影印本）卷六，台北：文海出版社，1982年，第31页。

"变局",当时的士大夫调动了所有的"中国知识",法相唯实宗的理论也被章太炎(1869—1936)、熊十力(1885—1968)、张君劢(1887—1969)、梁漱溟(1893—1988)等清末民初知识分子重新推崇,除了将之作为一种应对西方哲学特别是分析哲学的方式,也将它运用到具体的整理国故之中。

三、"时代门槛"与"鞍型期"

1450年至1850年被认为是人类历史的近代,正是在这期间发生了根本性的全球变革。跟以往相比,生活方式、经济运作、统治方式,以及知识秩序、传播媒介的基础和人们的宇宙观与自我认知都经历了深刻的变化:欧洲通过探险接触了未知的世界,了解了新的文化,培育了诸如马铃薯和可可等新的农产品。当时的占星学和神秘主义与其他自然哲学一起,为现代自然科学奠定了基础。传单和报纸等新型媒体影响了宗教和政治运动的传播。社会规范,例如对男女角色的理解,也发生了转变。

近代经历了两次的转换:其一是从中世纪到近代早期转换的"时代门槛",其二是从近代早期到近代转换的"鞍型期"。

(一)"时代门槛"

德国历史学家、哲学家布卢门贝格(Hans Blumenberg, 1920—1996)将从中世纪到近代早期的转变称为"时代门槛"(Epochenschwellen),用于描述两个纪元之间的时间段。布卢门贝格将"时代门槛"描述为"潜移默化的界墙"(unmerklicher Limes),只有回顾后(事后)才能被认出。这一合成词中的"门槛"以隐喻的方式表示"时间段"或"阶段"。

我们什么时候才能意识到一个时代即将结束,另一个新的时代即将开始?布卢门贝格认为,两个时代之间有一个门槛(Schwelle):

新时代没有目击者。新时代和旧时代的转折是一个无人察觉的界限，与任何明确的日期或事件都没有明显联系。但是，经过差异化的考察，可以勾勒出一个门槛，确定它尚未达到或早已跨越。①

我们如何划分历史？在个人生活中，通常很容易找出重要的转折点。无论是开始新的工作、结识新的伴侣，还是命运的转折，都预示着：人生的一个阶段结束，新的阶段开始。但是，如何确认新时代已经开始？是否有鲜明的界限、明显的动荡或逐渐凸显的门槛来标志着从一个时代到下一个时代的转变？布卢门贝格在他的著作《近代的合法性》中，以中世纪向近代的过渡为基础，分析了划时代转折点的现象。他的思考的意义远远超出了近代早期。最重要的问题是：历史的见证者是否能对自己处于"一个新时代的门槛"上做出判断，还是只能在事后回顾时才能看到？②

布卢门贝格认为，要确定一个发生划时代变革的时间点是不可能的。即便如此，我们依然可以通过辨别逐渐消失的世界观，或者通过确认一种本质上是全新的思维方式，来推测发生划时代变革的时间段。这就需要研究具有重要历史意义的思想家的著作：布卢门贝格选择了中世纪的库萨努斯（Nicolaus Cusanus，1401—1464）和已经进入近代早期的布鲁诺（Giordano Bruno，1548—1600）。布卢门贝格认为，库萨努斯对中世纪表现出一种"关怀"，他试图通过坚持哲学洞见来"拯救"中世纪的整体世界观，而这些洞见却正推动着他对中世纪世界观的解构。布鲁诺的思想世界则展示了神学不稳定性的一面——这其实已经进入了近代学术的范畴。也就是说，在其中展示了中世纪与近代早期之间的历史转折点上相互矛盾的方面。尽管这两位哲学家仅相差

---

① Hans Blumenberg, *Aspekte der Epochenschwelle: Cusaner und Nolaner* (Frankfurt am Main: Suhrkamp 1993), S.20.

② Hans Blumenberg, *Die Legitimität der Neuzeit* (Frankfurt am Main: Suhrkamp, 1966; Neuausgabe ebd. 1996).

一个多世纪，在他们中间却横亘着一个时代的门槛，其中一个人感受到了威胁性的上升，而另一个人则认为已经超越了低谷。然而，对于布卢门贝格来说，划时代的变革并不等同于历史进步。每个时代都有其内在的存在合理性。古代人并不在任何方面都比中世纪人"更差"。历史不是线性接近真理的过程。它是一场不断寻求方向、意义和自我肯定的斗争。在身份政治代际冲突的时代，这种对历史的思考可以起到缓和作用：心态的转变从来不是突然发生的，无论对其进行怎样的道德评价，传统的世界观都有其历史的合理性。虽然"转换"的概念不能使时代门槛本身变得可见，它却能更准确地描述出称得上"新时代"的必要条件。① 人们跨越了一个门槛，但并非站在它上面。"时代门槛"的概念所要强调的重点不在于门槛本身，而在于跨越的过程。

（二）"鞍型期"

20世纪70年代，德国历史学家科泽勒克（Reinhart Koselleck, 1923—2006）提出了"鞍型期"（Sattelzeit）的概念，用于描述近代与现代之间的过渡时期。② 他认为，在传统向现代的转型中必然存在一个传统与现代并存的过渡期。③ Sattel一词在德文中是"马鞍"的意思，其引申的含义是马鞍形山脊，或两峰之间的山口，代表逐渐过渡。

---

① Hans Blumenberg, *Aspekte der Epochenschwelle: Cusaner und Nolaner*.
② "鞍型期"理论是科泽勒克在其主编的8卷本大词典《历史学基本概念——德意志政治、社会语言历史学词典》的"导论"中提出的。Cf. mit Werner Conze und Otto Brunner, *Geschichtliche Grundbegriffe. Historisches Lexikon zur politisch-sozialen Sprache in Deutschland. 8 in 9 Bänden* (Stuttgart: Klett-Cotta, 1972-1997; zuletzt: 2004).
③ 以研究冷战而著称的德国当代历史学家姆罗泽克（Bodo Mrozek, 1968- ）认为，科泽勒克多次强烈反对自己的术语，他自己说这个词只是"偶然"创造的，"为了赚钱"，并且"在理论上非常薄弱"。（Bodo Mrozek, „Die sogenannte Sattelzeit. Reinhart Kosellecks Geschichtsmetapher im Erfahrungsraum des Krieges," in *Zeitschrift für Religions- und Geistesgeschichte* 75 (2023) 2, S.139 f.）即便科泽勒克在"公开反思自己在纳粹战争中的角色"的时候，也没有承认自己的术语源自"纳粹主义的骑术"。（Ibid, S.133）瑞士伯尔尼大学的历史学教授艾巴赫（Joachim Eibach, 1960- ）在概念领域中看到了两峰之间的山口，认为"鞍型期"仍然是一个有趣的"启发式提议"。Joachim Eibach, „Die Sattelzeit: Epoche des Übergangs und Gründungsgeschichte der Moderne," in *Europa und die Welt. Studien zur Frühen Neuzeit*, hg. v. R. Charlier, S. Trakulhun und B. Wehinger (Potsdam: Wehrhahn Verlag 2019), S.148.

Sattelzeit在汉语中被译作"鞍型期",它除了表示一个过渡时期外,还在强调其重要性。

科泽勒克认为,启蒙运动的晚期以及法国大革命前后的时期,大约在1750年至1850年(或1870年)之间,这是西方从近代早期走向近代的分水岭,旧世界不断解体而新世界随之兴起,因此这一时期对政治体系和概念结构来说都至关重要。社会政治动荡使得欧洲社会、人的气质和日常生活向现代转向,现代性政治思想的关键术语经历了含义的深刻变化,例如"国家"(Staat)、"公民"(Bürger)、"家庭"(Familie);一些现代价值观也是在那个时期首次提出,并作为典范流传后世的,如"帝国主义"(Imperialismus)、"共产主义"(Kommunismus)、"阶级"(Klasse)。正是在这一时期从根本上塑造了我们今天所认识的西方世界:现代人和现代西方。在这一百年之中,基本概念在此之前受传统"经验"的束缚而语义稳定,而在此之后则受未来导向的指引,形成影响至今的语义形态。在这期间,基础概念散落在各领域的语义不够清晰,并且呈现复杂多变的特征,传统经验和未来期待的语义成分相互冲突、碰撞,同时也交织在一起。根据科泽勒克的观点,意义转变是指随着历史经验的变化,历史发展被强调为一种新的变化和运动,政治核心概念的含义也从永恒、静态的意义转变为面向未来的具有前瞻性的内容。他希望通过这些基本概念的语义及其结构性变迁来感知人类观念与行为的变化。

科泽勒克认为,人类历史存在"经验空间"(Erfahrungsraum)和"期待视域"(Erwartungshorizont)两个维度,前者是过去的历史积累和沉淀下来的史实,后者则是人们对未来的期待,而处于"鞍型期"的人则恰恰在二者之间徘徊——因为当下既是以往事实的结果,同时也是未来期待的起点,他们同时要面对过去和未来的断裂和联系。[1]在

---

[1] Reinhart Koselleck, „Erfahrungsraum und Erwartungshorizont: zwei historische Kategorien," in *Vergangene Zukunft. Zur Semantik geschichtlicher Zeiten* (Frankfurt a. M.: Suhrkamp Verlag, 1995) S.349-375.

"鞍型期"中，对未来有目的的期待与过去的历史经验之间存在着明显的断裂。因此，在科泽勒克看来，启蒙运动的思想家们与近代早期的人士不同的地方在于，前者会将对政治现状的道德评价，对进步的坚定信念，以及对历史终极目的的末世论观念紧密联系在一起来看待，这便产生了将眼光投向未来乌托邦的想法。正是基于这样的观点，科泽勒克认为，历史地看，启蒙以后的过去就是未来。①

在《历史学基本概念——德意志政治、社会语言历史学词典》的导论中，科泽勒克指出词典的整体目标是："主导问题意识（leitende Fragstellung）是通过它们的概念框架的历史来研究旧世界是如何解体和近代是如何兴起的。"②

科泽勒克将所选概念描述为"历史运动的主导概念"，③它们作为"要因"（Faktor）和"指标"（Indikator）同时记录和影响了向现代世界的过渡：对于概念史而言，语言一方面是所遇见"现实"的指标，另一方面也是这种现实发现的一个要因。④他还认为，向现代世界的过渡将通过四个假设来予以描述和分析，它们涉及在"鞍型期"中基本社会和政治概念的含义、地位和使用方式是如何变化的。

第一个假设的表征为概念的民主化（Demokratisierung）：它所指的是概念不再仅由精英（贵族、律师和学者）使用，而是在

---

① Reinhart Koselleck, „Vergangene Zukunft der frühen Neuzeit," in *Reinhart Koselleck: Vergangene Zukunft. Zur Semantik geschichtlicher Zeiten*, S.17-37.

② Reinhart Koselleck, "Vorwort," in *Otto Brunner, Werner Conze, Reinhart Koselleck (Hrsg.): Geschichtliche Grundbegriffe. Historisches Lexikon zur politisch-sozialen Sprache in Deutschland, Bd. I* (Stuttgart 1972), p. XIV.

③ Ibid., XIII.

④ Reinhart Koselleck, *Begriffsgeschichten. Studien zur Semantik und Pragmatik der politischen und sozialen Sprache* (Frankfurt a. M.: Suhrkamp Verlag, 2006) S.99. 陈建守将这两个概念分别译作"要素"和"指标"，参见陈建守《语言转向与社会史：科泽勒克及其概念史研究》，《东亚观念史集刊》第4期（2013年6月），第193页。方维规将这两个概念译作了"因素"和"表征"，参见方维规《什么是概念史》，北京：生活·读书·新知三联书店，2020年，第176—180页。日本学者福本義憲将这两个概念译作"要因"和"指标"，参见福本義憲「テクスト・ディスクルス・ディスクルス分析」,『首都大学東京・東京都立大学・人文学報』第405號（2008年3月），103頁。

社会的各个层面上得到了传播。第二个假设标记为概念的时间化（Verzeitlichung）：它所指的是政治和社会变革不再通过重复和循环的模式，而是通过对未来的关注以及对变革和进步的期望来解释，以及概念在此过程中围绕历史哲学思想——即作为一个统一和进步的运动，按照一个固定的计划向最终的社会政治目标和意义前进。第三个假设标记为概念的意识形态化（Ideologisierbarkeit）：它所指的是概念抽象程度的增加使它们能够根据各种团体和运动的利益、目标和期望得到利用。最后，第四个假设标记为概念的政治化（Politisierung）：它所指的是被动员的人数增加，导致概念在制定政治和社会立场时作为口号的使用增加。

科泽勒克通过"历史"（Geschichte）逐渐为"史学"（Historie）的概念所取代的变化，指出由于新的历史概念是一种包含所有历史的建构，既被称为客体，也被称为主体，因此不再有复数历史，而只有单数历史的说法——"历史"（Die Geschichte）。因此，科泽勒克将这种概念形式称为"复合单数"（Kollektivsingular）。"历史"这一充满意识形态的"复合单数"已经在1780年成型；此前的"历史"概念虽未消逝，但在18世纪获得了新的阐释空间："历史总和"与"历史反思"，它连接经验和期待，与以往的历史并没有太多的关联。①

作为对科泽勒克概念史观念的补充和扩展，近代史研究学者认为"鞍型期"还有其他一些特征变化，这使得其与现代化理论的假设更为接近。这些特征包括：人口结构变化、从等级社会向资产阶级社会的社会变革、通过新的交通工具（如铁路、蒸汽船）的交通革命、工业化的开端、新的文化和消费形式的形成，等等。

不论是"鞍型期"还是"时代门槛"，我们都应当从过去250年历

---

① Reinhart Koselleck, „Geschichte, Historie," in *Otto Brunner, Werner Conze, Reinhart Koselleck (Hrsg.): Geschichtliche Grundbegriffe. Historisches Lexikon zur politisch-sozialen Sprache in Deutschland. Bd. 2*, (Stuttgart: Klett Cotta, 1975), S.593-717.

史观念变迁的角度来予以把握。在这种变迁中,新的历史经验和对生活世界的期待凝聚为对历史处理方式的哲学前提的变革。讨论的核心将是历史主义,它作为一种独特的历史思考方式,至20世纪一直深刻影响了人文学科。

中国诗的现代性之二[*]
——文明的特殊维度：与宇宙对话

〔法〕金丝燕

摘　要：《中国诗的现代性之一：法国当代文学批评视野》和本文是纵向比较的两个断面；法国二十世纪批评视野、中国新文学批评接受视野与中国当代批评关键词则为横向比较的三个断面。从时间维度推理，"现代"不存在"后"，也不存在"前"。但这概念化的"现代性"给我们讨论中国诗一个可以借用的平台。言中国诗，问题不断提出。中国诗继承《诗经》与《尚书》的路线，是否因此未走史诗之道？中国"文"的占卜起源和"文"的有韵与无韵文是否可以依此区别书与言，而不言唯美与非唯美？"文"举世无双的起源使中国诗与字母语言诗在"现代性"上合道还是分道？

关键词：诗　现代性　"文"之诗　字母语言诗

导　言

中国诗现代性的研究可以从中西批评系统横向与纵向比较进入。《中国诗的现代性之一：法国当代文学批评视野》[①]和本文是纵向比较的两个断面。法国20世纪批评视野、中国新文学批评接受视野与中国当代批评关键词则是横向比较的三个断面。

断裂被作为"现代性"的天然性格。新异与进步同归一个逻辑：

---

[*]　此文初载于《今天》杂志第145期，2025年春季号。作者系法国阿尔多瓦大学东方学系教授、中国文化书院导师。
[①]　载《今天》2024年第1期，总第141期，第159—198页。

忘却往昔才能有今天的进化。这是当今占主导的文学批评意识形态，其背景是19世纪形成的民族国家概念、社会乌托邦与暴力革命三者的会合。在中西第二次相遇的背景下，中国历史上首次出现了断过去的自己，以此为代价希冀维新革命。新诗被用作救国救民的武器。尽管中国未被大面积殖民过，这一努力仍显露出被殖民者反抗的心态。诗的创造性先锋审美被偷梁换柱为放弃过去、投身未来。以不和谐的张力激情地断裂，这就是"现代性"的脾气。

然而这脾气，并不稀有。观人类历史，从来不曾中断过。诗不乏张力和激情，但在中国诗中，这张力与激情不自囿于一己的释放，而是宇宙脉动与诗人灵气的合拍。

因此，以张力和断裂为"现代性"的代名词，不过是当代人为强化其存在的理由而编造的概念而已，无普世意义。

诗天性破约定俗成。破，即不重复他者的呼吸，哪怕是千年的。破既定的语言与逻辑，破感性的格式。但是，破，并非诗存在的理由，只是给诗留出空白。诗是创造。中国语言特殊的起源给其赋予特殊的维度。

今天，我们仍然借用"现代性"一词讨论中国诗的特性。"现代性"只是历史伸延过程中众多代名词之一，历时不过两个世纪，而且会被无常抹去。"现代性"首先是一个时间概念，其词源为拉丁语的"modernus"，意思为"当下的"。"现代"一词，作为历史阶段，伸延到社会学、政治学、美学和艺术领域，所形成的"现代主义"概念与近代资本制度下出现的社会精神和艺术心态有关，因此一切被奉为进步、流变的事物都被贴上"现代"的标签，"现代主义"成当代批评绕不过的主流概念。

抽象名词"现代性"作为概念，有着附加其上的繁复含义，随意性很大。"现代性"从最早的"当下的"，变成与一切约定俗成（包括为此而制造的"古典主义"一词）相抗衡的革命性姿态。从"现代主义"再到"现代性"，时间的历史痕迹逐渐模糊，而社会政治意识形态、艺术和哲学所赋予的抽象性逐渐增加。

从时间维度上来看,"现代"不存在"后",也不存在"前"。每一个当下都是"现代"。无数的当下既是过去的"现代",或是当下的"现代",或是正在走向未来的"现代"。一切是"尚还在进行","尚未完成",而完成即开始,不断地成、住、坏、空,哪怕一个瞬间也如此。优劣、进步、倒退,不过是任意涂抹上去的色彩。发展"现代主义"的本土条件、"原生性"或"植入性"是一个伪命题。至于"现代性"新含义的制造者们如何翻滚思绪,则由其各自的眼光、生存的需求、无尽的发愿而定。生命的存在就是翻滚,各有各的意识形态。但将之定义的企图不符合历史发展的逻辑。

不过,这概念化的"现代性"倒是给我们讨论中国诗一个可以借用的平台。

对于中国诗,我们可以不断发问。中国诗继承《诗经》与《尚书》的路线,是否因此未走史诗之道?是否可以依据"文"的有韵与无韵区别书与言,而不言唯美与非唯美?"文"举世无双的占卜起源是否使中国诗与字母语言诗在现代性上分道?

这里,我们不以"传统"为论题出发点。人类文学史上,不曾出现过斩自己之首而革新、进化成功的文明,中国20世纪上半叶出现的狂热至今无人敢言成功。中国历史上的四次复古运动[①]证明,革新恰恰在自身从传统产生的"苟日新、日日新"灵感。诗生来是革命的。中国新诗在碰到西方古诗和当时的"新"诗而非"现代"诗的时候,显得激情澎湃。称之为"新诗",合乎"现代"逻辑。狂热过去一百多年了,中国诗由此得到进化了吗?

探究中国诗的现代性,作为知识背景,我们选择从20世纪的法国

[①] 唐初陈子昂等人提倡的古文复古;中唐韩愈、柳宗元为代表的复古,倡学古文、习古道;宋代的欧阳修、王安石、曾巩、苏洵、苏轼、苏辙为代表的北宋新古文运动;明代中期文学前七子即李梦阳、何景明、徐祯卿、边贡、王九思、王廷相、康海的复古思潮。

文学批评脉络①与《文心雕龙》的批评视阈这两个方面进入。中国文学有着特殊的批评和语言体系。以《文心雕龙》为例，其研究有三种路径。第一、考校、注解、笺释、翻译，为小学、训诂传统。第二、文本诠释，为点评传统。第三、专题研究。我们关于中国诗现代性的讨论，以《文心雕龙》为切入点，属于第三类。论题是中国诗之"现代性"是否等同于"西化"的"现代性"？中国诗的特殊维度如何进入普世的"现代性"讨论？

本文以《文心雕龙》的文学批评体系为研究对象，从《文心雕龙》之"文"、《文心雕龙》的批评文体的五轴源流、《文心雕龙》的四个论题以及"相遇是创造：《文心雕龙》之'赞'与佛经随颂律的关系"这四个方面展开，旨在分析《文心雕龙》宇宙而上的思维体系何以不同于拼音文字框架下的文学批评，何以具有一种特殊的"现代性"。

一、《文心雕龙》之"文"

《文心雕龙》的精髓为"文"。法国汉学家汪德迈（Léon Vandermeersch）曾言："《文心雕龙》有惊人的地方：文学之美和道德之美永远相连，这与西方美学不同。纪德（André Gide）说过：'美好的文学不来自美好的情感'。而《文心雕龙》说，无美好的情感则不文。"②

这里，我们不论情感之"美"与文学的关系。那是人间论辩的无底洞。就此"文"一字，批评家们已经众说纷纭。我们从《文心雕龙》的篇章结构和论题入手，做出如下框架：

---

① 参见〔法〕金丝燕《中国诗的现代性之一》，《今天》2024年第1期，总第141期。
② 〔法〕金丝燕：《文化转场研究的长时段、多空间——〈文心雕龙〉法译本序》，《跨文化对话》第46辑，北京：商务印书馆，2022年，第63—64页。

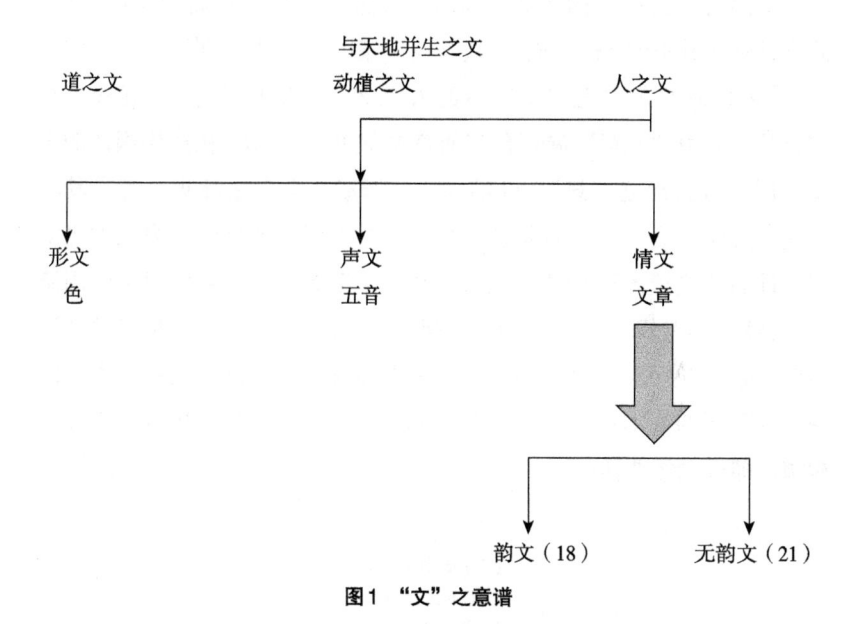

```
                        与天地并生之文
        道之文           动植之文            人之文
          │               │                  │
          └───────────────┼──────────────────┘
                          ▼
        形文              声文               情文
        色                五音               文章
                                              │
                                              ▼
                                    ┌─────────┴─────────┐
                                    ▼                   ▼
                                  韵文(18)           无韵文(21)
```

图1 "文"之意谱

刘勰认为"文"与天地同源，可分为道之文、动植之文和人之文。由人之文而分"色""五音"与"文章"三个范畴。由"文章"展开《文心雕龙》39种文体的论述框架。39种文体，韵文有18种：

骚、诗、乐府、赋、颂、赞、歌、祝、盟、铭、箴、诔、碑、哀、吊、杂文、谐、隐

无韵文有21种：

论、说、诏、策、章、奏、誓、诰、命、表、启、议、对、封禅、记、史、传、诸子、檄、移、书

韵文分诗赋和有韵散文，无韵文即无韵散文。

中国诗，就广义的"文"而言，含这18种韵文；就狭义的"诗"而言，则含其中的7种：骚、诗、乐府、赋、颂、赞、歌。

《文心雕龙》之三"文"中的人之文，衍生出"色""五音"与"文章"，并由"文章"展开含18种韵文的39种文体，构成中国诗的丰富矿层，融天地之"息"，吐纳内心，形成"文"之呼吸。若言其与当代"文学"之"文"有差别，其根本在于根茎与枝叶、内在性之源与感性表达之极致两种关系上。论"文"至此，我们可以讨论中国诗"现代性"的逻辑。"文"与天地同源，广义的"韵文"和狭义的"诗体"相合，缺一无以论中国诗，这是中国诗与西方诗不同的根本点之一。其不同的根本点之二，在于《文心雕龙》所提出的39种"文"之渊源，即五轴经典传统。

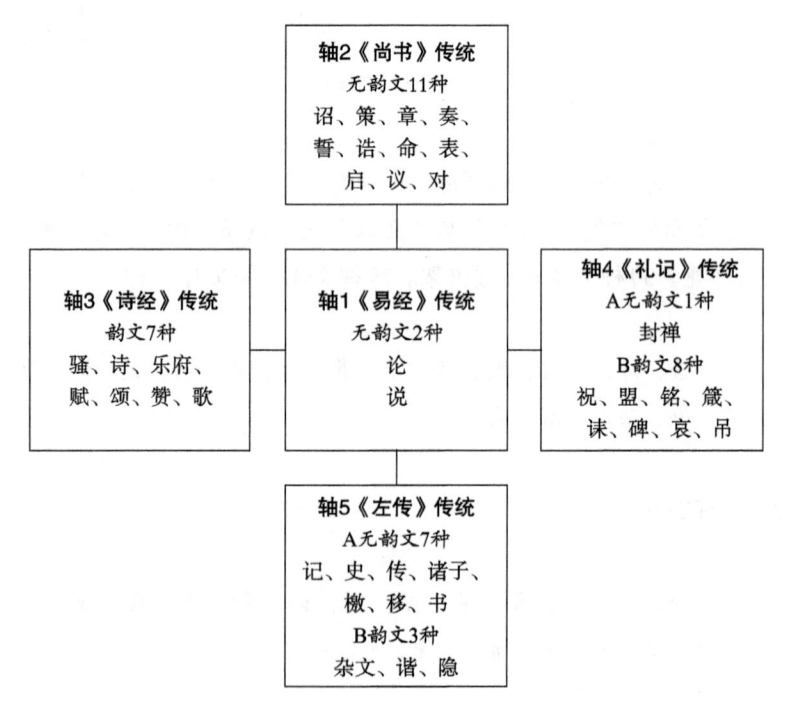

```
                  轴2《尚书》传统
                    无韵文11种
                  诏、策、章、奏、
                  誓、诰、命、表、
                    启、议、对

轴3《诗经》传统   轴1《易经》传统   轴4《礼记》传统
    韵文7种          无韵文2种        A无韵文1种
  骚、诗、乐府、         论               封禅
  赋、颂、赞、歌         说             B韵文8种
                                    祝、盟、铭、箴、
                                    诔、碑、哀、吊

                  轴5《左传》传统
                    A无韵文7种
                  记、史、传、诸子、
                    檄、移、书
                    B韵文3种
                    杂文、谐、隐
```

图2 《文心雕龙》39种文体的五轴结构

二、《文心雕龙》批评文体的五轴源流

借用现代批评观，刘勰的《文心雕龙》文学批评体系含五种论题框架：创作指导思想——文之枢纽、文体源流、创作技巧、人与自然的书写关系、作家的才德。按此书的各章篇名。五种论题框架含39种"文"。其源流为五部经典：第一轴为《易经》，第二轴为《尚书》，第三轴为《诗经》，第四轴为《礼记》，第五轴为《春秋》。

中国诗的"言志"与"抒情"与《诗经》传统中的韵文七种直接相关。而中国诗的"宇宙而上"则在《尚书》传统这一轴。因此，以"有韵"与"无韵"（或言"美文"与"非美文"）去分类《文心雕龙》中的39种文体可以视为一种思路，但不能去定义"诗"与"非诗"。中国传统文学观念的"诗言志"是从内向外，表述对象是主体感知外界时的内在的世界，内外一元。古希腊的"摹仿说"是从内出发，描述对象是外界，以内模拟、接近、把握外部世界，内外、主客体为二元。中国诗的"现代性"以这两重性、五源流和中国占卜性文字起源为三个基础。"文"举世无双的特殊起源，是中国之"文"与字母语言之"文"的区别。中西文论话语、思维来自于语言本身：中国微言大义的文字与西方含交流功能的概念性字母文字，分别形成形象语言与逻辑语言。两者不言局限，但言相异。相异可以相遇。诗学批评理论上，法国和中国有相合点，存在彼此不陌生的要素：中国文学批评的历史重心、源流发展演变与西方外批评相融；训诂、小学是西方内批评的接受土壤；诗的抒情言志与西方诗主体性"我创造"相合。

三、《文心雕龙》的四个论题："现代性"的根基

39种文体是治文之法，其精华是韵文之诗性。刘勰的《文心

雕龙》围绕"文"与"言"提出四个论题，本质上为"现代性"的根基。

论题一、"文"之"诗"：宇宙激情之天性

刘勰提出，"文"有道之文、自然之文和人之文，以"物色"和"神思"为水线。超越性的文字起源、感情与宇宙自然之风的呼应，都使中国诗本性含宇宙激情，一如字母语言的诗天然含逻辑。中国诗不需要普通意义上的宗教，不需要砸破语言去寻找语言后面的圣言。这语言和感觉维度天然的土壤给诗以天赋。至于诗人是否被天赋照应，取决于他是否自觉或被动地开窍，天问或者自问。天问或者自问属于"文"之政化贵文、事迹贵文、修身贵文的第三项。其法或退隐山林，如禅修，或与山林共徘徊，如"文人会"。至刘勰时代，在历史上出名的"文人会"有三次：建安（196—220）七子的邺下雅集、金谷诗会（296）、兰亭修禊（353）。金谷诗会的24位参与者中，有7位被《文心雕龙》提及：

> 潘岳（247—300）、陆机（261—303）、陆云（262—303）、挚虞（？—311）、左思（250—305）、郭彰（约公元三世纪）、刘琨（271—318）

兰亭修禊之会的42位与会者中，有26位的四言或五言诗作被收入《兰亭集》。42位中，只有孙绰被刘勰提及三次：

> 袁、孙已下，虽各有雕采，而辞趣一揆，莫与争雄。（《明诗》）
> 及孙绰为文，志在于碑，《温》《王》《郗》《庾》，辞多枝杂，《桓彝》一篇，最为辨裁矣。（《诔碑》）
> 孙绰规旋以矩步，故伦序而寡状。（《才略》）

在刘勰论"文"的思路中，孙绰在诗、诔碑文和才略三点上可作示范。

孙绰是东晋文人，政治家，玄言诗派代表。而其余与会者，刘勰均缄口不提——其原因非本文的探讨重心，且留待后学者们剖析。参与者的身份基本为书法家。如果以此推断，闻名后世的兰亭雅集中的书法家，并未进入刘勰的"诗"之视野。同样，作为书圣的王羲之也未被《昭明文选》（成书于520年）收录，可以佐证六朝时期书法与文学或许被视为不同范畴的艺术创作。文人会中最受刘勰重视的是建安时代的邺下雅集。其核心人物为：

孔融（153—208）、陈琳（?—217）、王粲（177—217）、徐幹（170—217）、阮瑀（165—212）、应玚（?—217）、刘桢（?—217）

七人组成纯粹的文人会，因为他们，也是从他们开始，传统的饮酒会餐仪礼变成诗会，并且得到曹操（155—220）、曹丕（187—226）和曹植（192—232）的支持。刘勰对邺下雅集的描述比较有趣：

傲雅觞豆之前，雍容衽席之上，洒笔以成酣歌，和墨以藉谈笑。（《时序》）

"傲""雅""雍容""洒笔""和墨"简约地透出刘勰的偏好。这七位诗人在《文心雕龙》中出现频率比较高：

王粲（仲宣） 13	刘桢（公幹） 11
孔融（文举） 9	陈琳（孔璋） 7
徐幹（伟长） 7	阮瑀（元瑜） 7
应玚（德琏） 5	

王粲被提及的次数最多。其韵文与无韵文都受到了刘勰的赞叹。刘桢位居第二，以诗风、文骨、文体和才气入刘勰的文思。孔融在刘勰的

文思中主要是他的无韵散文、风骨和才气。至于陈琳、徐幹和阮瑀分别出现七次，而所承载的参考意义则不同。陈琳和阮瑀在《文心雕龙》中作为写作无韵文的才气文人受到刘勰的欣赏，徐幹以才气诗人被刘勰视为韵文作者的参照。应场在《文心雕龙》分别作为韵文诗人、无韵散文家和文论者出场五次。

邺下雅集中的七位文人共同点是以《诗经》为渊源，不沿袭、不媚世、不合唱，以"斐然之思"（《文心雕龙·时序》）、"体气高妙"（《文心雕龙·风骨》）而有的"笔墨之性"（《文心雕龙·风骨》）去雕"诗"与"文"，这一风骨落入刘勰的思路。如此的思路至今仍在隐约地提醒文客诗人：两千多年以来的今天，你行吗？哪怕"壮而情骇""唯取昭晰之能"（《明诗》）？诗人天性不合唱。中国诗让诗人通往宇宙的空白抑或深渊，如屈原、李白、北岛。字母文字的诗让诗人只有一个两难选择：生还是死，如尼采（Friedrich Nietzsche, 1844—1900）、荷尔德林（Friedrich Hölderlin, 1770—1843）和策兰（Paul Celan, 1920—1970）。中国文学有着举世无双的特殊起源，其所带有的书与言问题，不在唯美与非唯美，而为"文"与非"文"的区别，即召唤性之文还是消息性之文之异。其精髓是诗。

论题二、《文》的"现代性"：微言大义

《文心雕龙》所言的中国诗之"文"，其双重性、三维和五脉，含有他种语言诗或缺的丰富地层。其"现代性"（modernité）不仅指向当下，也衍射至形而上，"言"情"言"志，尤以"文"度化约定俗成，以召唤性的创作破消息性，以微言大义破概念。这一独特的"现代性"与中国文学的发生同在。而诗的悖论是，它不得不用人间的话语。那如何用？诗人为觉者，永远警觉着不被俘虏。两类"现代性"可能相遇吗？若相遇，会出现怎样的情形？1917年前后的新文化运动和1980年前后中国与西方文学的相遇是很好的案例。这里，我们以历时二十一年完成、于2023年出版的《文心雕龙》的法译本①为例。在与之同时写成的《刘勰的诗学》②一书中，对"文"的法译做了追踪分析。刘勰所论的"文"在《文心雕龙》原文中出现584处，其中70处与专有名词或引句有关，514处为"文"之论。《文心雕龙》法译本有六种方式：音译加词、音译、音译加意译、意译加音译、转译和空缺不译。法译本中对"文"的翻译，出现572次，其中意译有82个词语，出现次数为427次，约占75%，音译144次，约占25%。所用的意译词如下：

表1 《文心雕龙》"文"字法文意译词表

序号	译词	次数	序号	译词	次数
1	Actes（条令）	1	15	Composition (littéraire)（文学结构）	11
2	Arguties（修辞）	1	16	Contre point sémantique（意对）	1
3	Armature（骨）	1	17	Culture（文化）	1
4	Astrologie（星相学）	1	18	Décrets（文告）	2
5	Astronomie（天文）	1	19	Discours（言辞）	4
6	Beau (x)（美）	2	20	Document（文件）	1
7	Broderie（修饰）	1	21	Éclatant（杰出的）	1
8	Canons（典籍）	1	22	Éclats（耀眼）	1
9	Caractères（风格）	2	23	Écrire（书写）	14
10	Charme（魅力）	1	24	Écrit (s)（作文）	67
11	Civiles（文明的）	1	25	Écriture（写作）	117
12	Compilé (s)（文集）	1	26	Écriture poétique（诗作）	1
13	Composé（组合的）	2	27	Écrivain（作家）	4
14	Composer（组合）	1	28	Élégie（哀歌）	1

---

① Liu Xie, *Wenxindiaolong* (文心雕龙), *L'esprit de la Litterature Ciseleur de Dragons*, traduit et annoté par Jin Siyan et LéonVandermeersch (Paris : Éditions You Feng, 2023).

② Jin Siyan, *La poétique de Liu Xie. Une histoire littéraire de la Chine ancienne* (Arras: Artois Presses Université, 2023).

续表

序号	译词	次数	序号	译词	次数
29	En (écriture)（未翻译，含书写之意）	2	49	Langue（语言）	1
30	En déplacement (Littéraire)（文动）	1	50	Langue littéraire（文学语言）	1
31	Épitaphe（碑文）	3	51	Lecteur（读者）	1
32	Érudition（博学）	1	52	Lecture（阅读）	3
33	Essai (s)（文论）	3	53	Lettre（文字）	1
34	Expression écrite（书面语）	1	54	Lettré (s)（文人）	20
35	Expressions（表述）	1	55	L'idéographie（表意字）	1
36	Forme (d'invocation + littéraire)（文学创作之体）	4	56	Littéraire (s)（文学的）	35
37	Formule（体裁）	2	57	Littérairement（文学地）	1
38	Genre d'écrit（文体）	1	58	Littérature（文学）	28
39	Graphie（文字）	2	59	Miscellanées（杂文）	1
40	Graphique（文字的）	3	60	Mots（词语）	2
41	Idéographie（表意文字）	1	61	Notés（记录）	1
42	Idéographie/graphie（表意字）	2	62	Oraison（祈）	1
43	Idéographiquement（表意字的）	1	63	Ordre phrastique（语序）	1
44	Image（相）	1	64	Ornemental（装饰性的）	1
45	Inscription（铭文）	2	65	Ouvrage（著作）	1
46	Invocation（祈使）	3	66	Parole（话语）	2
47	Langage（言语）	11	67	Phrase（语句）	1
48	Langage littéraire（文学话语）	1	68	Proclamation（诰）	1

续表

序号	译词	次数	序号	译词	次数
69	Qualité（质）	1	77	Style（风格）	6
70	Rédaction（作文）	1	78	Texte (s)（文本）	16
71	Règles（文法）	1	79	Traces（踪迹）	1
72	Rhétorique（修辞）	1	80	Traité（论文）	1
73	S'en server（借文）	1	81	Unité（统一性）	1
74	Sémantiquement（语义地）	1	82	Verbales（口述的）	1
75	Sophistication（雅致）	1	83	Wen	144
76	Sophistique（雅致的）	1	84	«wen»（法译本增译）	1

此表为杨竞所作。

82个意译词中出现次数最多的是"写作"，为117次；其次是"作文"，为67次；处第三位的是形容词"文学的"，35次。由此可看出，"文"的丰富含义逼迫法语在可译和不可译之间游移。法译尽可能为"文"在目的语的字里行间建立可以通过的空间。"文"的歧义性显示其拓展的外延空间很大，这在82个法译词语得到生动体现。而这歧义性的内在关联性（corrélativité）正是中国诗得以圆融于其他文明诗之现代性的灵魂。

论题三、语言的歧义性

如何解读这公元501年完成、由四个字构成的中国文学批评论著篇名？我们在论题二中对"文"的歧义性做出概述，这里将对"心""雕"与"龙"依次做语义分析。首先是"心"之含义。王金凌《〈文心雕龙〉文论术语析论》中列"心"论七种，各举出《文心雕龙》例句若干。[①]我们按其思路继续深入分析刘勰笔下之"心"与法

---

① 参见张少康、汪春泓、陈允锋、陶礼天《文心雕龙研究史》，北京：北京大学出版社，2001年，第527页。

译本之"心"。"心"字在《文心雕龙》出现113次,在法译本中用27个词语译出:

表2 《文心雕龙》"心"字法文译法表

译词	次数	译词	次数
cœur(心)	52	nature(本性)	1
esprit(精神)	32	passion(激情)	1
pensée(s)(思想)	6	penchants(成心)	1
âme(灵魂)	3	position(共心)	1
émotion(s)(情感)	2	réflexion(思考)	1
émotivité(s)(感性)	2	sentiments(感情)	1
attirés(跃心)	1	spiritualité(精神性)	1
hasard(任心)	1	spéculation(思想)	1
heureux(欣悦)	1	tête(头脑)	1
idée(s)(思想)	1	vision(仙心)	1
imagination(心奢)	1	volontés(意愿)	1
instinct(本能)	1	voulaient(想)	1
intuition(s)(直觉)	1	vues(见)	1
mental(精神的)	1		

"心"的27个译词中,直译52次,"精神"32次,"思想"6次,"灵魂"3次,"情感"与"感性"各2次。与王金凌所列的"心"七种含义对比,我们发现有七个法译词义拓开了汉语"心"之原意:"跃心""任心""心奢""成心""共心""仙心""师心"。由此看到,"心"字在《文心雕龙》中歧义丰富。《文心雕龙》标题第三个字"雕",《说文解字》释义为:"鷻也。从隹,周声。"对"琱"(彫)

字的释义为"治玉也。一曰石似玉。从玉，周声"，对"彫"字的释义为"琢文也。从彡，周声"。"琢""彫"最初各有承担的对象，后（始于何时有待考证）以"雕"代之，由大鸟变为动词，对木又对玉和石。在《文心雕龙》里，"雕"字出现24次，法译本的译词13种以动词、名词、现代分词和形容词出现，其对象可以具体为玉、万物、语言，或抽象为色、情绪和龙。言龙为抽象之最，不因为概念，而因其神性。在中国古代的龙、凤、麒麟和龟这四灵中，只有龟可见可述，其他三种均为灵物，可想象，无迹可寻。刘勰用"龙"作"雕"的宾语，其神话性质使写作具有超验性维度。这"龙凤""龙图""龙马""龙驾""云龙""飞龙"如何会听随写作呢？而刘勰的"雕龙"之意正在此处：文心如同雕龙，语言和写者能把握住吗？可想而已，不可及。《文心雕龙》书名的歧义性，体现在译名上。目前已出版的全译本有13种：

1. Vincent Yu-chung Shih trans., *The Literary Mind and the Carving of Dragons* (New York: Columbia University Press, 1959).

2. Hiroshi Kōzen（兴膳宏）trans., 文心雕龙,（Tokyo: Chikuma shobō［筑摩书房］, 1968）.

3. Makoto Mekada（目加田诚）trans., *Bunshin chōryū*（《文心雕龙》）(Tokyo: Heibansha［平凡社］, 1974）.

4. Kogyō Toda（户田浩晓）trans., *Bunshin chōryū*（《文心雕龙》）（Tokyo: Meiji shoin［明治书院］, 1974（上），1977（下）．

5. Sin-Ho Choe（崔信浩）trans., 문심조룡（《文心雕龙》）（Seoul: Hyeo-Anamsa［玄岩社］, 1975）.

6. Min-su Yi（李民树）trans., 문심조룡（《文心雕龙》）（Seoul: Eul-YuMunhwasa［乙酉文化社］, 1984）.

7. Tong-ho Ch'oe（崔东镐）trans., 문심조룡（《文心雕龙》）（Seoul: Minumsa［民音社］, 1994）.

8. Alicia Relinque Eleta trans., *El corazón de la literatura y el cincelado de dragones* (Granada: Editorial Comares, 1995).

9. Alessandra C Lavagnino,. trans., *Il Tesoro delle lettere : un intaglio di draghi*, (Milano: Luni Editrice, 1995).

10. Siu-kit Wong, Allan Chung-hang Lo and Kwong-tai Lam trans., *The Book of Literary Design* (Philadelphia: Coronet Books, 1999).

11. Yang Guobin（杨国斌）trans., *Dragon-Carving and the Literary Mind*（Beijing: Foreign Language Teaching and Research Press［外语教学与研究出版社］, 2003）.

12. Chen Shuyu（陈蜀玉）trans., *L'essence de la littérature et la gravure de dragons*（Beijing: Editions en Langues étrangères［外文出版社］, 2010）.

13. Jin Siyan et Léon Vandermeersch trans., *L'Esprit de la littérature ciseleur de dragons* (Paris: Youfeng, 2022).

从书名翻译的多样性和音译可看出"文心"与"雕龙"所含的歧义性。因此，若"雕龙"那样行"文心"，似可能又不可能。通常以为《文心雕龙》可视作行美文之指导、通论写作之术，这或将《文心雕龙》文学批评维度降作操作手册。每一个生命是一个世界，何以可能指导其思想、感觉在文字上的显露？文学帮助我们在绝对意义上不自甘为奴，也力解让他者为奴之套。"文心"与"雕龙"的丰富歧义使中国诗带有超越性的现代维度，独一无二。

"文"之雕龙的形而上和所归结出的39种具体文体形成互补，前者在可能与不可能之间游移，后者将有韵与无韵细化到极致。以占卜起源为文字的中国文学和以字母文字为体的文学从起源开始已经各行其道，前者以有韵的《诗经》和无韵的《春秋》传统为经线，走含丰富歧义性的诗／历史叙述之路；以字母文字为体的文学后者以摹仿现实、极致表述/史诗叙述为特点。这一相异性也可以注解中国文学含韵文与无韵文的诗/史，但无史诗。

论题四、中国诗的"物色"

从对《文心雕龙》的分析可以看出，中国诗的现代性以这两重性、五源流和中国占卜性文字作为三重核心，因此中国之"文"和西方之"文"不同质。刘勰之"文"的形而上，具体从"物色"即诗之"文"与天地的媒介进入。

《文心雕龙》之"色"的频次分析分为两步。首先以中文《文心雕龙》为框架，之后分析法文译本中"色"的译法。《文心雕龙》五十章中，含"色"的文字散见于十七章的28处。一个"色"字，其丰富的含义在法译本中得到了印证。28次译词中，15次直接译为色彩，另外13次则有13种译法：

表3 《文心雕龙》"色"字法文译法表

章节	文言	法译
《原道》	（色）	→couleur（色）
《辩骚》	（好色）	→sensuels（感性的）
《哀吊》	（肤色）	→physique（体）
《杂文》	（声色）	→êtres de chair（有欲者）
《谐隐》	（好色）	→coureur（追逐者）
《铨赋》	（色）	→couleurs（色）
《书记》	（毛色）	→couleur（色）
《神思》	（风云之色）	→panorama（丽景）
《风骨》	（备色）	→plumage（毛色）
《通变》	（本色）	→couleurs（色）

续表

章节	文言　　　法译
《定势》	（图色）→couleurs（色）
	（色糅）→couleurs（色）
	（五色）→cinq couleurs（五色）
	（新色）→nouveauté（新性）《情采》
	（色）→couleur（色）
	（五色）→cinq couleurs（五色）
	（五色）→cinq couleurs（五色）
	（间色）→couleurs（色）
《丽辞》	（比之无色）→beauté（美）
《隐秀》	（色沮）→abattu（颓丧）
	（润色）→embellir（美化）
《时序》	（润色）→enjolivant littérairement（文饰）
《物色》	（物色）→couleurs des choses（物色）
	（五色）→toute couleur（五色）
	（物色）→formes des choses（物形）
	（物色）→couleur des choses（五色）
	（物色）→couleur des choses（五色）
《知音》	（润色）→beaux discours（美言）

"色"的13种译词分别为："sensuels"（感性的）、"physique"（体）、"êtres de chair"（有欲者）、"coureur"（追逐者）、"panorama"（丽景）、"plumage"（毛色）、"nouveauté"（新性）、"beauté"（美）、"abattu"（颓丧）、"embellir"（美化）、"enjolivant littérairement"（文饰）、"formes des choses"（物形）、"beaux discours"（美言）。可以看出，法译本不仅仅注重"色"的本义，也强调其文本间引申义。

刘勰在《文心雕龙》所言之"色"含以下三层意思：
其一，自然之序的"物色之动"(《物色》)：

> 傍及万品，动植皆文：龙凤以藻绘呈瑞，虎豹以炳蔚凝姿；云霞雕色，有逾画工之妙……(《原道》)
> 昔汉武爱《骚》，而淮南作《传》，以为《国风》好色而不淫，《小雅》怨诽而不乱，若《离骚》者，可谓兼之。(《辨骚》)

其二，与现象世界相连的诗意之序联类：

> 诗人丽则而约言。(《物色》)
> 贵在时见。(《物色》)

其三，揭示万物之语与文学思辨之序：

> 写气图貌，既随物以宛转；属采附声，亦与心而徘徊。(《物色》)

在后两层的意义上，刘勰用"色"体现中国之"文"与历史、哲学的紧密关系，并结合诗经之"风"，凸显中国诗之"风化"。这"风化"与后世赋予的伦理作用绝然不同，在刘勰的思想里，"风化"与诗者的内观外化相连，它是诗人"羽化"的另一种表述。法国学者汪德迈的判断很准确：

> 至于国风之"风"的含义，情由风生，歌言情。农人为萌，其字含贬义，人之素也，他们敏感于风一如草随微风起伏。民众随风之变换所生的四季而以歌起伏……占卜官自然对农人的气象文化极为关注，甚至把季歌形式引入占卜学：这些歌在某种意

上不就是时间要作的自然龟卜么？与将龟卜归档以探究宇宙的变化一样，收集农歌是为了探究"风"，初始，仅仅是气象学意义，之后，巧妙地蒸馏出政治-道德气候的含义。①

刘勰的"物色"三层含义不仅可以注解气象之"风"和文学之"风"，更重要的是导入了佛学相对于无色界（arūpa-dhātu）的有色界（rūpa-dhātu）哲学新维度。中国诗之"文"直接突破口语，使诗有"文"的坚实依托。而这"文"是没有时间限度的，或当下，或往昔，或未知。因此，"现代性"的时间维度对中国诗而言，过于局限。而若以其即时的创造性、破约定促成性而言，则又正合中国诗的特性。

四、相遇是创造：《文心雕龙》之"赞"与佛经随颂律的关系

这是一个相遇是创造的佳例。

"赞"在《文心雕龙》以前为古文体，起源很早。上古诗体以《诗经》为典范，尽管诗经中也有若干五言体，但以四言为主。上古四言诗体的句数不限，用韵多样，有单韵、复韵、换韵。汉末，五言诗体逐渐兴起，至南北朝为高峰。

刘勰在"赞"体上既忠实《诗经》古四言，又借佛经汉译引入随颂律而创造出四言八句韵的"赞"之新体。《文心雕龙》五十章，各章以赋体阐述和篇后的"赞"结合。其赞体为四言八句，起概括作用，其功能沿袭经典如《史记》《汉书》章篇之末点拨概述。但以往的赞体或韵或散，无定规，字句不拘，无韵，而《文心雕龙》为"赋"体和"赞"体相间，其"赞"体在当时为首创。言"首创"，因其体裁韵律：

---

① Léon Vandermeersch, *La littérature chinoise, littérature hors norme* (Paris: Gallimard, 2024), pp.26–28.

八句、四言、单韵、三十二字。《文心雕龙》以非韵文与篇末的四言八句韵文"赞"结合，散韵兼行。探其赞体之源流，既有《诗经》的四言传统，又受佛经偈诵的影响。三十二字的四言八句律诗的赞体来源可能有二，一为《诗经》四言，二为佛经偈颂体中的"随颂律"。我们试着从刘勰的知识框架形成因素来推论。刘勰参加佛经编录，对于佛经的架构有一个总体的把握。

《文心雕龙》的散赞相间与经典的史书体和佛经体吻合。南朝齐永明八年（490），刘勰入金陵定林寺，时年约二十四岁，在居留十二年间，他受当时主定林寺的僧祐（445—518）之命，助其撰写《出三藏记集》，此为僧祐八部法集中影响最深远的佛经著录。刘勰因此随僧祐对寺院内所藏大量佛经律论进行整理、分类、写序编目。[①]

我们在《长阿含》的巴汉对勘研究中发现，巴利文本的体例多为"契经"（散文）加偈诵（韵文）。《长阿含》汉译中常见的偈诵体有重颂（geyya，祇夜）、讽颂（gāthā，偈或伽陀）和随颂律即颂诗（śiloka，卢伽陀）。重颂为长诗行颂，讽颂为双句（单行、双行、四行），随颂律为双句四行。这种散偈相间的汉译佛经在刘勰所处的时代已经很成熟。刘勰的赞体贴近"śiloka"随颂律。

偈诵体"śiloka"，即"随颂律"[②]，为八音节四行或四音节八行，属于吠陀古体。用字和用韵有定规，音律比较讲究，元音与辅音相合，轻音和重音相错。四句八言，可换作八言四句，共32个音节。或不用韵，用单韵。汉译本中或见，由巴利文的轻重音相错变成文言的每句第二和第四个字平仄相反。

刘勰之"赞"接近随颂律体，是就功能和长度两层而言。随颂律的功能接近古文言典籍中的"赞"体，为总结性概述。同时，较之重颂的叙述功能，双行短颂的唱述，八句随颂体与四言体可以相错。刘勰借用随颂律的四音节八行体，与中国《诗经》中古体的四言诗结

---

① 参见《梁书》卷五十《刘勰列传》。
② 参见屈大成《从汉巴对照看汉译〈杂阿含经〉偈颂的特色》，《圆光佛学学报》第32期，2018年。

合，发展成《文心雕龙》赞体的四言八句单韵律诗。而这四言体与当时文人周颙（？—493）和沈约（441—513）力推五言诗的时代潮流相反。

孙尚勇2005年发表《中古汉译佛经偈颂体式研究》一文，其中对佛经汉译四言句与五言句的长时段数据整理和分析间接证实了刘勰的这一反潮流态度。①

汉译佛经四句偈诵体自后汉始，到三国时期为第一个高峰，经西晋的低谷上升至南北朝为第二个高峰，直至隋唐均居高不下。汉译佛经的八句体偈诵自后汉起始至西晋到高峰，东晋、南北朝为低谷期，隋代至唐略升。刘勰所处的时代正值八句低谷期和四句高峰期。《文心雕龙》的赞体取的是时处低潮的八句偈诵，未走四句偈诵的时尚。

我们再看四言、五言、七言的汉译偈诵情况。五言和七言中古汉译偈颂，五言始终居高，第一峰值在南北朝，隋朝走低，很快又在唐代有第二次高峰；七言的峰值在隋代之后走低。关键在四言偈诵体，后汉峰值之后走低，三国时期为第一次谷底，唐朝为第二次谷底，其间的南北朝为次谷底。《文心雕龙》之四言赞体走的又是逆向，当时是五言处峰值之时。刘勰在赞体的四言、八句上与他所处时代的佛经偈诵主流和沈约为代表的五律新诗体均不合拍。《文心雕龙》的赞体是刘勰的创新，他没有追随时代潮流，而是融会《诗经》和经偈随颂律的文体配上独特的韵律。

《文心雕龙》的赞体为单韵，与随颂律不同。据法国学者谢日（1773—1832）研究，随颂律每一个八音节"pâda"中，第一和第八个音节孤起韵，中间分三音一个韵脚。②刘勰率先用四言八句写赞，并建立了双行单韵体系。

---

① 参见孙尚勇《中古汉译佛经偈颂体式研究》，《普门学报》第27期，2005年。
② Antoine-Léonard Chézy, *Théorie du Sloka, ou mètre héroïque Sanskrit*, Paris, Éd. Dondey-Dupré, 1827, pp.7-8.

通常认为，佛经原典偈颂格律精严，汉译为达意而未能遵守佛偈各体的韵律。学者中多由此认为刘勰的赞体韵律精约有致，与佛典汉本中的偈诵体不合。我们的分析结果与之不同。通过《长阿含》前六经逐句对勘发现，佛典汉译精准，译笔妙语诗化特点突出。汉译本将原典的口述性散文化作四言体或五言体叙述。这一点应该是汉译本书面语化的重要贡献，不存在有损源头语圣本精美音韵的情况，相反汉译本的诗化使得原典的口述性变得更有节奏（四言或五言）。因汉译本将部分散文叙述换成五言颂体，如《长阿含·大本经》，原典有五首偈诵，汉译有五十二首，偈诵数量超过原典，可以证实汉译将原典散文叙述作部分诗化的倾向。汉译本的偈诵体或五言结韵，或四言成章，是否押韵要看其颂的类型，若重颂，则韵律比较自由；若短颂或随颂律，则韵律讲究。因此不能以汉译颂体"有损"二字统而言之。

在《长阿含》前六卷的巴汉对勘中看到，随颂律相对于重颂（geyya，祇夜）、自说（udāna，忧陀那）、讽颂（gāthā，偈陀）比重比较小。刘勰的赞体用四言八句，可能有两个决定因素：一是他的"四言正体"主张，因而顺应《诗经》和古文言经典中的古颂体用四言，反五言潮流；二是受随颂律的启发，这样形成四言八句三十二字对应随颂律的四言八句或双四言四句的三十二音节，反时尚而行之。刘勰通过与佛经诗体的相遇，创造了"赞"体。其创新和与时不合拍的态度，生动体现出中国诗"现代性"的秉性。

结　论

在西方文化里，思想从口语性的拼音交流性语言中提炼精华。亚里士多德在《工具论》中将推理概括为特殊的逻辑法则，并在其中的《范畴篇》（*Catégories*）中指出"话语"（logos）的特征含九个范畴：数量、质量、关系、场所、时间、姿势、状态、动作、承受。事物本性用语法体现。哲学性从交流性语言中提炼出概念性语言。因此，西方话语与脱离感性直接体验的思辨性概念之间有距离。文学表述感性体验、复归到语言的"前意义"状态。诗通过情感去捕捉超现实的闪念。法国超现实主义艺术潮流的自动写作法和文学批评中的"前意义"理论均为当代"现代性"生动的实践。

法国古代与二十世纪文学批评脉络如下：

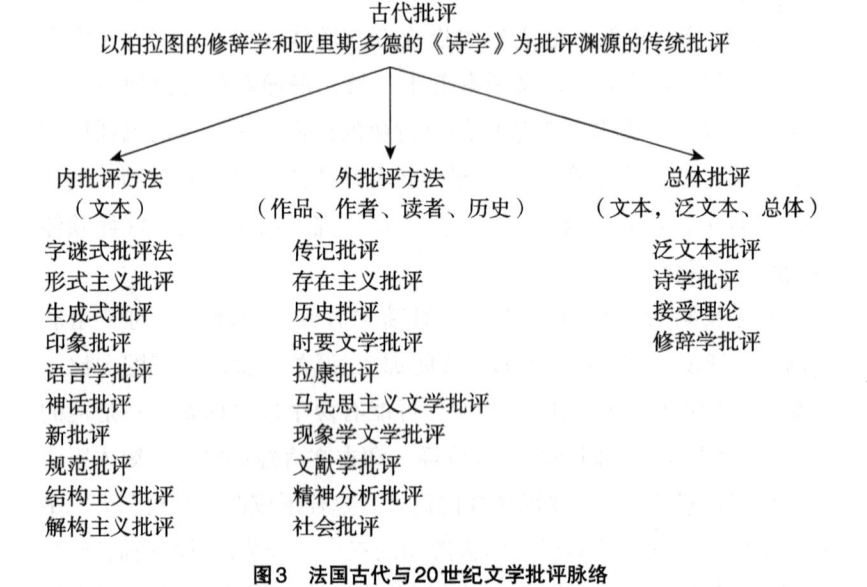

古代批评
以柏拉图的修辞学和亚里斯多德的《诗学》为批评渊源的传统批评

内批评方法 （文本）	外批评方法 （作品、作者、读者、历史）	总体批评 （文本，泛文本、总体）
字谜式批评法	传记批评	泛文本批评
形式主义批评	存在主义批评	诗学批评
生成式批评	历史批评	接受理论
印象批评	时要文学批评	修辞学批评
语言学批评	拉康批评	
神话批评	马克思主义文学批评	
新批评	现象学文学批评	
规范批评	文献学批评	
结构主义批评	精神分析批评	
解构主义批评	社会批评	

图3 法国古代与20世纪文学批评脉络

如图3所示，以柏拉图的修辞学和亚里士多德的《诗学》为批评渊源的传统批评分三纵轴延展：内批评、外批评和总体批评。总体批评所含的批评方法有四种：泛文本批评、诗学批评、接受理论与修辞学批评。我们注意到，诗学批评、修辞学批评和阐释学是古代批评的三大支柱。"总体批评"向其他批评流派和方法开放。

我们可以将此脉络与《文心雕龙》所论之"文"做比较。《文心雕龙》的五十章除了《序志》外，架构为四层：

  1.创作的指导思想（原道/征圣/宗经/正纬/辨骚）。
  2.论文叙笔：文笔与文体（韵文：明诗/乐府/诠赋/颂赞/祝盟/铭箴/诔碑/哀吊/杂文/谐隐；无韵文：史传/诸子/论说/诏策/檄移/封禅/章表/奏启/议对/书记）。
  3.剖情析采与创作（神思/体性/风骨/通变/定势/情采/镕裁/声律/章句/丽辞/比兴/夸饰/事类/练字/隐秀/指瑕/养气/附会/总术）。
  4.文学史评（时序/物色/才略/知音/程器）。

  若作模糊对应，刘勰的"文"，与内批评、外批评、总体批评有相合处。如《文心雕龙》的第四层为"文"之史论、作者与外界的关系，可以对应于法国文学批评中的外批评与总体批评。
  《文心雕龙》的第二、三层的"文"之体与"文"之内外感应创作有着细密丰厚的内涵，与西方内批评相应，"文"之内批评的细密度和维度甚至极大地超出内批评视阈，三十九种"文"类尤为独特，达文学批评之极致，加上第一层所提出的"文"的五种本源，使中国诗学具有诗的"非凡"根基。如此便构成了中国诗的"现代性"。
  中国思辨性话语，如果用逻辑来定义其"理性"，那只是比喻而已，因为这一理性的运作不是通过交流性话语的精炼，而代之以特殊的思辨性语言，即源自占卜、并为占卜而造的认知述行性文言。因此，可以在更严格的意义上（不是在语法意义，而在语言为该话语所创的"文"之含义层面）定义中国"文言"思辨性话语的理性：中国的逻辑是一种"表意性"逻辑，完全以另一种方式使表意运行，而非借用亚里士多德的"话语"逻辑。因此，汪德迈将其不同概括为"文"与文学"美"感的关系。这"美"的涵义则极为丰富。
  如果把"现代性"定位为以批判为基础并延伸出对自身的批判，那就不需要"现代性"也能做到。任何政治家、哲学家和对现实不满者均可以完美地以"现代性"代表自居了。此类定性站不住脚。假若将诗与歌的存在理由定在最有力、最生动的批判，那么，诗的创造性翅膀和歌的合唱性被牢固地锚在现实世界的逻辑上，而现实的逻辑最容易有随从。诗的宇宙性与生命最妙的可能也因此被阉割。

诗，无论古今，其"现代性"在当下、转瞬即逝和无可定义的无限可能的多维度的歧义之中。北岛的《歧路行》在这个意义上具有"现代性"。

中国诗特有的"现代性"在于它的维度：与宇宙对话。自由不向社会和他人呼喊，除非想制造敌意。与宇宙对话和创作是它唯一的可能，而非激情点燃闪电后的灰烬。与纯粹的经验无关。突破语言本身的企图是神学的逻辑。

诗的火山，一缕火苗就够了。想象不是无限的，一如人的生命。以有限表述有限，不是诗的生命。

生命是呼吸。其踪迹现形无限：大自然、艺术、书写、歌唱、忙碌、收集，抑或吃喝。灵感不过宇宙能量的偶尔闪现，念头被生命的光点还魂。人生如此。宇宙的刹那，以空填空而已。

中国诗的现代性就是这一缕火苗，警醒的，敏感的，宇宙而上的。20世纪经历的新文学、美育、革命文学、纯文学、启蒙诗、现代派诗，21世纪正在进行时的当代诗，在多重相遇中始终有着"文"之隐线。中国当代诗学和文学研究中，与西方相遇而产生的中国新文学，其传统是如何参与文学演变的？西方文学在中国现当代文学的形成中如何作用？如何把"中国"的文学放到世界范畴内去捕捉属于人共性的文学关注，而非任由"种族""时间""空间"的界限割裂文学，用群体语言去强化文学的礼仪、政治和民族的作用？

中国诗宇宙而上的维度决定中国诗的独一无二的特性：与宇宙之理相融，俯瞰并体验生存、哲学文学语言、高度抽象非概念性的语言，尽可能接近语言非遇不知的无限可能和语言的视觉维度。

我们的论题原点是论西方修辞学与中国诗学，围绕《文心雕龙》

之"文"传统与现代的多重意义、其五轴源流、文学批评体系的四大论题、佛经汉译中随颂律与"赞"的相遇依次展开,以此为路径之一探讨中国诗的维度与现代性。

　　公元1世纪到12世纪的佛学汉译,催生出汉地佛经语言和诗律;20世纪前半世纪中国诗与西方文学的相遇,催生出现代新诗。何以如此? 20世纪下半叶中国诗与西方的再次相遇,生长出什么呢?中国诗的"现代性"通过怎样的相遇显现呢?诗学和诗在拭目以待。

专稿
Focus

新中国的第一位印度外教[*]

——柏乐天在北京大学东方语文学系的任教历程

陈 明

摘 要：近现代的中印人文交流与古代时期有着很大的不同，形成明显的双向互动的格局。中国赴印度及印度来中国的高校教师对双方教育与学术事业的促进、对中印民众之间的相互了解的加深，都做出了重要的不容忽视的贡献。本文聚焦新中国的第一位印度外教柏乐天在北京大学东方语文学系近三年的任教历程，充分利用相关的中外多语种档案、书信和报刊、回忆录等史料，重点梳理柏乐天与中国学者的交谊及其开展的学术合作，以揭示近现代中印人文交流双向互动的丰富画卷，以及在佛学研究领域互帮互助共同成就的重要意义。

关键词：柏乐天　东方学　梵汉对勘　中印人文交流

近代以来的中印人文交流与古代时期有着很大的不同，形成明显的双向互动的格局。就佛教而言，很少有来自印度的佛教徒到中国传教，反而是中国的佛教徒到印度去学习、朝拜圣迹和弘扬大乘佛教，如万慧法师、体参法师、太虚法师及其弟子等。就教育和文化文学而言，既有泰戈尔1924年访华掀起的一时热潮，也有谭云山多年努力在印度国际大学建立起中国学院[①]，还有加尔各答、大吉岭等地建立起的多家华文学校。1942年蒋介石夫妇访印之后，中印之间高等教育交流有所提升，双方不仅互派研究生留学，而且还选派教授到对方高校或研究机构工作。其中既有赴印度国际大学任教的吴晓铃、徐梵澄、常

---

[*] 作者系北京大学东方文学研究中心教授、北京大学外国语学院院长。
[①] 具体可参见谭中《中印一家亲——父亲谭云山和我的经历》，北京：新世界出版社，2024年。

任侠等人，也有陆续到1942年在云南呈贡新成立的东方语言专科学校工作的师天仆（Krishina Kinkar Sinha）等几位印度学者，以及1947年春到北京大学客座两年的著名汉学家师觉月（P. C. Bagchi）等人。中印外教对双方教育与学术事业的促进、对中印民众之间的相互了解的加深，都做出了重要的不容忽视的贡献，他们的事迹既是近现代留学史的一部分，也是中外人文交流史的一部分，甚至是中华文化对外传播史的有机组成，因此，值得进行深入地探讨。

郁龙余、刘朝华《中外文学交流史——印度卷》中提及"师觉月和蒲罗丹都到过北京大学进行研究与教学"[1]，可见在近现代北京大学的印度外教名单上，应该还有这位"蒲罗丹"的一席之地。乐恒《20世纪50年代印籍专家在北京大学东语系的教学与研究——基于学科史与学术史的考察》一文中，首次梳理了该学者（柏乐天）在北京大学的执教情况。[2]本文进一步利用相关的档案、书信和报刊、回忆录等史料，梳理柏乐天的来华契机、在北大的教学情况、与中方学者开展的学术合作等，以揭示近现代中印人文交流双向互动的复杂性，以及互帮互助共同成就的重要意义。

一、柏乐天的来华契机及其初抵北平

（一）柏乐天的学术背景及来华契机

柏乐天，原名 Pandit Prahlāda Pradhāna（1910—1982），印度汉学家、佛学家。其汉文译名有"普拉丹""普剌丹""普老坦""普劳坦""蒲罗丹""布拉坦""婆罗檀"等，甚至还有"白乐天"，其最常用的是北大东方语文学系教师帮他所取的"柏乐天"一名。

---

[1] 郁龙余、刘朝华：《中外文学交流史——印度卷》，济南：山东教育出版社，2015年，第379页。
[2] 乐恒：《20世纪50年代印籍专家在北京大学东语系的教学与研究——基于学科史与学术史的考察》，北京大学亚洲—太平洋研究院编：《亚太研究论丛》第十六辑，北京：社会科学文献出版社，2024年，第200—218页。

1944年末，印度国际大学获得中国教育部设置的中国文化奖学金，柏乐天被该校特别委员会遴选为丙级研究员，次年一月入校。1945年3月22日《大公报》（重庆版）第二版的《加城小简》报道如下：

> 我教育部为奖励外国人士研究中国文化，特在国外各著名大学设置中国文化奖学金，印度国际大学即为其一。自经我驻印沈专员派人接洽后，即组织特别委员会，积极筹备，并经该大学当局与中国学院院长谭云山详细商讨，拟订细则，罗致人才，已于本年一月起开始工作。所聘定接受此等奖学金之人员为：（一）甲级研究员兼主任一名，由加尔各答大学教授师觉月博士担任。（二）乙级研究员二名，由孟买大学教授巴帕特博士等担任。（三）丙级研究员二名，由普拉丹硕士等担任。（四）丁级研究生四名，由沈明硕士等担任。以上人员均已于一月到校工作。按师觉月博士为印度著名之汉学家，著有法文《中印学丛》四巨册及英文《中印千年史》等书。[①]

根据台北南港"中研院"近代史所所藏谭云山提供的一份《中国文化奖学金人员说明》（Notes on Personnel for the Chinese Cultural Scholarships），柏乐天（普拉丹）的个人信息如下：

C. Four Research Scholarships: -- Rs. 2, 100/- per annum
   2. Pandit P. Pradhan, 普拉丹讲师
Lecturer of the Utkal University and Former Research Scholar of Visva-Bharati Cheena-Bhavana.[②]

[①] 对于这笔奖学金的情况，常任侠的相关回忆为："其后又由宋美龄资助了四十万元，谭把这笔存款的每年利息，请了几位印度学者，一是B. V.巴贝提，美国哈佛大学博士；二是施觉月，法国巴黎大学博士；三是普劳坦，梵文学家；还有一位木克已。"（常任侠：《生命的历程》，郭淑芬、常法韫、沈宁编：《常任侠文集》第六卷，合肥：安徽教育出版社，2002年，第116页）

[②] "Notes on Personnel for the Chinese Cultural Scholarships"，《朱家骅档案》，"中研院"近代史研究所档案馆收藏，档案编号：301-01-18-020，第50—51页。

柏乐天在巴特那大学获得梵文硕士学位，1939年被选派至印度国际大学学习巴利文和俗语。他后受聘为奥里萨（Orissa）的乌提卡尔大学（Utkal University）的讲师。柏乐天获得中国文化奖学金时，就在国际大学研究部（Vidya-Bhavana）从事巴利语研究。吴晓铃《印度的汉学研究》（"卅六、十一、七 北平"）提到中国学院利用这笔奖学金聘请的人员中有一位"巴弥尼专家婆罗檀规范师（Acharya B. Pradhan）"[1]，此"婆罗檀"就是柏乐天。

至1946年底，中国政府提供给印度国际大学的奖学金未能继续，中国学院本身也没有能力提供经费，所邀请的几位印方专家有散伙之趋势。常任侠当时致吴晓铃的一封信函中特别提及："印人方面，巴克基、沈明、泰无量均将于三月去中国，国内奖学金不至，则巴贝尔等亦摇摇欲去。"[2] "巴克基"即印度汉学家师觉月，"巴贝尔"即指印度佛学名家巴帕特（Purushottam Vishvanath Bapat）。1947年，柏乐天再次受聘印度国际大学研究部，从事Oriya研究。据《国际大学消息》（*Visva-Bharati News*）的报道，其情况如下：

> 柏乐天（Prahlad Pradhan）已经加入研究院（明院，Vidya-Bhavana），担任奥里雅语研究教师（Adhyapaka）。他曾于1939—1942年在研究院攻读过研究生，此次他作为教员重返该学院，令人十分欣喜。他也曾在中国学院（Cheena-Bhavana）的中国研究计划（the Chinese Research Studies Scheme）下，担任过一段时间的研究员。如今他的工作已转至研究院，以便负责这一新的研究方向。[3]

柏乐天在赴中国之前，应该与谭云山主持的中国学院仍有密切的

---

[1] 吴晓铃：《印度的汉学研究》，《现代知识》（北平）第二卷第二、三期合刊，1947年，第39—41页。
[2] 常任侠：《常任侠书信集》，郑州：大象出版社，2008年，第238页。
[3] "News and Notes", in: *Visva-Bharati News*, volume XVI, No.11, July 1947, pp.10-11.

联系。①他得到奥里萨省政府（Orissa Government）的批准，作为印度政府选派的学者到已经迁至南京的国立东方语言专科学校执教。②

（二）周达夫推荐柏乐天来华合编汉梵辞典

中国社会科学院高山杉先生注意到，周旻（达夫、达甫，达辅）1945年在郭克雷（Vasudeva Vishwanath Gokhale，1900—1991）教授的指导下，获得孟买大学的哲学博士学位，其博士论文 Three Buddhist Hymns Restored into Sanskrit from Chinese Transliterations of the Tenth Century A. D.（《十世纪汉译梵赞还原三种》）的撰写也得到了柏乐天的帮助。③周达夫在印度求学和工作期间，与柏乐天较为熟悉，对其学术背景和研究能力相当了解。

周达夫一直有编撰汉语和梵语对照的辞典的想法，并多次向国民政府相关部门提出。1942年6月8日，周达夫致函时任中央研究院代院长的朱家骅，提出了组织编撰《梵汉词典》的计划。④8月3日，他致朱家骅的另一信函中，再次提及编撰《汉梵翻译大辞典》的打算。⑤10月12日，周达夫致朱家骅的信函中，再次倡议中印合作创编《汉梵辞典》，合组"佛教梵本校订委员会"。⑥

1947年3月15日，周达夫致函时任国民政府教育部长朱家骅，提

---

① 巴宙曾回忆："从印度赴华的交换教授与学生计有师觉月、蒲罗丹、巴帕提（P. V. Bapat）。前两者中，一为加尔各答大学的汉学及佛学教授，另一为乌提卡尔的梵文教授。他们两人均与国大中国学院有深厚关系，曾先后在中院工作。他们均赴北京大学作研究与教授印度文化与语言。"（巴宙：《谭云山与现代中印文化关系》，《巴宙文存》，台北：新文丰出版公司，1985年，第150—151页）

② 或谓"柏乐天通过中印政府间的教授交换项目来到中国，并被中国教育部安排到国立东方语专任教"。Yun-Shan Tan, Sino-Indian Culture, Visva-Bharati, 1989, p.120. 此说尚未找到相关的档案史料，待考。

③ 高山杉：《辨析〈金克木编年录〉中的几个片段》，《澎湃新闻·上海书评》2022年12月9日。

④ 周达夫致朱家骅函（1942年6月8日），《朱家骅档案》，"中研院"近代史研究所档案馆收藏，档案编号：301-01-23-263，第41—53页。该函的抄件，见第7—19页。

⑤ 周达夫致朱家骅函（1942年8月3日），《朱家骅档案》，第30—32页。

⑥ 周达夫致朱家骅函（1942年10月12日），《朱家骅档案》，第78—82页。

出编撰《华梵辞典》的中印双方学者人选，具体如下：

> 《华梵辞典》一项，请派约至友金克木兄为主任，并约一二印友，详容面呈。克木在印学成归国，至武汉大学教梵文及印度哲学，近将赴平。印友则 Dr. V. V. Gokhale 及 Pandit Prahlad Pradhan, M. A.（Patna）两人甚为适当，其详亦俟面呈。①

可见，在周达夫看来，郭克雷和柏乐天是最合适的印方梵文学者。3月28日，周达夫在致朱家骅函中，又提出了组织中印学者合作编辑《中国大辞典》和《中印辞典》的详细计划，他拟邀请的团队成员中也有柏乐天。该信函中，周达夫较为详细介绍了柏乐天的情况：

> （三）Pandit Prahlad Pradhan, M. A.（Patna），现年三十六岁，印之Orissa省人，Patna大学梵文及哲学学士、Oriya文硕士，均为第一名。梵文旧学考试，文法轨范师（最高学位），文学论师，经学论师。系Orissa省教育行政人员，曾任该省公立Utkal大学所属梵文教授及训导，曾在国际大学研究院治巴利文，现在为同校中国学院之教育部奖学金研究员，校订《集论》及《俱舍论》梵文原典（得自西藏），其工作为该处多人之中第一。此人亦质朴无华，后学与有私交，相知较深，故敢推毂，敬乞钧部担任其在我国之费用，约往北平，合纂《中印辞典》。此辞典，后学已因心衡虑，历有年所，望以三五载完成之，悉出我公所赐，感铭无既！
>
> 后学达夫谨肃，卅六、三、廿八日②

---

① 周达夫致朱家骅函（1947年3月15日），《朱家骅档案》，第200—203页。
② 《周达夫黎锦熙关于邀请学人及印度语言学者布拉坦来华合编〈中国大辞典〉〈中印辞典〉与朱家骅的来往信件》，中国第二历史档案馆收藏档案，档案编号：全宗号五，案卷号1315，第24—27页。

在周达夫的计划中，有关辞典的编撰需要依托黎锦熙在北平主持的中国大辞典编纂处，因此，他也曾致函黎锦熙报告和商议此事。此函目前未见，但档案中保留了4月17日黎锦熙就此事给朱家骅写的信。他汇报了"昨得周达甫㬰君自印来函，拟约印语言学者布拉坦君同来本处合作，编印《中印辞典》"，并请求教育部资助中国大辞典编纂处三亿五千余万元。①

由于时局的影响及辞书编撰组织、经费等方面的条件不够成熟，朱家骅并未及时回复黎锦熙，只是向周达夫表示了对其建议的欣赏与肯定，但一直未进行实际性的推动或部署，汉梵辞典之梦一时难以成真。周达夫可谓初心不改，希望能寻找到机会去推动此事。10月18日，周达夫再次致函朱家骅时，提议邀约在印度国际大学任教的徐梵澄归国，为中印学会工作，而柏乐天可与之同行，也参与该会工作。相关内容如下：

> 并乞命梵澄兄偕印友Pt. P. Pradhan同来，关于此人，后学前曾上陈。印方已允负担其家用及来华旅费治装等项，故我方无需外汇。原约其赴北平，现在似乎京中较佳。其生活费乞由部或由学会供给。②

当时周达夫可能与印方及柏乐天本人洽谈过了，并就其家用、旅费、置装费等做了预估和安排。但就是柏乐天在华的生活费，也成了一个大问题，因此，在10月25日的复函中，朱家骅并未提及柏乐天。10月30日，由教育部下属草拟、商议之后誊写的朱家骅复黎锦熙（4月17日前函）之函则明确指出，"在此人力财力困难之际，……暂不必邀约

---

① 《周达夫黎锦熙关于邀请学人及印度语言学者布拉坦来华合编〈中国大辞典〉〈中印辞典〉与朱家骅的来往信件》，中国第二历史档案馆收藏档案，档案编号：全宗号五，案卷号1315，第14—16页。
② 周达夫致朱家骅函（1947年10月18日），《朱家骅档案》，第214—216页。

新中国的第一位印度外教　　113

布拉坦来华"①。朱家骅表达了婉拒之意。不过，朱家骅在11月15日给周达夫的第二封回函中，同意约聘徐梵澄归国，且未直接拒绝柏乐天。该函内容如下：

> 达夫先生大鉴：本月廿五日奉复一函，计当詧及。承介徐梵澄君之事，经已考虑数日，拟即请其回国，担任中印学会职务，希能在会全部工作，即请转达前途是幸。至渠偕印友 Pt. P. Pradhan 同来一节甚善，惟彼之生活费，因会中经费困难，无法担负，请兄将彼履历寄阅，再为设法介绍学校任教，可在会中帮忙。②

1947年秋，周达夫回国应聘中山大学，他也无力再推动柏乐天获得赴华的机会。不过，从周达夫与朱家骅的多次通函中，我们能够看到，他已经为柏乐天的来华任教提供了某些契机。

（三）柏乐天来北平的过程

1948年11月28日，印度著名汉学家师觉月结束在北京大学近两年的客座教授生涯，返回印度国际大学。12月15日，胡适也永远离开北京大学，被国民政府派来的飞机接回到南京。

在师觉月返印前后，印度政府基于强化中印文化交流的理念，就开始考虑在北京大学所设立的客座教授的继任人选。师觉月还提出了一个印度梵学家 K. A. Neelakanta Sastri 教授，但因为此人的身体状况不能适应北平的冬季生活，就被否决了。印度驻华大使潘尼迦最初提出的两位候选人分别是 Madras 大学的 Kunhan Raja 博士和 Mysore 大学的 Hiranya 教授，其中前者颇受印方的认可。中印双方也对此有过讨论，拟继续在北大设立为期两年的客座教授的位置。胡适在离开北大之后，也还坚持与印方商议接替师觉月的人选。英国外交部保存的一

---

① 《周达夫黎锦熙关于邀请学人及印度语言学者布拉坦来华合编〈中国大辞典〉〈中印辞典〉与朱家骅的来往信件》，第1—3页。
② 朱家骅致周达夫函（1947年11月15日），《朱家骅档案》，第214—216页。

份档案中，提及印度驻华大使潘尼迦1949年1月12日与胡适在南京的一次会见：

> 在见翁文灏（Wong Wen-hao）博士之前，我与胡适（Hu Shih）博士谈了一个半小时。他名义上是来拜访我，商议接替师觉月（Bagchi）博士的人选事宜。胡适博士当时心情非常低落。①

查看胡适当天的日记，只有一句话"访印度大使"②，而未提及两人会谈的任何细节。根据印方的档案记载，胡适实际上比较倾向于印度派遣从事自然科学研究的教授来北大客座，这也与胡适在北大复校之后提出强化科学研究的总体想法有关。印方甚至提出了一个大名单，包括几位著名的科学家（如古植物学家沙赫尼）和古典印度学家，柏乐天的资历还无法与这些人相比，因此，他并未出现在候选人名单中。③胡适与潘尼迦的这次会谈或许并未取得完全的共识，也没有做出一个实际性的决定。一方面南下的胡适当时已经不能掌控北大的大局，另一方面中国当时国内时局变化过大。胡适与潘尼迦都无法像两三年前那样从容布局，因此，北京大学的印度客座教授席位也就未能再延续。虽然如此，柏乐天却从另外的途径来华，意外地与北大文学院东方语文学系相遇，成为新中国北大的第一位印度外教。

1949年4月，南京解放前不久，印度学者柏乐天（普剌丹）来到东方语专执教。6月3日，北京大学校务委员会开会决定，东方语文学系原则上可以设立阿拉伯语专修科和印度语专修科。有关东方语专并

---

① "Enclosure in Nanking letter No.S/O.57 (98/1020/49) of 3rd February,1949"，英国外交部收藏档案，档案编号：FO+371-75742+1949，第37页。
② 曹伯言整理：《胡适日记全集》第八册（1940—1952），台北：联经出版事业有限公司，2004年，第376页。另见曹伯言整理《胡适全集》第33卷《日记（1938—1949）》，合肥：安徽教育出版社，2003年，第705页。
③ "Proposal Regarding Extension of Endowment a Chair of Indian Culture at the National Peking University of China"，印度国家档案馆收藏，档案编号：File No.302-C.A./48。

入北大的过程，有好几种说法。实际的情况是，1949年7月24日，胡乔木给季羡林的信函，有助于理解此事。该函内容如下：

羡林先生：

　　你恐怕早已忘记我了。我在一九三〇年至一九三一年曾经是你在清华的同学。我对于北大东方语文有一点小意见，想找你谈谈。如果你不反对，望以现在住址和大概每天什么时候在家见告。我的通信处是司法部街新华社办事处转，或中南海办事处转。

　　敬礼。

胡乔木（以前叫胡鼎新）
七月廿四日

胡乔木所谓的"一点小意见"，实际是出于对国际局势变化的考虑之顶层设计。胡乔木先找季羡林，提出两处合并的"小意见"，相关部门再开始实施此一合并计划。此后不久，根据华北高等教育委员会的命令，在南京的东方语专合并到北京大学东方语文学系，同时中央大学边政系的两位教师也调入北大该系。

1949年8月18日，北大草拟了《北大东语系工作计划、增加教员追加概算的函》，8月20日由北大校务委员会主任汤用彤交给华北高等教育委员会。该函的附件为《本校东方语文学系三十八年度工作计划书》。该计划书提及拟添聘的教员系列有："六、印度现代语文教员：（1）石素真 讲师；（2）Pradhan（印人）刻正洽聘中。"[①]可见，北大方面与柏乐天在此之前已经进行了洽谈聘任之事。柏乐天不是被动地随东方语专合并到北大的，而是北大方面聘请他的。这也体现了北大对印度现代语文（印地语、孟加拉语等）教学的最新关注和重视。

---

① 《北大东语系工作计划、增加教员追加概算的函》，北京大学档案馆收藏，档案编号：2011949055。

8月21日,《大公报》(上海版)刊发了一则新华社南京的电讯,"南京市军管会为合理调整各大学和专科学校,已决定……东方语言学校并入北京大学东方语文系,音乐学院和戏剧专校都并入北平艺专,边疆学校并入北平少数民族学院。已归并的各校学生,正分批启程北上"[1]。

北京大学档案馆还有一份此后修改过的《北京大学文学院东方语文学系三十八年度工作计划书("三八、九、十一改拟")》(档案编号也是2011949055),其中有关聘任教师等工作计划如下:

> 本系为配合时代需要加强工作起见,拟在各方面集合人才,力谋充实,拟定本年度工作项目如下:……
>
> 二、增设东方语文专修科,将已设立并招生之印度现代语及阿拉伯语两专修科亦合并于此专修科内,订为两年毕业。……
>
> 本系为推进上述工作,本年度需请之教员名单分类列后:……
>
> 三、南京国立东方语文专科学校来平教员:
>
> 教授:张礼千、马学良、普剌丹。副教授:凌瑞拱
>
> 讲师:刘麟瑞、傅佑弼、马超群、王世清、李启烈、秦森杰、黄敏中、刘德裕
>
> 助教:陈炎、殷洪元、陈干祥、昌瑞颐、赵淇竹(拟改特别研究生)
>
> 助教:彭正笃(拟改特别研究生)助教:陈玉龙(拟改特别研究生)
>
> 助教:袁有礼(拟改特别研究生)助教:杨荣柱(拟改特别研究生)

---

[1] 《宁东方语专等并入北平各校 学生们正分批北上》,《大公报》(上海版)1949年8月21日第一版。

四、南京大学边政系来平教员
讲师：李森　助教：郭应德
（以上东方语专及南京大学来本校之教员共计二十三员。其教授、副教授、讲师、助教之名义，仍照原任名义标列，将来提经本校校务委员会通过时，其名义可能少有变动。）①

据此表可知，普刺丹是唯一的一位跟随东方语专来到北大的印度学者。②
这批教员具体到达北平的时间是8月29日下午。9月7日，《大公报》（上海版）对此进行了报道：

[北平通信] 前南京国立东方语文专科学校，自奉命并入北大东方语文系后。该校师生六十余人，已于八月二十九日下午乘车抵平，并带来东方语文珍贵书籍四十余大箱。北大东方语文系主任季羡林与该系师生均往车站迎接。现语专师生暂住北大红楼二楼，日内即举行编级考试，编入北大东方语文系各年级。（孔方·八月卅一日寄）③

此简讯中并未提及外籍教师。据北京大学档案馆藏1949年9月15日华北高等教育委员会主任委员董必武签署的一份给北京大学的行政函令，其中提及：

令北京大学
兹为有重点的大力发展东方语文与培养东方语文革命工作干

---

① 《北京大学文学院东方语文学系三十八年度工作计划书》，北京大学档案馆收藏，档案编号：2011949055。
② 2019年9月10日，北京大学外国语学院南亚学系博士生乐恒（现国防科技大学外国语学院教师）采访了当年从南京东方语专来北大工作的殷洪元老师。殷老师回忆说，印度学者普刺丹（柏乐天）刚到南京，南京就解放了，他就跟着东方语专师生一起来北大了。感谢乐恒同学提供此信息。
③ 《南京语专并入北大》，《大公报》（上海版）1949年9月7日第二版。

部起见，决定将南京东方语文专科学校并入你校东方语文学系。对该校来平员生的处理办法决定如下：

一、现已抵平之二十一名教员、南京大学边政学系教员李森、郭应德二人及即将来平之三外籍教员，一律调你校东语系任教。其名义及薪俸由你校校委会根据具体情况，按照本会颁布之薪金标准，分别评议报会核示。①

或许三名外教（柏乐天与两名印度尼西亚语教员）是在9月15日之后到达北平的。虽然柏乐天不是印度政府直接派来北大接替师觉月的客座教授人选，但他从客观上接过了师觉月在北大教学的担子，并追随师觉月的脚步，成为印度的中国学研究的先驱者之一。②

二、柏乐天在北大东方语文学系的教学及其续聘

表1　1949年度北京大学文学院东方语文学系印度语文组课表

科目	每周时数	学期及学分 上　下	必修年级	教员	
第一年梵文	上3 下6	3 / 6	本一	金克木	
第一年Hindi	上6 下10	6 / 10	本、专一	殷洪元	柏乐天
第二年Hindi	上6 下10	6 / 10	本、专二	柏乐天	
印度史	上3 下2	3 / 2	本四、专一、二	季羡林	
现代印度	2	2	本四、专一、二	金克木	

资料来源：《北京大学课程一览》（1949年度），北京大学档案馆收藏，档案编号：3031949010

---

① 《南京东方语言专科学校与北大东语系合并的有关材料》，北京大学档案馆收藏，档案编号：2011949054。

② H. P. Ray, "Pioneers of Chinese Studies in India," *China Report*, vol.40, no.3, August 2004, pp.305-310.

（一）柏乐天在北大承担的主要课程

柏乐天在北大所授课程有基础语言教学等多门。据1949年度北京大学文学院东方语文学系印度语文组的课表（见表1）。

柏乐天1949年开设的课程是"第一年Hindi"和"第二年Hindi"。1950年度柏乐天则开设"第二年印地文"课程（见表2）。

表2　1950年度北京大学文学院东方语文学系印度语文组课表

科目	必修年级	上学期 每周学习时数 A-B-C-D	学分	下学期 每周学习时数 A-B-C-D	学分	担任教员	备注
第二年梵文	三	3-0-6-9	3	3-0-6-9	3	季羡林	
第一年印地文	一、三乙	10-0-20-30	10	6-0-12-18	6	金克木	
第二年印地文	二	10-0-20-30	10	6-0-12-18	6	柏乐天	
印度史	一、三	3-0-6-9	3	3-0-6-9	3	季羡林	

资料来源：《北京大学各院系科课程一览表》，北京大学档案馆收藏，档案编号：30350010

1951年第一学期柏乐天开设了"第三年印地文"课程（见表3）。

1951年度第一学期"各语科自由选修课程"中，柏乐天另承担了一门第四年级的"第三年梵文"课，该课为全年的选修课，共2个学分，上课时间为每周一的第10—12节，地点为北楼第24号教室。[①]综合来看，柏乐天在北大所承担的主要是语言类教学课，即各年级的印地语和梵文课。不过，核对柏乐天的课表就会发现一个问题，他周一的第9—11节和第10—12节都有课，二者存在矛盾，因为一个人不可能同时在不同教室上不同课程。此处存在一个可能，或许供选修的"第三年梵文"课实际并未开设。

目前尚未发现北大给柏乐天的聘书，从前引《北京大学文学院东

---

① 《北京大学文学院东方语文学系课程表（三）》，北京大学档案馆收藏，档案编号：30351013。

表3　1951年第一学期北京大学文学院东方语文学系印度语文组课表

年级	科目	上下学期或全年	必修或选修	学分（半年计算）	星期或授课时间						教员	教室
					一	二	三	四	五	六		
一新	第一年印地文（甲）	全	必	8			10—12	10—12	10—12	10—12	殷洪元	红16
一二旧	第一年印地文（乙）	上	必	6		9—10	9—10	9—10	9—10	9—10	金克木	北24
四	第二年印地文	全	必	6			与第一年印地文（乙）合班				金克木	北24
三	第三年印地文	全	必	6	9—11	9—10	9—10	9—10	9—10		柏乐天	北14
三四	中印关系史	全	必	3			本年停开					

资料来源：《北京大学文学院东方语文学系课程表（一）》，北京大学档案馆收藏，档案编号：30351013。

方语文学系三十八年度工作计划书》来看，柏乐天在东方语专的职称是教授。一般而言，北大应该也是给他教授聘书。但1950年12月编制的《北京大学教职员录》中记载"副教授 柏乐天 男 40 印度 后局大院15号"①，因此可能1950—1951年度北大给柏乐天是副教授的待遇。1951年之后北大又给了他教授职位。这一点看起来有些奇怪，也有可能是这份《北京大学教职员录》记录有误，需要再找到更确切的资料。

（二）柏乐天的续聘经历

柏乐天的两年聘期期满之后，1951年9月，北大希望再续聘柏乐天一年。由于国家的新形势和中印两国交流的扩展，学生人数有所增加，北大东方语文学系亟需聘请印度外教。北京大学档案馆中有一份北京大学校长马寅初1951年8月4日分呈教育部高教司张宗麟司长、人事处郝人初处长的公函，主要内容如下：

> 你处7月23日转来驻印度大使馆来电，询问东语系聘请印度语文教员条件，已传东语系。今将考虑结果陈述如下：
>
> 我们目前所需者，纯系实用的语文教员，并不需要在印度大学教授和讲师内物色，但聘些大学毕业之硕士（MA research Scholar, research Fellow）或研究人员即可。
>
> 1. 他们须专门研究Hindi, Urdu, Bengali, Tamil四种之一种或二种。
>
> 2. 年纪在三十岁以下，政治进步，能有教学经验者为宜。男女不拘，最好没有家眷。
>
> 3. 往返路费由中国供给。
>
> 4. 薪资按中国大学讲师标准，另加东方语文学系从外国聘来外籍教员［优待］成数，每月所得人民币薪资照目前我国外汇率计算，约合卢比200左右，以中国生活水平论，除宽裕维持个人

---

① 《北京大学教职员录》，北京大学内部印制，1950年，第45页。

生活外,并可能将部分薪资购外汇寄回印度。

5.聘期最少一年,因按中国大学通例,聘书每年换发一次。

上列第三第四两点,系去年统战部招待文委会、外交部、教育部及本校人员所商定者。前日学校并已将上述要求报告高教司张司长,请教育部考虑。

目前最迫切需要者为印地(Hindi)教员,务请覆电时,立即聘妥一二人来中国授课。在印度接洽有眉目时,务请将人名、履历等电告。

上述各点敬悉。

贵处录案转请外交部并电请我驻印大使馆,速予以办理,至为感祷!

此致

敬礼!

校长 马［寅初］
1951年8月4日①

从这份公函来看,当时北大急需的是"纯系实用的语文教员",以满足印度现代语言教学的需要,而不是以往需要师觉月、柏乐天那样的高层次人才。当时聘请印度外教,除教育部的支持,还得到了新中国驻印大使馆以及在印留学或工作人员的帮助。

1951年9月13日,东方语文学系张礼千教授给时在中国驻印度大使馆工作的杨瑞琳(原东方语专第一届印度语科毕业生,后留学印度国际大学、贝拿勒斯大学②)写信,请求他协助即将赴印访问的季羡林

---

① 《聘请印度教员的条件》,北京大学档案馆收藏,档案编号:2011951040。
② 杨瑞琳1980年重游印度,赋诗感怀,其中有《重游贝拿勒斯城》四首,其一《惊变》诗云:"一别圣城三十秋,重来难辨旧亭楼。昔年师友今何在?惟见恒河滚滚流。"又,2006年杨瑞琳撰组诗《追记往事十五首并序》,其六《转学贝大》云:"不期贝大遇高贤,受业叨蒙免学钱。以校为家书作伴,焚膏继晷四周年。"以上二诗参见杨瑞琳《謦吟选钞:杨瑞琳诗词选》,北京:中国电影出版社,2011年,第24、178页。

物色当地的印度语言师资[①]：

瑞琳学弟如握：

久未通讯，近况如何？念念。我系系主任季羡林先生本月下旬将由京赴印，此事谅我弟早已知悉。季先生此次拟在来印，除有关团结工作外，拟就地觅聘印地各种印度文教员。此事由我外交部与驻印大使馆联络过。但因情况不熟悉，故特函请我弟先行代为物色适当师资，以便季先生抵印后接洽时方便，至为感盼！

语专旧人在此间情况甚好，我个人亦粗安如恒，请勿虑念，余容后陈，此致

时好！

张〇〇［礼千］
51年九、十三[②]

张礼千之所以写信，是因为季羡林随同新中国的赴印缅文化访问团出国在际。在季羡林出国期间，系务暂由张礼千代理[③]，乃因张礼千是东方语专的最后一任代理校长，并带领东方语专的师生赴北大，与东方语文学系合并。12月20日，张礼千又给杨瑞琳写了一封信（"函杨瑞琳先生"），其内容如下：

[①] 该函的首行为"函杨瑞琳先生"。参见《张礼千函杨瑞琳聘印度教员问题》，收入《北京大学东语系党总支案卷》，北京大学档案馆藏，档案编号：全宗号九，目录号20，盒号6，档号035XY048-60。

[②] 《东语系·专家工作类·专家聘请及待遇》，北京大学档案馆藏，档案编号：035XY052。原函中用印地语数字表示年份，"51年"三字疑为后来档案整理人员用钢笔所加注。文字上划线为信函原有。后同。

[③] 魏荒弩《张礼千先生千古》一文中提及，"五十年代初，这两位知名人士国内外社会活动频繁，加以当时条件所限，一出国就长达数月之久。因此，系务需要有人代理。俄文组的事，指定由我办理；东语组则由张先生负责"。（此文原载香港《大公报》1999年11月20日，此据魏荒弩《枥斋余墨》，南京：南京师范大学出版社，2008年，第6页）

瑞琳先生：

　　季先生离加尔各答前，曾给我一信，现已收到。

　　季先生说Prof. Jain要到明年三月才能动身，我们却希望他与他的女儿能在明年二月初动身来京，并请他带五十本印地文字典来。这事很重要。~~务请代为转达。~~至于又，季先生所说，聘Sinha来京一事，我们认为现在不必。

　　以上诸事可向请速面告康参赞，~~一谈转告达为荷~~，当可解决，~~棘神之处，尚乞鉴谅~~。此致

　　敬礼！

张礼千 启
一九五一、十二、廿①

"康参赞"是指时任驻印度大使馆文化参赞康茅召。② 在印度访问期间（1951年10月28日至12月9日）③，季羡林联系了贾恩（Prof. J. C. Jain）和辛哈（Sinha）两位。此处的"辛哈"很可能就是原任教过东方语专的师天仆（Krishina Kinkar Sinha）。不过，他未被北大再次认可。贾恩和女儿贾柯莉（Chakresh）则于第二年4月14日抵达北京。北大副教务长杨晦、金克木、柏乐天、印度驻华使馆馆员白春晖（V. V. Paranjpe）以及东语系印地语科师生们前往车站迎接。

有关1951年柏乐天续聘的情况，北京大学档案馆保存了一份《北大续聘印度教授柏乐天的材料》（档案编号2011951042）。该份档案由北大与印度国际大学和奥里萨省政府的四封往来信函组成，按照时间

---

① 《张礼千函杨瑞琳先生请印地专家带印地文字典》，收入《北京大学东语系党总支案卷》，北京大学档案馆藏收藏，档案编号：全宗号九，目录号20，盒号6，档号035XY048-60。
② 参见康茅召《外交官回忆录》，北京：中央文献出版社，2000年。
③ 此日期据陈翰笙《1951年中国文化代表团访问赴印缅日记》（手稿本，北京大学图书馆藏），第38—204页。杨瑞琳2006年《追忆往事十五首并序》中的"十五 喜归"云："欣随群彦回中土，南海楼船大陆车。"并有注释："一九五一年冬，余随新中国第一个访问文化代表团离印返国。"（第177—180页）该文化代表团回到北京的时间是1952年1月24日。如果杨瑞琳确实是1951年底归国，那么，张礼千的这封信他可能就没有收到。

的顺序排列如下：

第一封：北大校长马寅初1951年9月22日致印度奥里萨省库塔克城（Cuttack, Orissa, India）教育司长（Director of Public Instruction）函。

第二封：北大校长马寅初1951年9月28日致印度国际大学秘书长函。

第三封：印度国际大学副校长1951年11月9日回复北京大学函。该信函仅一页。其页右侧有红字章"阅毕请送还文书组"和毛笔书写及红章混用字迹："1951年十一月二十日 收文京字第1518号。"其页左侧有两份批复："翔代 十一、廿。""印度国际大学阅后同意柏乐天教授家属继续享受一切方便。请东语系送柏乐天教授看后，送还文书组存卷。复本校324号函 祯 11.20。"此处的两位批复者分别是时任北京大学代秘书长张龙翔和北京大学秘书长王鸿祯。

第四封：北大副校长汤用彤1951年12月15日回复印度奥里萨省库塔克城教育司长函。

从这四封信函来看，北大与印方的交流比较和谐，顺利解决了延聘柏乐天一年这一问题。除上述四封信函之外，北京大学档案馆还有不少关于柏乐天延聘一事的档案。

1951年9月29日，北京大学给教育部的一份呈函（京呈字第284号），事由即"为代柏乐天教授向本国请假，致印度函二件呈请鉴核转致由"，内容如下：

本校为续聘印度籍教授柏乐天任教一年，须向该教授本国请假，兹由本校拟致"印度奥里萨省库塔克城教育司长"及"印度国际大学秘书长"各一函，请准给予假期一年，并予其在印家属各项便利。理合检同公函二份呈请鉴核转致为感。
　　此呈　教育部
　　　附公函二份

全衔　马〇〇

附加的中文公函一为9月29日北京大学给印度国际大学秘书长的一份公函（京字第324号），事由即"为柏乐天教授请假一年由"，内容如下：

印度国际大学秘书长：
　　本校拟请准给柏乐天教授假程一年，以便在本校继续工作。并希允其家属居住
　　贵校，仍享一切方便。谢谢！此致
　　敬礼
　　　附译文一件

校长　马〇〇

二为9月29日北京大学给"印度库塔城教育司长"的一份公函（京字第325号），事由即"为拟续聘柏乐天教授继续任教一年函请准予假期由"，内容如下：

印度·奥里萨省·库塔克城·教育司长：
　　本校需要柏乐天教授继续在此工作，拟请再准其请假一年，并仍允其在印家属以政府津贴，如蒙允诺无任感荷。将来其回国旅费由本校负担。特此预致谢意。此致
　　敬礼
　　附译文一件

校长　马〇〇

新中国的第一位印度外教

这几封公函都是替北京大学校长马寅初代拟的。此处所谓的"附译文一件",乃是前文所提及的英文信函第一封(1951年9月22日写)。

1951年12月10日,北京大学收到印度奥里萨政府11月10日的一份回函("1951年十二月十日 收文京字第1606号")。该函有"送东语系"的批示,以及"阅毕请送还文书组"印。该函的内容有两点:同意延长柏乐天从1951年10月4日起的一年学术假,以便他继续为北大服务;同意继续给柏乐天家属提供补贴。该函上有王鸿祯的批示:"印度奥里萨省教育司长阅后同意柏乐天教授继续任教一年。此件拟送东语系转示柏乐天教授。阅毕送回文书组归卷。祯12.10。"

1951年12月14日,北京大学文学院东方语文学系给副校长汤用彤的一则盖章公文:

请学校再写一封信给奥里萨政府,说明柏乐天先生在本校的任期到1952年七月底止,因此奥里萨政府给他家属的津贴也要到那个时候。此上
汤副校长
启 一九五一、十二、十四

从字迹来看,这封用毛笔书写的公文好像出自季羡林之手。

1951年12月17日,北京大学给教育部的一份呈函(京呈字第381号),事由即"呈请核转致印度库塔克城教育司长函件由"。此呈文多有改动,其改定后的内容如下:

本校前为续聘印度籍教授柏乐天任教一年,致印度奥里萨省库塔克城教育司长一函,于九月廿九日以京呈字第二八四号呈文呈请,核转在案。现接该司长来函,准其续假一年,惟任期起迄日期略有出入,特致一函,说明任期,以期明确,理合检同公函

一份（附英文译文）呈请
　　鉴核转致为感。
　　此呈　教育部
　　附公函二份

　　　　　　　　　　　　　全衔　马〇〇

附加的中文公函有一份1951年12月17日北京大学给"印度奥里萨省库塔克城教育司长"的一份公函（京字第439号），事由即"为柏乐天教授在本校任教期内，请继续给与其家属津贴由"，内容如下：

印度·奥里萨省·库塔克城·教育司长：
　　接到一九五一年十一月十日来函，准柏乐天教授续假一年（自一九五一年四月十日起）以便其在此继续工作，无任感荷。惟柏乐天教授在本校任期约到一九五二年七月底止，因此，希望奥里萨政府继续给与其家属津贴至彼时为止。此致
　　敬礼

　　　　　　　　　　　　　副校长　汤〇〇[①]

此函的页面左侧另有一行字，分写于两个不同时期。其一为："补缮一通送教育部。？？51十二月十五日。"其二为："依照52年3.19 192教部函改于52年3.19径行缮发。"另加盖赵□□印（红印）。此函的英文版就是前文所提及的英文信函第四封（1951年12月15日写）。

1951年12月26日，中央人民政府教育部发给外交部的一份公函，事由即"北京大学为说明该校印度籍教授任期致印度库塔克城教育司长函一件请转寄"。该函抄送北京大学，北大次日收到后，批示"拟送东语系"（"[51]十二月廿七日收文京字第1694号"）：

[①] 北京大学致印度奥里萨省库塔克城教育司长公函，北京大学档案馆收藏，档案编号：035XY077。

中央人民政府外交部：

　　北京大学续聘印度籍教授柏乐天一年，我部曾于十月十二日以（51）厅人字第一八〇七号函你部转函给洽商。兹据北京大学十二月十七日函称：现接印度库塔克城教育司长来函，准其续假一年，惟任期起讫日期略有出入，特致一函，说明任期，以期明确等语，现将该函转你部，请代为转寄为荷。

　　附：北京大学致印度库塔克城教育司长函一件。

中央人民政府教育部（红章）
一九五一年/十二月廿六日

　　此外，北京大学档案馆藏有一组1952年的材料《东语系·专家工作·专家聘请》[①]。其中有一份柏乐天的文件袋，包含多份北大与教育部以及印方之间有关延长柏乐天聘期及旅费支付等问题的往来信函。这些信函包括1952年1月31日印度奥里萨省教育司长续送有关柏乐天教授文件（收文京字第85号）以及两份附加文档的复制件。[②]从第二份文档可知，柏乐天赴中国任教之后，他在印度的家属从1949年5月16日开始享受奥里萨省政府的津贴补助。因此，乐恒认为1949年5月就是柏乐天首次赴中国的时间。

三、柏乐天在北大时与中国学者的交往及其学术发表

（一）柏乐天与常任侠的交往

　　柏乐天在北大东方语文学系工作，自然与季羡林、金克木、于道

---

① 收入《北京大学东语系党总支案卷》，北京大学档案馆收藏，档案编号：全宗号九，目录号20，盒号8，档号035XY071-343。

② 以上的英文资料均出自《东语党总支档案》中的一个与柏乐天有关的文件袋，北京大学档案馆收藏，档案编号：全宗号九，目录号20，盒号8，档号035XY077。

泉、王森等同事相识，也与校内外系的吴晓铃等人熟悉。他还与校外其他的中国学者有一些交流。常任侠在印度国际大学任教和加尔各答工作期间，结识了不少的印度学者，其中就包括柏乐天。1949年3月25日，常任侠从印度回到北平之后，与在北京大学任教或留学的印度师生常有来往，其书信和日记集《春城纪事》中也记载了与柏乐天（普老坦）的数次会面。1949年10月5日，"上午寄印度常秀峰、李开务、李宜泉、侯庚华、侯兴福、林星云等函"[1]。其中常任侠给常秀峰的信函，首次提及了普老坦。该函内容如下：

> 秀峰贤侄：七月廿五日来函，因返故乡，近始转转收到。画笔何凤仪赠送三支，我又添购二支，因恐邮局难寄，故致迟迟。北京气候甚佳，市面亦繁荣，我在艺专教书，生活尚安。数年劳顿，得一休息，图书满室，足以怡情。望你在印将学业完成，本来应俟事业确立，方能恋爱结婚，但既经恋爱，便应负责幼小，不可存他想。我的通讯处即是"北京艺专"，住处在崇内五老胡同十六号艺专教授宿舍。书籍在印者，尚有李宜泉处二箱，侯兴福地理杂志四百本一大箱，又两纸篓。将来水陆联运通畅，想不难运回也。东方语专合并于北大东方文系。前中国学院教授普老坦已来北京大学，尚未见。白慧仍在中院否？望为问候，云吾深念之也。此祝
>
> 进步！
>
> 任侠 十月五日[2]

1949年12月16日，常任侠"赴北大灰楼访普老坦、陈岁、杨荣

---

[1] 常任侠著，沈宁整理：《春城纪事》，郑州：大象出版社，2006年，第70页。
[2] 王一竹主编《"和平之乡"的中印文化艺术交流——学者常任侠与画家常秀峰》，北京大学展览图录（内部资料），2019年，第128、151页。

巨、张礼中（千）等，陈等准备晚餐"①。1952年1月30日，"访吴晓铃，遇普老坦、杨静。在吴家晚餐"②。这说明吴晓铃与柏乐天确实有较好的关系。

3月4日，常任侠"下午二时赴北大观浪费展览会。五时出场赴红楼访印度教授普老坦，彼购书颇多，有《大正藏》一部，甚为有用。六时返寓晚餐"③。柏乐天购书多，才会在回国时向北大提出了书多而请求帮忙之事。他所购的书也为自己的佛学与汉学研究提供了坚实的史料基础。他购一套《大正新修大藏经》就是做梵汉佛经对勘研究之用的。5月10日，常任侠"下午二时，赴文化宫，参加印度艺术展览开幕典礼。周总理亲来剪彩，到文化艺术界人士不少。晤曹靖华、洪深、普老坦等，陈列艺术品不少佳作。五时返"④。此次印度艺术展览会是由印度驻华大使馆创办的，潘尼迦大使邀请周恩来总理主持揭幕仪式，副总理郭沫若、文化部长沈雁冰、贸易部长叶季壮、北京市市长彭真及潘迪特夫人为首的印度文化代表团等多人出席⑤。柏乐天也应邀参加了此次艺术展览。

常任侠三十年之后的《怀念诗人泰戈尔与圣蒂尼克坦》一文中还提及："使我最难忘的是和平村的那些朋友们，除了巴克济（华名师觉月）、巴贝特、普乐坦（华名白乐天）、泰无量、沈明等，我们在北京尚曾一度会见……其他都只是在梦里相逢，远隔天涯。"⑥可见，当年常任侠在和平村与这些印度学者关系甚好。

---

① 常任侠著，沈宁整理：《春城纪事》，第87页。另见沈宁整理《常任侠一九四九年日记选》（下），《新文学史料》2004年，第161页。
② 常任侠著，沈宁整理：《春城纪事》，第239页。杨静是周达夫的夫人，曾在印度工作过，与吴晓铃、柏乐天也熟悉。
③ 同上书，第247页。
④ 同上书，第263页。
⑤ 参见《印度艺术展览会昨在北京揭幕 周总理应潘尼迦大使之请主持揭幕仪式》,《人民日报》1952年5月11日第一版。
⑥ 常任侠：《怀念诗人泰戈尔与圣蒂尼克坦》,《南亚研究》1981年第2期，第45—49页。另见《常任侠文集》第六卷，合肥：安徽教育出版社，2002年，第253页。

（二）柏乐天与张建木的学术合作

柏乐天来北大后，由吴晓铃介绍，与中国佛教协会的佛教研究者张建木（1917—1989）建立了学术合作关系。

张克强，字建木，另字伯偲，河北武清人，曾在1936年至1937年就读北京大学。《辅仁大学毕业同学录》（"民国三十二年五月十六日"）所列第十届（1940年）毕业的学生名录中有，"张克强，伯偲，国文，河北武清，西单白湖胡同五号"[1]。可见他还是辅仁大学文学院国文学系的高材生。在《辅仁大学语文学会演讲集》中，张建木发表了一篇很简短的《古代四声问题》[2]，应该是他的某次讲演稿。《中大年刊》（1941年）记载："张克强 伯偲 河北武清 普通国文讲师 北太常寺五号。"[3]则张建木曾在北平的中国大学担任国文讲师。1947年之后，张建木被聘为北京大学文学院中国语文学系的讲员。《国立北京大学文学院教职员录》（三十七年一月二十一日）记载："讲员：……张克强，220。"[4]《国立北京大学历届同学录》记载："张克强 河北武清 民25-26 中文 本校中文系讲员 西城北太常寺五号。"[5]另一份《国立北京大学三十六年度教职员录》记载可以印证的信息为"张克强，建木，三一，河北武清，西城北太常寺五号，二、四五一七"[6]。魏建功、金克木、周祖谟、吴晓铃、张建木商议编撰一部新型的汉语字典，魏建功

---

[1] 《辅仁大学毕业同学录》，辅仁大学印制，1943年，第22页。另见《私立北平辅仁大学历届毕业生名册》，辅仁大学校长室印制，1948年，第30页。

[2] 张克强：《古代四声问题》，辅仁大学语文学会编辑：《辅仁大学语文学会讲演集》第3辑，辅仁大学出版，1942年，第14页。

[3] "教职员"，中大年刊编委会：《中大年刊》1941年6月，第5页。

[4] 《北大文学院教职员录》，北京大学档案馆藏，档案号：BD 19480068，第8页。

[5] 北京大学五十周年筹备委员会编：《国立北京大学历届同学录》，国立北京大学出版部，1948年，第227页。

[6] 《国立北京大学三十六年度教职员录》（卅七年五月），北京大学内部印制，1948年，第48页。另见《北京大学三十七年度末教职员名册》，《北京大学史料第四卷（1946—1948）》，第197页。

在1949年4月27日写成了《编辑字典计划》。①1950年1月22日，张建木与魏建功、周祖谟、王瑶、浦江清等北大清华两校的国文教师，在编审局商谈大学国文（古典文之部）选目。②高山杉指出，"为深入研究中国语言，他后来又开始学习梵文和藏文，这两门语言后来反而成了他的主业。他的梵文最初是跟王森先生学的，藏文则是由于道泉编校译注的《第六代达赖喇嘛仓洋嘉错情歌》启蒙"③。张建木撰写了不少关于佛学、藏学和佛经研究的论文，并汉译了多罗那它的藏文《印度佛教史》④，因此被誉为"我国第一流的藏学家和佛学家"⑤。

柏乐天与张建木两人在《俱舍论》梵汉本对勘方面做出了初步的研究成果。1951年，张建木与柏乐天合作发表了《〈俱舍论〉识小》一文，张建木在文中前言（"1951年2月建木记"）略述了他们合作研究梵藏汉本《俱舍论》的情形：

> 1949年秋，印度柏乐天教授（Porf. P. Pradhan）赍梵文影本来燕京，欲先以汉译校雠异同，再窥义理之奥。此间梵文学者，不乏通人，第以国家初集，竞习新兴学说，未遑理董故书，用是无裨助柏君者。1950年冬，吾友吴晓铃先生促余与柏君共学此论。余初谢以无暇，继思罗氏之得《俱舍》梵本，盖近世一大事，方诸此土学术，惟孔壁淹中所获，差可比拟。海内外学人，求一瞻

---

① 参见魏建功《编撰字典计划》，王均主编：《语文现代化论丛》第二辑，北京：语文出版社，1996年，第304页。另参见金欣欣、陈悦、古鑫《〈新华字典〉研究》，北京：商务印书馆，2021年，第242—260页。
② 参见宋云彬《红尘冷眼——一个文化名人笔下的中国三十年》，太原：山西人民出版社，2002年，第175页。
③ 五明子（高山杉）：《〈张建木文选〉失收的一篇文稿》，《南方都市报》2014年11月9日第Aii10版。有关张建木的研究，另请参见高山杉《十七年时期有关藏语古代历史文献的翻译和研究（下）》，《澎湃新闻·上海书评》2023年8月2日。感谢高山杉老师分享这些成果。
④ 多罗那它：《印度佛教史》，张建木译，成都：四川民族出版社，1988年。
⑤ 《中国社会科学院民族学与人类学研究所褒鸿音研究员访谈录》，傅勇林主编：《华西语文学刊》第八辑"契丹学专辑"，成都：四川文艺出版社，2013年，第2页。

望且不可得，而樗材末学如余者，倘得预此千秋大业，亦平生之奇遇也，遂欣然诺之。是年12月，偕柏君启请法尊上师开示奘本大义，又共读此论于北海永安寺，就梵本奘本详加雠校，不弃锱铢。除奘本外，并涉及谛译及藏文丹珠本，每夕所得无虑二三十则，视近世所流传之校本，其详细精粗，区以别矣。今所校勘虽不逮全书十一，然其大略可得而说焉。①

罗氏（罗睺罗）在西藏寺院获得了《俱舍论》梵文本，柏乐天从印度将该梵本的影印照片带到了北京，但一时没有找到合适的合作研究者。1950年冬，在法尊法师的开示下，张建木与柏乐天开展了合作。两人对《俱舍论》的合作，采用了梵藏汉本佛经对勘的语文学研究方法，虽未完成全书的校勘，但所完成的一小部分成果已充分体现了超越时人的特性。这正如1951年张建木在《论吸收古代的翻译经验》一文中所提到的"我最近和我的印度朋友柏乐天教授（Prof. P. Pradhan）对勘梵文《俱舍论》，获得了以前想象不到的知识。我们因此晓得玄奘翻译梵文经论，有种种办法，这些办法用'意译'或'直译'这么一两个简单的术语是概括不住的"②。柏乐天与张建木等人的合作，对他日后出版世亲《阿毗达磨俱舍论》梵藏汉校勘本也有不少的益处。

（三）柏乐天独立发表的两篇中文文章

在1949年新中国成立之后，国内的佛教格局乃至佛教研究都发生了很大的变化，原有的佛教刊物或停刊，或转移到台湾，逐渐失去了正向的影响力。为统一佛教界混乱的思想，准确传达中央的宗教政策，促进佛教研究的学术水准，1950年9月创刊的《现代佛学》成为

---

① 〔印度〕柏乐天、张建木：《〈俱舍论〉识小》，《现代佛学》第一卷第七期，现代佛学社，1951年，第24—26页。此据《张建木文选》，北京：宗教文化出版社，1996年，第1—10页。

② 张建木：《论吸收古代的翻译经验》，《翻译通报》第二卷第五期，1951年，第53—56页。此据《张建木文选》，第179—189页。

中国佛教界的一面新的旗帜。创刊号发表了陈铭枢（《佛学底基本要义和研究它的方法与实践它的规律（上）》）、巨赞法师（《一年来工作的自白》）、张东荪（《不空与性空》）、叶恭绰（《历代藏经考略》）、吕澂（《内学院研究工作的总结和计划》）等人的文章，以及子农、光宗的译文和各地佛教动态简况，内容十分丰富，引人入胜。柏乐天是佛教研究专家，他对北京的佛教界消息及其刊物也很感兴趣，通过朋友的介绍或者在校内图书馆，他也看到了新创刊的《现代佛学》。读完创刊号，柏乐天非常开心，就给《现代佛学》写了一封"读者来信"。此函以《一点建议》为题，刊发在1950年12月《现代佛学》第四期上。其内容如下：

> 余获读《现代佛学》创刊号，欢喜赞叹，不能自已，因书数语，以志契缘。方《现代佛学》社肇始筹备，余即闻知，心向往之，亟欲观其成，今者此刊出版，展阅之下，著述则篇篇珠玑，撰者则人人骐骥，妙哉！善哉！罕睹也。窃以为此刊之行世，必能将敌伪中伤新中国对于宗教信仰之种种谣诼一扫而空，而吾人因而充分了解惟有在共产党之领导下始有宗教信仰之实际自由也。佛教乃一国际性之宗教，拥有千万信士男女，尤以亚洲为最，是以此刊所负使命至大且巨，其主事者必需以之团结世界各国同道，共为和平奋斗。叶吕二老大著，可以并读，诚为兼美。誉虎居士流通法宝，功德无量；秋逸长老校译圣传，福慧双修，余之艳美匪一日矣。丁兹盛世，谨祝二老健旺不懈，能将全藏经典一依《藏要》前辙刊布传世，留千古之不朽，为后学之指津，岂不善哉！西藏佛刹，近年发现梵本至多，我邦罗候比丘所得，均藏鲜花宫城，余曾亲为校订若干种，皆天竺及震旦所久佚者。余更切盼对于西藏兰若经籍有所保护及搜集，而与学人信士通力合作，当校者校之，当印者印之，此为余平生之素愿也。王君森田，兼通梵藏，妙解论律；吴君晓铃则精于梵汉之翻译，著作颇丰，皆

余之畏友也，二君皆宜延致，共图胜业。野人献芹，余更有具体之建议者二：

一为刊布经典宜兼汉藏梵三种文字，

一为校订《干珠》及《丹珠》二藏，

所以者何？则非片言可解，巨赞大师，暨乎诸大开士，当能莫逆于心！功德圆满，馨香祷之。

印度国际大学教授
中国北京大学教授　柏乐天（印度人）[1]

柏乐天并非以汉学见长，此函从文字来看，极为精到畅达，笔者怀疑当非直接出自柏乐天的手笔，或许是有人帮忙修改过，也有可能是将柏乐天的英语原函翻译而成。柏乐天在此函中不仅表达了对《现代佛学》新刊的充分肯定和几位佛界耆宿的祝愿，而且从佛教的世界性角度表达了对编者和新刊的期待。从思想站位的角度来说，柏乐天还阐释了新刊在佛教界的重要政治意义。一个印度学者能够表达出这样正面的看法，实属罕见和不易，这也说明柏乐天当时对新中国的情感认同。作为一位古代佛教典籍的专家，柏乐天提出在印度学者罗睺罗发现的西藏寺院所存梵文写经的基础上，由中印学者合作校勘及出版汉藏梵多语种佛教经典，包括校订藏文《甘珠尔》与《丹珠尔》。这一极具专业眼光的建议是十分有价值的，这也是基于他在印度国际大学和北京大学期间的合作经历所激发出来的重要想法。张建木对此建议也很赞同，他在《〈俱舍论〉识小》的注释中特地指出："今观罗睺罗及瞿檀所获，知梵籍之弃置野寺穷谷者，所在多有。夫印度文化与吾国学术有连枝同气之谊，是以保存佛教文献，吾辈责无旁贷。今值文化建设高潮来临，深望政府及当代之考古学者佛教学者注意及之。"[2] 斗转

---

[1]〔印度〕柏乐天：《一点建议》，《现代佛学》第一卷第四期，现代佛学社，1950年，第29页。高山杉在《新见王森史料六种》（《国际汉学研究通讯》第25期，2022年）中引用过此文。

[2]〔印度〕柏乐天、张建木：《〈俱舍论〉识小》，《现代佛学》第一卷第七期，第25页。

星移，当前又到了文化建设高潮来临之际，柏乐天的这一建议又焕发出新的光彩，可谓至今也还没有过时。

1951年2月21日，中央编译局（隶属于中央人民政府出版总署）所属的《翻译通报》编辑委员会发函《现代佛学》编辑部，就佛经翻译史研究提出要求："佛学月刊诸同志皆现代佛学耆宿，博学多闻，于此事定多卓见。愿就佛经翻译史资料收集和整理，请加以开示。"编辑部因此"介绍对此事素有研究的同志与《翻译通报》编辑委员会取得联系"[1]。"印度柏乐天"也是被介绍给《翻译通报》社联系和邀请的专家之一。在1951年5月的《翻译通报》第二卷第五期（"红五月 特大号"），柏乐天发表了很有影响的《伟大的翻译家玄奘》一文。该文高度评价了玄奘在全人类文化史上是第一个伟大的翻译家，该文还归纳了玄奘法师在佛经翻译方面的一些特点：代名词、离合释、增益法、删略、变位、译名的假借等。[2] 由于柏乐天是在亲自进行梵汉佛经对勘的基础上阐释出玄奘译本的巨大价值，而不是空洞的抒发或者夸赞，因此，此文成为日后中国学者研究玄奘时的常引论文。

柏乐天此文的撰写，实得益于与张建木的合作研究，因此，他在文中表达了对法尊法师和张建木的感谢："我还要捎带的对两位中国人表示感谢，一位是法尊法师，他谆谆不倦的替我讲解汉译的《俱舍论》；一位是出版总署的张同志，他在百忙之中帮助我对勘梵汉本《俱舍论》。没有他们的帮助，我的研究工作就无法进行。尤其难得的，出版总署的当局允许张君抽出一点时间帮助我研究。由此看来，中国新政府的干部确实进步多了，他们具有高度的文化程度和文化头脑。"[3]

《翻译通报》该期的"中国翻译史特辑"中，还收录了叶恭绰《由

---

[1] 《编者的话》，《现代佛学》第一卷第七期，现代佛学社，1950年，第23页。另参见操乐鹏：《翻译史的理论建构与史述实践（1949—1966）》，《上海翻译》2022年第2期，第72—77页。

[2] 〔印度〕柏乐天：《伟大的翻译家玄奘》，《翻译通报》第二卷第五期，1951年，第63—64页；《伟大的翻译家玄奘》（续完），《翻译通报》第二卷第六期，1951年，第10—12页。高山杉老师提醒我注意此文，特此感谢！

[3] 同上书，第63页。

旧日译述佛经的情况想到今天的翻译工作》、张建木《论吸收古代的翻译经验》、苏晋仁《佛教译场的发展》、余文《古代的翻译机构和翻译方法》、黄贤俊《谈玄奘与"佛经译场"》、漆侠《宋代的佛经翻译》、谢再善《略谈元朝的蒙古文翻译》、季羡林《对于编修中国翻译史的一点意见》、张孟闻《关于中国翻译史的几个问题》九篇文章，对中国古代翻译做了多方面的考察。其中季羡林在这篇写于"一九五一年四月十七日"的短文中，提出古代中国在翻译方面的成就为世界任何国家望尘莫及，翻译史之长亦独一无二，因此他建议要集合众多专家通力合作进行翻译史的编修。在出版总署工作的叶圣陶提前看了这一期的《翻译通报》，在1951年5月15日的日记中记下了一笔："观新出之《翻译通报》。此志因翻译而涉及语文之文章颇不少，多可诵者。谈翻译史，遂有多人论及佛经翻译之佳绩。"①柏乐天的这篇论文自然也在叶圣陶认可的"可诵者"之列。

（四）柏乐天参与中印人文交流活动

乐恒还注意到1951年5月柏乐天应邀参加过十世班禅在北海菩提学会举行的传法结缘活动。此次活动对他今后研究"哈达"的跨文化涵义之举也有所促进。柏乐天在北大任教期间，也积极为印地语专业建设提供意见。②1952年5月7日，在已确定要回国的情况下，柏乐天还参加在北大理学院南楼第一教室举行的东语系第一次全系临时大会，对印地语课本提出建议，"课本要改进，印地文应该选短文"③，即多选印地语短文为课文，以便编写新中国的第一套印地文教材。

柏乐天在校期间，也参与了一些中印人文交流活动。如1951年10月8日，北大校长致国庆外宾招待委员会函件，内容为："本校印度籍

---

① 叶圣陶著，叶至善整理：《叶圣陶日记》中册，北京：商务印书馆，2018年，第1240页。
② 乐恒：《20世纪50年代印籍专家在北京大学东语系的教学与研究——基于学科史与学术史的考察》，《亚太研究论丛》第十六辑，2024年，第200—218页。
③ 《北大东语系第一次全系临时大会会议纪要》（1952年5月7日），北京大学档案馆收藏，档案编号：035XY056。又，《东语系总支1952年会议纪录》，1952年"东语系党总支卷"，北京大学档案馆收藏，档案编号：全宗号九，目录20，案卷号56。

新中国的第一位印度外教　　139

教授柏乐天先生转来印度亲善访华团员库玛拉巴先生赠送本校其自己所著之《甘地经济思想》一书。本校缮具谢函一件，请由贵会转交，是否妥当，希查核办理为荷。"并且"附上汤用彤副校长10月3日致Mr J. C. Kumarappa, Member of Indian Delegation of Good Will to China 的感谢信"[①]。库玛拉巴（J. C. Kumarappa）是一位经济学家，时任全印乡村工业协会主席，也被称为一位"老甘地主义者、非战主义者"。他是以全印和平理事会理事森德拉尔（Pandit Sundarlal, 1886—1981）为团长的印度亲善访华团成员之一，该访华团应邀参加我国1951年国庆节的庆祝典礼，并在我国各地访问六周时间。[②]

四、柏乐天回国及此后的学术研究

（一）柏乐天聘期结束之后的回国经历

1952年3月21日，北京大学校长致函教育部人事司（校长函4号），转函印度驻华大使潘尼迦有关柏乐天聘期期满回国之事："我校东方语文学系印籍教授柏乐天原系印度国际大学公派人员，至今年暑假借聘期满。今送上致印度驻华大使馆函一件，请转外交部转送。校长马○○。"马寅初在当日致潘尼迦大使的函中，说明柏乐天教授在我校东方语文学系任教，至本年暑假借聘期满，请转请奥里萨省政府及印度国际大学，再次允予续假一年（由1952年8月至1953年8月）。3月31日，马寅初为柏乐天聘期一事，另致外交部人事司一封公函，内容与致教育部函基本相同。然而，北京大学的这次续聘请求未获得柏乐天本人的同意，在中国任教三年之后，柏乐天有倦鸟归林之意，开始计划踏上归途。

1952年5月5日，印度大使致马寅初校长一封英文信，表示收到

---

① 《印度赠送北大书籍的材料》，北京大学档案馆收藏，档案编号：2011951038。
② 《印度亲善访华团部分团员抵广州》，《人民日报》1951年9月26日第一版。又，《印度等国观礼代表团返国》，《人民日报》1951年11月1日第四版。

了3月21日北大致奥里萨政府希望准予柏乐天先生再续假一年的信函，北大也将会收到奥里萨省的回信。但柏乐天先生表示他的家庭有许多困难，他已经离开印度3年了，因此希望今年暑假能够回印度，并希望返回印度的费用能够由北大承担。该函正式表明柏乐天在北大任教的日子进入了倒计时。北大开始协助柏乐天办理离境的相关手续。

1952年5月14日，北京大学发函对外贸易局（京字第52号）："本校东语系印度籍教授柏乐天返国携带自购自用书籍出境，请予查验放行。校长马寅初。"5月19日，北京大学为柏乐天回国请购港币事由，呈文教育部（京呈字第71号）。同一天，北京大学致函公安局外侨管理处（京字第56号），告知"我校东语系印度籍教授柏乐天已定于5月23日离京返国"。

1952年5月21日，北京大学发出校长函第21号，致教育部转外交部再转印度驻华大使馆："大使先生，教育部转来5月5日来函收悉，柏乐天先生离职回国，我们已向教育部呈请发放他的返国路费，教育部也已批准。一旦路费发下，柏乐天先生即可启程。校长马寅初。"

柏乐天正式归国的日子不是原定的5月23日。1952年6月17日，柏乐天写给北大校长马寅初一封英文信。他在信中表示，最近两周身体不适，印度的家中有许多问题需要自己回去解决。目前还面临有一些问题，1. 从6月开始就没有收到工资，因此生活很难维系。2. 根据自己对去年协议的理解，回国时将从天津回到加尔各答。但系主任季羡林告诉他现在一般都得坐火车到香港，再从香港经海路回加尔各答。因为自己有很多书，如果走陆路可能运费很难负担。3. 已经预定好了6月27日的船票，签证已经办好，但是书籍的出境许可证还没办好。在收到柏乐天的信后，北大出面帮助他解决归程问题。6月20日，北大发文（便字第130号），涉及柏乐天返国行程，由百利公司代办旅运。柏乐天将于天津乘"汉杰瑞生"轮赴香港，相关行李托运请予协助。可见，柏乐天最后还是由天津乘轮赴香港，再由香港坐船回到加尔各答的。他的家人一直住在国际大学，正好在加尔各答可以团聚。

（二）柏乐天归国前后的学术研究

柏乐天在来中国之前，就对罗睺罗在西藏寺院所获取的梵文写经极为感兴趣，当时在印度国际大学中国学院工作或学习的徐梵澄、法舫法师、白慧法师等人或许帮助过他，对勘相关的汉译本。1947年，郭克雷刊布了无著（Asaṅga）大师的《阿毗达磨集论》（Abhidharmasamuccaya）梵文残卷。[1]1951年，张建木介绍"与《俱舍论》同时发见者，尚有《瑜伽师地论》《杂集论》《集论》《俱舍颂》等。《集论》原本有残缺处，已由柏乐天教授据汉藏译本补足，近已在印度出版"[2]。这是指柏乐天1950年在印度刊印的《无著〈阿毗达磨集论〉》（Abhidharmasamuccaya of Asaṅga）一书[3]。柏乐天对处理《集论》时所采用的研究方法，曾做了介绍："因为我要把《集论》亡佚的部分补足，所以需要熟悉玄奘的问题和方法。第一步我把梵本和汉译本逐字对勘，以后又根据汉译把亡佚的部分补上。"[4]所谓"补上"就是把《集论》中相关的汉译还原为梵文，从而与罗睺罗发现的梵文残卷合成一部完整的《集论》。柏乐天在对勘《集论》时，曾注意到梵文lakṣaṇa一词曾被汉译为"本事"，与梵文mūlavastu的意思差不多，指代包含了佛法特性的基础知识。[5]有关柏乐天该书的内容简介及价值评述，可以参见当时还滞留北京的德国学者李华德（Walter Liebenthal, 1886—1982）所写的书评。[6]

1956年，已在北大任教的周达甫在《光明日报》发表了《回忆浦那——让同行们见面》一文，提及中印学者合编词典一事：

---

[1] V. V. Gokhale, "Fragments from the *Abhidharmasamuccaya* of Asaṅga", *Journal of the Bombay Branch, Royal Asiatic Society*, N.S., Vol. 23, 1947, pp.13-38.

[2] 〔印度〕柏乐天、张建木：《〈俱舍论〉识小》，《现代佛学》第一卷第七期，第24页。

[3] P. Pradhan, ed., *Abhidharmasamuccaya of Asaṅga*, Santiniketan: Visva-Bharati, 1950.

[4] 〔印度〕柏乐天：《伟大的翻译家玄奘》，《翻译通报》第二卷第五期，1951年，第63页。

[5] Bimalendra Kumar & Swati Ganguly, "An Analytical Study of the Tibetan and Chinese Version of *Mahāyānaśatadharmavidyādvāraśāstra*", *The Tibet Journal*, Vol. 24, No. 3, 1999, pp.10-31.

[6] 〔德〕李华德《读梵文本阿毗达磨集论》，《现代佛学》第一卷第十二期，1951年。

浦那的德干学院研究所原有梵学的传统，现在可以说是印度新起的一个语言学中心。所长葛德类博士可以说已经建立起一个学派来了。他很强调编制一个词一个词的索引（Index Verborum）。如果中印双方合作，编制佛典的这种索引，由他们担任梵文、巴利文原本而我们担任汉文、藏文译本的索引，可以事半功倍，这样就可以为中印合作的语言学研究打下一个结实的基础。这个工作应该以苏联科学院出版的"佛教丛书"中的《正理滴论》的梵、藏及藏、梵索引为范例，"一个助词也不忽略"（见序文）。如果由中、印、苏三国合作，当然是更好了。关于这种工作，大家的意见是接近的（例如前《翻译通报》第2卷第5期，季羡林教授《对于编修中国翻译史的一点意见》）；在人力方面，我们也已经具备了一些条件，例如张建木同志与印度柏乐天教授（梵语语法学家）就曾经合作过，取得一些经验（见《翻译通报》及《现代佛学》）①。

"葛德类"就是前文所提及的"郭克雷"。周达甫称柏乐天为梵语语法学家，这说明后者的梵文研究水准甚高，难怪周氏一再推荐柏乐天来参与梵汉辞典的编撰。

柏乐天回到印度之后，继续从事梵语巴利语佛经研究。1958年，Sarbeswar Das在印度文学院（Sahitya Akademi）出版的《印度文学》期刊上，发表了一篇有关奥里亚语文献（Oriya Literature）的研究综述，特别提及柏乐天有关巴利语《法句经》及巴利语的比较研究成果，称其为"杰出的梵语和巴利语学者"②。实际上，柏乐天不只是研究过巴利语《法句经》，早在1945年，他就发表了有关法藏部《四分律》的第一波罗夷法与巴利语律藏的《经分别》（Sutta-vibhaṅga）中的相关内

---

① 周达甫：《回忆浦那——让同行们见面》，《光明日报》1956年12月9日第四版。
② Sarbeswar Das, "Oriya Literature", *Indian Literature*, Vol.2, No.1, Oct.1958-Mar.1959, pp.125-133.

容对比研究的论文。[1]柏乐天最重要的研究成果可能就是他1967年出版的世亲大师的《俱舍论》的梵藏汉文本的对勘研究。[2]他充分利用了汉文和日文的相关注释，这也是此后学界研究《俱舍论》的必引著作。

余 论

1937年，谭云山得到中国各方和南洋华侨的大力支持，在印度国际大学建立了中国学院，从而为印度高校的华文教育和汉学与佛学研究提供了一个重要的支持平台。1942年，蒋介石夫妇访印旅程中的中国学院之行，进一步助推了中印高校的人文交流。1944年，中国政府在印度国际大学设立了奖学金，使该校以中国学院为平台，得以聘请多位专家学者，短期内组成了一支实力强劲的从事佛学（主要是佛教文献）和汉学（主要是历史）研究的团队，在国际学界也是一时之选。柏乐天也是团队中的一员，他不仅翻译和研究《四分律》的波罗夷法，甚至计划把全部的《四分律》都译成英文，他对《阿毗达摩集论》的梵文写卷的整理和校勘也是从这个时期开始的。

作为一名印度梵学家和佛教文献研究学者，柏乐天的学术特色之一就是善于采用多语种（梵巴藏汉）的文献对勘方法，这与他的学习经历和研究兴趣有关，也与他在印度国际大学中国学院的工作以及在北京大学东方语文学系的外教经历有密不可分的联系。一方面，柏乐天与当时在印度工作的中国学者（周达夫、吴晓铃、常任侠、金克木、谭云山、法舫法师、白慧法师等）有学术往来，存在相互切磋之谊；另一方面，柏乐天在北京大学工作期间，与校内外的季羡林、金克木、王森、于道泉、张建木、法尊法师等人熟悉，特别是与张建木共同进行《俱舍论》的梵汉文本对勘工作，不仅建立了中印双方学者的深入

---

[1] P.Pradhan, "The first Parajika of the Dharmaguptaka-Vinaya and the Pali Sutta-vibhanga", *Visva-Bharati Annals*, Cheena Bhavana, vol.1, 1945, pp.1-34.

[2] Prahlad Pradhan, ed., *Abhidharma-kośabhāṣyaṃ of Vasubandhu*, Tibetan Sanskrit Works Series, Vol.8, Patna: K. P. Jayaswal Research Institute, 1967.

学术合作关系，而且使自己在研读汉译佛经和汉文佛教注疏文献方面的能力有较大的提升。可以说，柏乐天在北京大学不仅传授了印地语，提出了印地语教学等多方面的建议，为培养近现代印度语言这方面的急需人才做出了贡献，而且他自己也有很多收获，尤其是古代汉语水平大有长进，为他回国之后还能进行自己喜欢的梵藏汉佛经对勘工作，打下了坚实的多语言研究基础。他和中国师生之间属于"教学相长"、互助促进的良好工作关系。可以说，柏乐天在北大近三年的工作经历，相当于把外教和"留学生"的双重角色融为一体。

从知识迁移史的角度来说，柏乐天在印度开始学习了汉语，在中国学者的帮助下，开始从事古代汉译佛经的阅读和理解，并逐步能够进行翻译和多语种的佛经对勘研究。柏乐天也一直是周达夫所认可的能参与梵汉辞典编纂工作的主要学者之一。只是由于各种条件欠缺，该辞典未能开始编纂而已。柏乐天和张建木接受法尊法师讲解玄奘大师翻译的《俱舍论》，两人还相互合作，进行《俱舍论》的梵汉本对勘研究。这无疑是中国佛学和汉学对印度学者的反哺。从另一个侧面来说，柏乐天的古典梵学水准甚至高于汉学家师觉月，他在北京开展的梵汉佛经对勘工作，具有极为重要的学术史意义。因为在担任北京大学梵文教席的钢和泰1937年去世之后，国内能从事梵语佛经研究的学者极为缺乏，即便在1946年季羡林、周一良、金克木、吴晓铃等通晓梵文的学者归国之后，也没有开展梵汉佛经的对勘研究工作。因此，柏乐天在张建木帮助下开展的关于玄奘大师译经的考察和《俱舍论》的对勘研究，不仅所发表的论文让佛学界耳目一新，而且"一个虚字也不放过"的佛经对勘研究方法，能有效地揭示译者和译本的特色，并对中古汉语史和佛经翻译史等多个研究领域产生积极的推进作用。这一研究方法启发性极强，对许多中国学者产生了示范效应。比较遗憾的是，柏乐天和张建木的合作研究只是开了一个头，《俱舍论》的对勘成果只是很小的一部分，梵汉对勘研究没能在1950年代产生应有的巨大影响，直到二十一世纪初期才在北京大学重新开花结果。

中印互动中被遗忘的篇章：新近发现的泰戈尔画作背后[*]

张　幸

摘　要：泰戈尔访华重启中印人文交流之路，魏风江作为现代首位赴印度留学的中国学生，于1930年代在印度国际大学学习印度历史和文学并获学位。魏风江在印度的留学经历及其晚年参与的中印交往和文化交流，成为现代中印互动中的重要篇章。我国艺术家丰子恺与泰戈尔之间鲜为人知的艺术联系，正是通过魏风江才得以实现。民间私人收藏中新近发现两幅盖有丰子恺印章的泰戈尔画作，可为此提供佐证。泰戈尔和魏风江在中印交往中做出多方面贡献。

关键词：魏风江　丰子恺　泰戈尔画作　中印互动　中印人文艺术交流

中国与印度的互动交往历史悠久，后受多重因素的影响形成较长的停滞期。现代以来，两国的人文交流可以说是由罗宾德拉纳特·泰戈尔（Rabindranath Tagore，1861—1941）访华重新开启的。在2024年泰戈尔访华100周年之际，我国再度掀起"泰戈尔热"，民间私人收藏的泰戈尔画作也出现在公众视野。其中有两幅作品上除了有泰戈尔的签名，且罕见地盖有丰子恺（1898—1975）的藏鉴印，引起国内学者的关注。有人推断这两件作品与泰戈尔的中国学生魏风江（1911—2004）有关。笔者曾有幸受邀鉴赏过这批泰戈尔画作藏品，现就画作背后的史料进行发掘梳理，以期回答关于泰戈尔、魏风江、丰子恺三

---

[*] 作者系北京大学东方文学研究中心、外国语学院南亚学系副教授。

人之间的关联问题，并探讨其在中印互动和人文艺术交流中的作用以及这两幅藏画的现实意义。

一、泰戈尔访华奠定20世纪中印互动的基础

早在1920年，泰戈尔就接到了蔡元培发出的访华邀请，但因种种原因未能成行。1922年底，以梁启超、蔡元培为代表的讲学社再次邀请泰戈尔访华，终于促成其1924年4月至5月对中国上海、杭州、南京、北京、武汉等多个城市为期49天的访问，并发表多场演讲。泰戈尔访华重新激发了中国人对印度和印度传统文化的兴趣，引起了人们对印度文学、历史以及中印古老文明之间互动的关注。由他参与和推动的中印跨文化交流互动影响了先后几代中印学者、艺术家、教师和学生，对奠定20世纪中印互动的基础起到了重要作用。

在泰戈尔访华后，东方文学及印度的语言、文学、历史、哲学、宗教等课程在中国高等学府被进一步重视和开设。1924年北大成立东方文学系，1925年清华成立国学院。①1927年，谭云山受泰戈尔邀请，于次年抵达位于印度西孟加拉地区圣地尼克坦的国际大学（viśva-bhāratī）任教，后担任于1937年在这所大学成立的中国学院（cīnā bhavana）首任院长，当时泰戈尔亲自主持了落成典礼。蔡元培因身体原因未能出席，特别致信泰戈尔："蒙邀参加典礼，实因年来健康不佳，碍难远涉重洋，赴印访问。已转请谭云山教授师生等，作为我个人及我国人民之代表，参加这一有历史意义的盛典。"②

1931年谭云山回国时受泰戈尔委托，将拟在两国分别成立致力于发展中印交流组织一事，向国民政府以及时任中央研究院院长蔡元培汇报，并获得支持。1933年，蔡元培在南京开始筹划学会成立，并

---

① 参见梁柱《蔡元培与北京大学》，北京：北京大学出版社，1996年，第125页。
② 中国蔡元培研究会编：《蔡元培全集》第14卷，杭州：浙江教育出版社，1998年，第254页。此信写于1936年12月。

一直与泰戈尔保持着通信往来。泰戈尔在1934年一封给蔡元培的信中说："为响应贵国中印学会之成立，此地亦正筹组印中学会。我甚愿以自己狭小的园地，栽培参天的大树，把圣地尼克坦国际大学办成中印文化交流的中心地。"[①]1934年5月，印度的印中学会（Sino-Indian Cultural Society）在印度国际大学成立，泰戈尔任主席，次年5月，中国的中印学会在南京成立，由蔡元培担任理事会主席。印中学会和中印学会吸纳了两国教育、文化等领域的精英和相关政要，也得到两国政府的支持。

泰戈尔对发挥学会在两国间的作用十分重视，他在给蔡元培的一封信中说："我向您保证，我将尽最大努力促进印中学会在我国的利益，因为我确实将其视为中印文化关系中的一条重要纽带。"[②]蔡元培与泰戈尔的共同心愿是尽快开展中印间的学者交流、教师互聘和留学生互派。1933年，魏风江经谭云山推荐，蔡元培批准，赴印度国际大学留学，成为现代第一位到印度留学攻读学位的中国学生。[③]印中学会和中印学会的成立以及印度国际大学中国学院的创建，使中印文化交流自此有了统一的组织机构和教学场所；谭云山与魏风江分别在印度国际大学的任教和留学，开启了现代中印学者互访和互派教师、留学生的交流新进程。

[①] 中国蔡元培研究会编：《蔡元培全集》第14卷，第23页。此处翻译的落款日期为1935年9月28日，根据蔡元培的回信日期1935年2月6日，推测此信应写于1934年。

[②] 泰戈尔信的英文原文为："I assure you that I shall do my best to further the interests of the Society in my country for I really look upon it as a great bond in the cultural relationship between China and India."该信笺来自蔡元培家人收藏，在此特别感谢蔡磊砢博士的慷慨分享。

[③] 在泰戈尔访华后，曾圣提（原名曾楚侨）于1925年赴印度国际大学求学，停留时间较短，可算作第一位赴印度短访的中国学生。后在甘地的真理学院任职，"圣提"一名为甘地所取，为梵语词"和平（śānti）"的音译。1926年回国。可参见：Anirban Ghosh, "Gandhi in Pre-1947 Chinese Writing", in Swaran Singh and Reena Marwaf eds., *Revisiting Gandhi: Legacies for World Peace and Natioinal Intergation* (London: World Scientific Publishing Co Pte Ltd, 2021), pp.227-228。

二、中印互动的友好使者魏风江

魏风江于1911年出生在浙江萧山。中学时期他就读于上海春晖中学和立达学园，师从先后在这两所学校任教的丰子恺，并学习了英语和法语。他在读中学时就阅读过泰戈尔的作品，对印度产生了兴趣。1931年谭云山从印度回国后曾任教于立达学园，十分欣赏这位勤奋好学的学生，常将其带回校园旁的家中，后来谭云山夫妇还让他在自己家中的亭子间住过一段时间。①这就不难解释在1933年中印学会筹备中计划互派学生之时，魏风江便成为被谭云山推荐的第一位派往印度的中国留学生。

魏风江于1933年底乘船抵达加尔各答，来到国际大学后受到泰戈尔的亲切接见，泰戈尔对他说："中印两国人民的文化交流已有数千年的历史，这个关系的继续发展是我们这代人的责任。你是第一只从你祖国飞来的幼燕，欢迎你筑巢在圣地尼克坦，同我们一起生活和学习吧。"②作为泰戈尔唯一的中国学生，魏风江在国际大学主修印度历史与文学，不仅师从泰戈尔，还选修了印度哲学和历史课程。为更好地融入当地的生活，他还学习了孟加拉语和泰戈尔歌曲，甚至带上脚铃跳过印度舞蹈。③泰戈尔一直对这位中国学生关爱有加。

1934年，贾瓦哈拉尔·尼赫鲁（Jawaharlal Nehru）访问圣地尼克坦，他在欢迎人群中看到魏风江时亲切地说："你很像印度人啦，一时还看不出你是一个中国学生。你到圣地尼克坦来读书，我们很高兴。我们盼望有更多的中国学生来印度读书，也希望有印度的学生去

---

① 参见魏风江《印度重访记》，《南亚研究》1988年第1期，第71—72页。2024年7月10日，谭云山长子谭中先生在与笔者通话时回忆起魏风江与其全家交往甚密，他还特别提及1930年代在上海时魏风江曾在他们家生活过一段时间，住在楼梯旁的隔间中，即为魏风江所述的"亭子间"。
② 魏风江：《我的老师泰戈尔》，贵阳：贵州人民出版社，1986年，第26页。
③ 任鸣皋：《中印文化交流和友好合作的桥梁——记魏风江教授》，《南亚研究》2004年第1期，第81页。

中国读书。"①为支持泰戈尔的办学事业，尼赫鲁将女儿英迪拉·尼赫鲁（Indira Nehru）转入国际大学学习。1934年下半年开始，英迪拉成为了魏风江的同班同学，她受父亲影响对中国文化也感兴趣，向魏风江学习过汉字，并尝试用汉字拼写自己的名字。虽在一学年后因家中变故离开了学校，1937年4月14日国际大学的中国学院成立时，她又回到校园，替因病无法出席的父亲宣读贺信。

中国学院成立时圣雄甘地（Mahatma Gandhi）也发来贺电："愿中国学院作为印中两国人民结合的象征，产生丰硕的果实。"魏风江随后被泰戈尔派往华尔达（Wardha）拜访甘地，并在甘地创办的真理学院（sevāgrām āśrama）学习。初次见面时甘地就对他说："你们中国青年热情、勇敢，我爱中国，我爱中国人民……你可以在这儿学习，不要急着走。"②魏风江于1937年4月22日至9月28日在真理学院学习，并参与讨论甘地当时正在进行的语言改革。他向甘地夫人学习用手纺车（cakra）纺纱，参加了当时甘地在农村的深入考察，还两次面见到访的尼赫鲁。1937年7月中国全面抗日战争开始后，甘地鼓励这位年轻的中国学生"胜利一定属于中国人民"。同年9月魏风江决定返回国际大学结束学业，临别前甘地为他书写赠言："我向来喜爱中国青年，他们在艰难岁月中勇往直前，我深信他们定将成功，因为他们品德高尚。"③甘地还将魏风江经常用的手纺车赠予他留念。

魏风江1937年本科毕业并获得学士学位后，因抗战形势严峻，未能及时返回国内，仍继续在国际大学学习。虽有资料显示他曾获硕士学位，并被聘为中国学院副教授④，但根据对国际大学教学历史的考证，

---

① 文楚：《魏风江：尼赫鲁家族的中国友人》，《纵横》1999年第4期，第27页。
② 魏风江：《与甘地相处的日子》，《人民日报》1993年9月11日第七版。
③ 此处所引为魏风江的译文，见魏风江《与甘地相处的日子》，《人民日报》1993年9月11日第七版。原文为"My affection has always been with the youth of China, in the difficult years they are passing through. I am sure that they will come through successfully, owing to their moral character."参见魏风江《我的老师泰戈尔》，第157页。
④ 〔印度〕阿维吉特·巴勒吉：《魏风江——中印友好关系的先驱者》，陈萍译，《南亚研究季刊》2006年第4期，第121页。

当时并无硕士学位授予点，中国学院当年也未设副教授一职。[①]然而，一位来自中国的留学生能在印度留学期间师从泰戈尔与甘地，并与尼赫鲁等多位政要接触交流，也仅此一人，十分难得。

1939年1月，魏风江从加尔各答辗转香港回国，后被聘为浙江省政府外事秘书。同年3月，周恩来到金华视察并作关于国际形势和抗战工作的报告，在报告后的会见中周恩来对魏风江说："你在印度留学五六年，必有广大师友，所以要在沟通中印文化，增进中印人民友好方面做更多工作。"[②]这使魏风江备受鼓舞，刚从印度学成归国的他一心想用自己所学为中印关系发展做出贡献，无奈受限于当时动荡的政局，虽积极参加抗日救亡运动，但并没机会发挥更大的作用。

之后近半个世纪的人生道路上魏风江命运多舛，但他始终积极投身教育工作，先后任教于上海、浙江的多所学校，常在课堂中为学生讲述泰戈尔。改革开放后他得到了时任总书记胡耀邦的关怀和亲笔批示，改善了住房和政治待遇。1981年，他在绍兴越秀外国语学校任首任校长并讲授英语课程。他曾担任浙江省政协委员、浙江省人民对外友协理事、中国南亚学会顾问等职务。1986年出版了《我的老师泰戈尔》一书，还为《简明不列颠百科全书》中文版翻译印度文化和艺术的相关条目，并经常在学术期刊和报纸杂志上发表关于中印交流的文章。[③]

魏风江曾于1987年和1997年两次应邀访问印度，其中1987年的访问对中印恢复邦交正常化曾起到积极作用。当年4月，魏风江受他昔日同学英迪拉的儿子、时任印度总理拉吉夫·甘地和印度驻中国大使的邀请访问印度。他逐一前往泰戈尔、甘地、尼赫鲁和同学英迪拉的墓前谒奠，追忆往昔，还拜访了曾经的师友及其家庭，并受到总理

---

① 关于印度国际大学的历史可参见 Swati Ganguly, *Tagore's University: A History of Visva-Bharati, 1921–1961* (Ranikhet: Permanent Black, 2022)。
② 应民：《德泽春风满心田——泰戈尔的弟子受重托》，《党史纵横》1997年第1期，第7页。
③ 参见任鸣皋：《中印文化交流和友好合作的桥梁——记魏风江教授》，《南亚研究》2004年第1期，第83页。

拉吉夫·甘地的接见，引起印度各界广泛关注。魏风江对拉吉夫·甘地发出回访邀请，这对中印边境冲突后的首次印度总理访华在次年实现起到了促进作用。①拉吉夫·甘地于1988年对中国进行了近一周的访问，魏风江在北京参与会见。

魏风江一生致力于中印友谊，出于对恩师泰戈尔和自己留学生涯的怀念，他在自己家中特别布置了一间泰戈尔纪念室。印度多位领导人及驻华大使都曾与魏风江有过见面或通信交往，其中包括印度总统文卡塔拉曼（Ramaswamy Venkataraman）、纳拉亚南（Kocheril Raman Narayanan），印度总理拉奥（Pamulaparthi Venkata Narasimha Rao）、瓦杰帕伊（Atal Bihari Vajpayee）等。②2004年魏风江走完93岁的坎坷一生逝于杭州。他的墓碑显得与众不同，其上除了遗像和他的座右铭，还镌刻着影响他一生的老师泰戈尔的肖像和诗句。

三、丰子恺与泰戈尔——中印艺术家超越时空的联系

如前文所述，在赴印度求学之前，魏风江已在上海春晖中学和立达学园与丰子恺有师生之谊，曾师从丰子恺学习绘画和音乐。当时立达学园的校徽就是由丰子恺设计的。丰子恺在文化艺术多方面都颇有成就，他不仅创作了大量的绘画作品，是现代中国漫画形式的开创者，还创作了大量文学、书法、音乐作品，同时也是一位艺术教育家，他在20世纪二三十年代率先将西方美术史和现代美术思潮引入中国的艺术教育，在中国现代艺术史上有着重要地位。

而泰戈尔不仅是一位诗人、文学家，也是一位艺术家。他一直对

---

① 魏风江在交谈时表示，希望拉吉夫·甘地总理能到中国去访问。拉·甘地说："我想去中国访问，要是去了，那么你就是第一个邀请我的人。"参见文楚《魏风江：尼赫鲁家族的中国友人》，《纵横》1999年第4期，第31页。
② 参见李乍虹《超越半个世纪的友谊：一位萧山籍老人与印度领袖的故事》，《今日浙江》2000年第3、4期，第71页。

绘画有着浓厚的兴趣,泰戈尔的绘画创作既不属于当代的任何流派,也不属于对传统的单一继承,不论是创作风格还是内容,都只能归于"泰戈尔派",有其独特之处。他晚年创作了数千幅绘画作品并多次办过画展。在访问中国后,他对中国的绘画与艺术留下了深刻印象。在与魏风江初次会面时,泰戈尔就回忆起他对西泠印社的访问,提及"在社里见到多幅布局宏伟、笔力雄健的山水画和缜密富丽、栩栩如生的花鸟画",评价那都是非常成功的作品。并对中国的书法赞赏有加,认为"把字作为艺术品是中国特有的,即使是不识中国字的外国人,也能领会到一直一横的挺秀和矫健",还提到金石刻印"是中国所特有的艺术品"。泰戈尔高度评价中国的艺术,说"中国人都爱好艺术。普通人家用的盘盘碗碗上都有美丽的图画,桌椅床柜上无不有着精美的雕刻,件件日用品都是艺术品,可以说中国是一个艺术的国家"。[①]

  魏风江在印度求学期间,可以收到从中国寄去的《东方杂志》《小说月报》和《小说世界》等杂志,其中《小说月报》和《小说世界》上经常有丰子恺的漫画作品。他把自己昔日老师的画拿给泰戈尔看,并与他就绘画创作进行讨论。一次泰戈尔在仔细欣赏了魏风江从杂志上剪下并赠予他的丰子恺作品后说:"你们中国的书法也是一种艺术,这位画家,把书法的艺术应用在绘画上了。"魏风江告诉泰戈尔:"丰先生的画,都有一句诗词,作为题旨,如'红了樱桃,绿了芭蕉''月上柳梢头,人约黄昏后',等等。"泰戈尔说:"这是诗与画的具体结合,也是一种创造。"还进一步评论:"艺术的描写不必详细,只要得到事物的精神即可。你的老师这几幅画,就是用寥寥的几笔写出人物的个性。脸上没有眼睛,我们可以看出他在看什么;没有耳朵,可以看出他在听什么,高度艺术所表现的境地,就是这样!"[②]丰子恺创作过不止一幅题旨为"月上柳梢头"的作品,此处提及的应为1925年创

---

① 魏风江:《我的老师泰戈尔》,第28—30页。
② 同上书,第118—119页。亦参见苏迟《丰子恺与泰戈尔》,《杭州师范学院学报》1990年第1期,第115页。

作的一幅，画面中除了圆月、柳枝、栅栏，还有一位穿着格纹衣服的长发女子的背影。也确实如泰戈尔所说，寥寥几笔，就勾勒出了符合柳下美人构图范式的画作。

根据魏风江的描述，他曾将泰戈尔的两幅画作寄给丰子恺，其中一幅是一个披头散发的妇女的脸庞，合着双手祈祷；另一幅是一位女子站在窗前抬起头，向多云的天空凝视着。丰子恺在回信中说："寄来泰戈尔的画，第一幅的题意是'忧郁'，第二幅是'怅惘'。印度妇女在封建制度、宗教戒规和外来压迫下，过着悲惨的生活已经千百年了，泰戈尔是第一个人把印度妇女抑郁的形象用绘画表现出来了。"①

泰戈尔的绘画作品中有不少对女性肖像的表现，泰戈尔认为只有妇女获得解放才能有印度的解放，他的文学作品中也有关于女性不同命运的描述。丰子恺能准确捕捉到泰戈尔画作中蕴含的思想表达是很难得的。这也正反映出艺术无国界，两位艺术家心灵相通，对彼此画作的欣赏与理解，是可以跨越国籍与距离障碍的。也正如丰子恺在1929年为全国美展刊作的文章所述："真的美术的绘画，其本质是'美'的。美是感情的，不是知识的；是欣赏的，不是实用的。所以画家但求表现其在人生自然中所发见的美，不是教人一种知识；看画的人，也只要用感情去欣赏其美，不可用知识去探究其实用。真的绘画，除了表现与欣赏之外，没有别的实际的目的。"②

丰子恺与泰戈尔虽从未见过面，二人的画作却通过他们共同的学生魏风江介绍给对方，并彼此相互欣赏，这无疑是这两位中印艺术家之间超越时空的特殊艺术联系。作为丰子恺和泰戈尔的学生，魏风江一直努力尽己之力把这两位不同国度的艺术家联系起来。这不仅因为丰子恺和泰戈尔同时在绘画、音乐和文学方面的兴趣和取得的巨大成就，他们在教育思想和理念上也有许多共同点。在魏风江看来，"这种联系，由一个他们俩共同宠爱的学生来牵线是最适宜的了。"虽然魏风

---

① 魏风江：《我的老师泰戈尔》，第119页。
② 丰子恺：《绘画之用》，《丰子恺散文漫画精选》，北京：中国文联出版社，2003年，第174—175页。

江遗憾地表示"他们两人除了互相欣赏,互相赞佩之外,再没有进一步的交往。这是由于我的才学不足以负起这样的重任,是对不起两位老师的。"[1]而实际上,能在当时促成中印两国艺术大家之间这种没有直接接触却能互相理解和欣赏的微妙联系,已是十分难能可贵了。这也是中印艺术交流史上一段值得被提及的插曲。

四、新近发现的两幅泰戈尔画作
——传递的信息和引发的探讨

在迎来泰戈尔访华百年之际,国内一位私人收藏家所藏的泰戈尔画作引起学术界关注。私人购置并收藏泰戈尔画作在国内尚属罕见,这些画作被认为与魏风江有联系,但尚缺少确凿证据资料。尤其值得注意的是其中两幅均为36厘米×26厘米,且背面盖有丰子恺印章的泰戈尔画作,印章样式为丰子恺藏鉴印。

这两幅有泰戈尔署名的作品均为女性人物肖像画,其中一幅(图1)颜色较暗,为黑底上两位女性肖像,左侧人物稍大,为侧脸;右侧人物稍小,似在远处,为正脸。左侧长发女子露出右边脸庞和右眼,头发遮盖了左边部分面庞,右手臂上抬,右手似在整理左面颊边垂发;而右侧女子为大半身正面像,略显潦草,双眼与左侧女子看向同一方向,也是长发,右手似拂在下颌处。画作上泰戈尔的签名为竖签,位于画的右下方。另一幅(图2)则是一位面色平静的长发女子的正面肖像画,浅棕的底色衬托出用黑色画笔勾勒出的画中人鲜明的五官,无论是构图还是用色都与泰戈尔的一幅常作为代表作在画展中展出的女性肖像画十分相似;不同之处在于人物表情和头发样式,画展中常出现的肖像画中的女子面带微笑,浓密的长发搭在左侧肩上,而这幅

---

[1] 魏风江:《我的老师泰戈尔》,第118—119页。

画中的女子并无笑意,长发从右肩垂下。①这幅画上的泰戈尔签名为横签,位于画的左下方。在这两幅画上,丰子恺的红色藏鉴印均盖在画的背面右下角。

图1

图2

这两幅藏画虽都是女性肖像,但画上既没有表现合起双手祈祷的妇女,也没有出现抬头站立在窗前的女子和多云的天空。因此,显然并不是前文提及的由魏风江寄给丰子恺,并被其在回信中评论为"忧郁"和"怅惘"的那两幅泰戈尔画作。至于魏风江是否曾将泰戈尔的其他画作寄给过丰子恺,目前可查到的资料中并未发现相关信息,丰子恺的家人对其曾经收藏的泰戈尔画作情况也并不了解。魏风江在著述中曾描述,1939年离开国际大学回国时,泰戈尔的秘书钱达(Anil Kumar Chanda)先生来车站送行,并转交了泰戈尔赠予的十幅画作、

---

① 此处提到的在画展中展出过的泰戈尔女性肖像代表作也出现在纪念泰戈尔诞辰150周年时印度文化部主办的泰戈尔巡回画展所出版的画册封面,见:R. Siva Kumar ed., *Last Harvest: Paintings of Rabindranath Tagore* (Calcutta: Grantha Corporation, 2011),原作现藏于印度圣地尼克坦。

两本诗集和几本文集，祝他一路平安。[1]这些画中是否包含了这两幅新近发现的有丰子恺印章的画作不得而知，丰子恺的藏鉴印在何时何地被盖上也成了未解之谜，希望将来能发现更多线索可供探究。虽然这两幅画作以及上面的签名还有待进一步专业鉴定，但在国内发现泰戈尔画作收藏本身所反映出的中国收藏家对泰戈尔绘画的兴趣已值得予以关注。

魏风江的著述中有他将泰戈尔的画作寄给丰子恺并得到回复的记述，遗憾的是，在已出版的丰子恺日记和信笺中，并未找到魏风江所描述的丰子恺寄给当时在印度的魏风江的回信，其他资料中也未发现关于丰子恺所藏泰戈尔画作的记载。在已出版的《丰子恺文集》中，有两封信是丰子恺写给魏风江的，分别写于1971年和1972年，其中一封恰好提及泰戈尔：

风江仁弟：

来示欣悉。知近况安善，至深喜慰。吾弟亦已近于退休年龄，无怪我等之垂垂向老也。仆今七十五岁，两年来患肺病，幸有良医良药，现已入吸收好转期，近正在家休养也。叨天之福，老而弥健，茶甘饭软，酒美烟香，不知死之将至也。所示诗，第二句应改为"诗学泰翁大道高"，因道字仄声，不能与毛字押韵也。附赠画一幅，留念。即问

近佳

子恺　手启

壬子长至〔1972年6月21日，上海〕[2]

从信的内容看，应该是此前魏风江向丰子恺请教一首用中文创作

---

① 魏风江：《我的老师泰戈尔》，第177页。
② 丰子恺：《丰子恺文集》第7卷"文学卷3"，杭州：浙江文艺出版社、浙江教育出版社，1992年，第706页。

的关于泰戈尔的诗作,丰子恺回信提出对第二句的修改意见,还附赠画作留念,可见二人深厚的师生情谊维系了近半个世纪。三年后丰子恺辞世,这封信或许是魏风江最后一次同他的中国老师讨论与他的印度老师相关的内容,并得到积极的反馈。

1941年,印度国际文化学院(International Academy of Indian Culture)创始人、著名梵语学者和政治家罗怙毗罗(Raghu Vira)得到丰子恺的诗画集《护生画集》和《续护生画集》,他将《护生画集》中的汉语诗文翻译为英语,甘地看到后惊叹于其中表现出的护生与非暴力思想,并鼓励他将其出版。①1954年,由罗怙毗罗翻译的《护生画集》汉英梵三语对照版本终于在印度出版,次年再版,英文标题定为《中国诗画中的护生思想》(Chinese Poems and Pictures on Ahiṃsā)。此书出版后在印度产生了很大影响,这不仅是对丰子恺诗画作品的成功译介,更是让中国护生思想在印度和西方得到认识与推广。

泰戈尔曾鼓励印度国际大学的学生来中国向丰子恺学习绘画,罗怙毗罗的儿子世主月(Lokesh Chandra)在国际大学学习后也来到中国向丰子恺学画。②1981年,他将父亲未译的《续护生画集》译为英语,标题定为《护生思想在中国》(Vibrations of Ahiṃsā in China)。在这本书的前言中,他也提及魏风江与英迪拉·甘地的同学关系以及与丰子恺的师生情谊。③1987年魏风江重返印度时在新德里与世主月见面,他在回国后发表的文章中这样记述:"艺术家中有一位叫洛克什·钱德拉,是当年国际大学的一个小同学,现年74岁,他曾来我国师事丰子

---

① Raghu Vira, *Chinese Poems and Pictures on Ahiṃsā* (New Delhi: International Academy of Indian Culture, 1954), p.1.《护生画集》是以仁爱护生为主体的诗画集,共有六集,创作时间从1927一直持续至1973年,在佛教、艺术等领域产生了广泛影响,并有多种译本出版。其中第一集《护生画集》和第二集《续护生画集》分别于1929年2月和1940年11月由上海开明书店出版,均由丰子恺作画,弘一法师题写诗文。

② 梦之仪:《风风雨雨忆前尘——"文革"中的丰子恺》,《江南》2008年第1期,转引自梦之仪《纸上光阴:民国文人研究》,台北:秀威资讯有限公司,2013年,第199—238页。

③ Lokesh Chandra, *Vibrations of Ahiṃsā in China* (New Delhi: International Academy of Indian Culture, 1981), pp.1-2.

恺先生。丰先生又是我的老师，所以我们应该有双重的同学之谊了。他除了送我很多张泰戈尔和南达拉尔·鲍斯等人的画片以外，还送我一大本由他翻译的丰子恺先生的《护生画集》（画集的每幅画有诗及说明）。"①

这条由魏风江连接起的中印间艺术交往的特殊纽带，在他的两位老师去世后仍在以不同形式延续。值得一提的是，《护生画集》与《续护生画集》是丰子恺与对他在音乐、美术、文学等领域发展产生重要影响的老师弘一法师共同商定合作完成的。②而后这些作品又由丰子恺的学生翻译并介绍给印度读者，进一步体现了中印之间跨越时空的师生情谊。

五、结语

泰戈尔访华对重启中印交往通道起到了重要作用，这其中也包括了推动和促进现代中印艺术家互动、绘画交流等。在泰戈尔访华后，1927年高剑父就曾致信泰戈尔邀请他主持东方国际美术协会；1939年，徐悲鸿应泰戈尔的邀请赴印度国际大学中国学院讲学并开办画展；1945年常任侠、徐梵澄赴国际大学讲学，讲授中国历史、考古与美术史相关课程；1946年释晓云抵达印度考察，后在国际大学讲学并在加尔各答举办画展；1947年常秀峰赴国际大学留学，师从"孟加拉画派"代表画家、国际大学美术学院南达拉尔·鲍斯（Nandalal Bose）教授。与此同时，1947年印度政府选派苏可拉（Yagneshwar Kalyanji Shukla）、周德立（Nihar Ranjan Chowdhury）和欧辨才（Jaya

---

① 魏风江：《印度重访记》，《南亚研究》1987年第2期，第66页。"洛克什·钱德拉"即世主月名字之音译。

② 弘一法师俗名李叔同，丰子恺于1914年考入浙江省立第一师范学校，1915年师从李叔同学习图画、音乐，在李叔同的指点下，确定了一生艺术之事业。参见丰子恺《丰子恺自述：我这一生》，北京：中国青年出版社，2015年，第357页。

Appasamy）三位印度学生来华留学，在国立北平艺专学习中国绘画。[①]这些都成为中印现代艺术交流史上的佳话。

现代中印互动交往和人文交流包含绘画作品在内的物品流动与文化接触，这亦是中印关系纽带中不可或缺的一方面。泰戈尔当年创办并亲自担任校长的圣地尼克坦印度国际大学的校训是用梵语写的"全世界相会于一个鸟巢"（yatra viśvam bhavatyekanīḍam），其办学理念就是让这所大学成为促进世界文化的交汇点，让东西方可以相互学习、相互借鉴。这无论是在中印间互派留学生还是中印艺术家的交往中，都发挥了积极推动的作用。

作为现代第一位赴印度留学并获得学位的中国学生，魏风江在印度学习生活期间不仅与泰戈尔结下师生情谊，还结识了尼赫鲁父女并亲聆甘地教诲。他的留学经历及其晚年以不同形式参与的中印交往和文化交流，成为现代中印互动中的重要篇章。泰戈尔和他的学生魏风江在20世纪中印两国互动和人文交流中做出了多方面贡献。而新近在民间私人收藏中发现的两幅盖有丰子恺藏鉴印的泰戈尔画作背后，展现了一段通过魏风江才得以实现的中印两国艺术家之间鲜为人知的艺术联系。泰戈尔和丰子恺这种并无直接接触的联系与交流，是中印交往中一个未得到充分研究的插曲，而魏风江在其中的作用和贡献也值得更多关注。

虽然这两幅有泰戈尔署名的画作还有待进一步鉴定与研究，但值得我们重新回顾泰戈尔和丰子恺这两位艺术大家之间曾经有过的友谊和交往。他们赞美和欣赏对方的画作，鼓励自己的学生向对方学习，体现出两位艺术家"美人之美"的高尚品格。这也与魏风江实践泰戈尔的理想，努力促进包括艺术家在内的中印两国人民相互了解的努力是分不开的。正如1952年印度艺术展览在中国举办之际丰子恺撰文祝贺时所言："中印两国的人民，将因文化艺术的交流而更深地互相了

---

① 关于这三位印度画家在中国学习经历的研究，可参见陈明《北平学艺：重构三位印度青年画家》，《美术研究》2023年第3期。

解；中印两国人民的友谊，将因文化艺术的交流而更加增进，这是很可庆幸的事！"[1]100年前泰戈尔访华时曾说："如果通过这次访问，中国接近了印度，印度也接近了中国——不是为了政治的或者商业的目的，而是为了毫无功利性的人类之爱，除此之外，别无他求，那么，我将会感到很荣幸。"[2]他的希冀在今天仍有积极意义，文明互鉴与文化交融是当下全球化时代人们的共同愿望。

---

[1] 丰子恺:《印度艺术展览介绍》,《弘化月刊》第8卷总第133期，1952年6月，转引自《丰子恺全集·艺术理论艺术杂著卷四》，北京：海豚出版社，2016年，第288页。

[2] Rabindranath Tagore, *Talks in China* (Santiniketan: Visva-Bharati, 1925), p.50.

旅印学者周祥光的学术交往与历程[*]

朱 璇

摘 要：学者周祥光旅居印度二十年，历经求学、出仕、执教、著述，一生致力于中印学术与文化交流，与太虚、张君劢、甘地、尼赫鲁、拉达克里希南、斯瓦难陀等中印贤达交好。他在印度期间，出版中英文著作20余部，极大拓宽了印人对现代中国政治、文化与佛教的了解，也将印度历史与哲学述介到中国。他视学研与实修并重的方法论为中印共有的为学、求真之道，对会通中印学术具有启发意义。

关键词：周祥光 印度 中印学术

中印友好人士、学者周祥光（约1919—1963）旅居印度二十载（1943—1963），历经求学、执教、著述、出仕、禅修，直至生命终点。他的学术历程和著述，鲜为国人所知。其现有的两种生平简介分别来自释东初著《中国佛教近代史》（下册）第二十一章"近代学人与佛学思想"第九节"周祥光与佛学思想"[①]以及《现代佛学大系》（第23辑）收录周祥光译作不足百字的简介[②]，但都篇幅简短，不乏纰漏。[③]本文依据周祥光早年在《读书通讯》《觉群周报》《校友通讯》《海潮音》等民国期刊和印度《喜之编》（Ānanda Vāriā）刊物上发表的80余篇文章，

---

[*] 本文为教育部人文社科青年项目"中国学院与中印文化交流研究（1937—1962）"（21YJCZH044）的阶段性成果。作者系教育部高校国别和区域研究备案中心、国家民委国别和区域研究中心、深圳市人文社会科学重点研究基地深圳大学印度研究中心副教授。
[①] 释文仅千字，主要对周祥光民族文化书院求学作介绍，并述作者与周祥光书信交往一二事。参见释东初《中国佛教近代史》，台北：中华佛教文化馆，1974年，http://dongchu.dila.edu.tw/html/02/cwdc_011/cwdc_0110600.html#d1e2659。
[②] 周祥光述译：《阿育王及其石训》，"现代佛学大系"第23册，台北：弥勒出版社，1983年，第3页。
[③] 释著中对周祥光籍贯、民族文化书院建成时间、赴印前期留学时间和经历等都有明显错误。

以及他在印度、中国香港、中国台湾出版的20余部著作，尝试勾勒、还原周祥光旅印前后的研修与学术交往经历，并做简要述评。

一、求索精进：旅印学术历程

周祥光，浙江黄岩人①，生年不详，有说他与五四运动同年，于1932年毕业于黄岩县立初级中学②，暂未确证。他曾于1936年前后供职于湖北蕲春行政督察公署。③

1940年10月，中国民族文化书院在云南大理洱海之傍创立，分经子学、史学、社会科学和哲学四系。时陈布雷任理事长，张君劢任院长兼训导主任，龚云白任总务主任，张仲友任教务主任。史学系开设与印度有关课程为"东亚邻国史"，讲述印度、安南、暹罗、缅甸、日本、朝鲜及南洋开拓史。书院拟设南亚洲人类学博物馆，考察西起阿拉伯、波斯、印度，北自蒙古及中国西藏，南至缅甸、暹罗、安南及南洋各岛的繁殖源流、生活状态、语言文字、政治组织等；并计划佛藏英译工作，先将藏文佛经译为中文，再译为英文等传播。④

周祥光在建院之初入读民族文化书院社会科学系，罗文幹⑤时任系主任，另有罗努生、潘光旦等学者。由于入读学友皆已大学毕业，上课采用研讨式教学方式，由"系主任与学友共同商定一读书计划，再根据此计划，而有每月之月程及每日之日程，每月呈缴读书札记二篇，但如得指导教授之许可，亦可并为一次，其所作札记，先由教授批阅，再交教务处登记成绩，然后发还。每星期一三两日，为学术讲演，由各教授轮流担任。其他研究时间，院中规定每日六小时，上午八点半至十一时半，下午二时至五时，再次规定时间内，各同学须按时到各

---

① 参见周祥光《我对修道集团之意见》，《扬善半月刊》1937年第4卷第17期，第3—4页。
② 此说法来自"黄岩在线－佛学家周祥光"，http://www.05760576.com/2011/04/14/1431202737.html。
③ 周祥光：《公民教育概论》，《内政研究月报》1936年第5/6期，第69—73页。
④ 详见周祥光《民族文化书院动态》，《读书通讯》1941年第17期，第15页。
⑤ 先后任北洋政府财政总长和司法总长、国民政府司法行政部部长兼外交部长。

系研究室，从事研究"①。其间，周祥光应时局所需，翻译《德国间谍实录》之系列文章②和《恐怖的德意志秘密国家警察》③等文，同时发表《中华精神警察学术之哲学基础》，指出"中华精神警察学术之哲学基础，自必以儒学为依归，凡道为学则，实为彰彰明甚。况警察之本务，为明伦察物，彰往知来，别是非，辨义利，正人心，厚风俗，使民智开……夫警察学术，具体（诚）、相（仁）、用（行）三者，以为基础，方可成为整个完善之学术一统，最高之行政指导原则"④，此文初步反映周祥光儒学功底。

周祥光就读期间，对佛学产生兴趣，与周通旦、萧中旦、姚积光、苏莹辉一道，跟随精研华严的龚云白教授研习佛学，并请教当时在昆明的太虚法师。周祥光在后撰《我与虚大师最后一次晤面》⑤和《太虚：他的生平与教义》⑥记述这段情谊，并在英文著作《中国禅宗发展史》中感谢太虚与龚云白对自己早年学佛的训练⑦。

民族文化书院环境优美，周祥光在《战时产生的民族文化书院》和《民族文化书院动态》两文中盛赞院内美景："书院背倚苍山，面临洱海，门口老松数株，如飞龙劈空，雄古奇伟，绿叶参天。"⑧后至印度国际大学，仍忆及书院种种："环境之清幽，宜于学子求业之所，吾辈居此，尝闻诗圣太哥尔在生之日，每日必召若干学生前来，兴与谈诗论字，或舞或歌，对于学生犯校规者，则必严厉斥之，教之如严父，

---

① 周祥光：《战时产生的民族文化书院》，《民意周刊》1941年第14卷第167期，第10页。
② 周祥光：《德国间谍实录——马奇诺防线》《德国间谍实录——德国间谍教育》《德国间谍实录——反间谍》，《警声月刊》1941年第6卷第3、5、7期，第29—47页、36—48页、39—48页。
③ 周祥光：《恐怖的德意志秘密国家警察》，《警声月刊》1942年第6卷第1期，第37—51页。
④ 周祥光：《中华精神警察学术之哲学基础》，《警声月刊》1941年第6卷第8期，第35、39页。
⑤ 周祥光：《我与虚大师最后一次晤面》，《海潮音》1957年第38卷第3期，第52页。
⑥ Chou Hsiang-kuang, *T'ai Hsu: His life and Teachings* (Allahabad: Indo-Chinese Literature Publications, 1957).
⑦ Chou Hsiang-kuang, *Dhyana Buddhism in China: Its History and Teaching* (Allahabad: Young Men's Buddhist Association of China by Indo-Chinese Literature Publications, 1960), p.v.
⑧ 周祥光：《民族文化书院动态》，《读书通讯》1941年第17期，第15页。

爱之如慈母，相亲相爱之情，使余忆起昔日求学于民族文化书院之时，君劢院长之教育学生亦复如是。书院因时局之关系而暂时停办，国际大学依然健在，不禁感慨系之。"①

1942年夏中国民族文化书院停办，周祥光离滇返渝，在周惺甫关照下，在中华民国内政部礼俗司担任一级主任科员，负责房捐、典当及救灾事宜。工作期间，他除继续应稿约翻译《英国政府的体系》②及《英国政府之体系》(续)③两篇长文，全面介绍英国政治、政党与政府组织以外，还撰写《中国户口行政》一书，他尊孙中山所旨"人口清查，户籍审定，皆系自治最先之务"，视"户口行政之于建国大业，有若轮之于车，羽之于鸟，不可或缺者也"④，遂"沉思谛观"，写就民国首部户政著作。

1942年冬，周祥光由重庆赴印，就学于诗圣泰戈尔于1921年在寂乡（Santiniketan）创办的国际大学（Visva-Bharati）。国际大学是当时印度学术重镇，法国东方学大家列维博士（Sylvain Lévi）主持创立典礼，意大利罗马大学东方学院院长兼中东远东研究所所长杜琦博士（Giuseppe Tucci）、罗马大学梵文教授方弥基博士、捷克东方学家温特尼兹教授（Moriz Winternitz）等皆受邀讲学。国际大学中印研究院（Institute of Sino-India Studies）由谭云山主持，开设中文、藏文、梵文、巴利文、印地文、孟加拉文等语文课，另有中印藏佛教、中印两国其他宗教、中印哲学、中印历史、中印文学、中印两国古代及现代文化之研究。⑤周祥光在《印度国际大学素描》一文中介绍国际大学的建校史、学校环境、内部组织、生活动态和前途展望，并在末尾不无惆怅地念及中印当时情形，相比留学日本英美数万计，赴印留学者寥寥，其中通印度文者竟无一人。他写道："吾人如欲亲印，知印，必须

---

① 周祥光：《印度国际大学素描》，《读书通讯》1943年第74期，第14页。
② 周祥光：《英国政府的体系》，《中央警官学校校刊》1942年第5卷第3期，第208—216页。
③ 周祥光：《英国政府之体系》(续)，《中央警官学校校刊》1942年第4期，第159—174页。
④ 周祥光：《中国户口行政》，上海：商务印书馆，1943年，第5页。
⑤ 参见周祥光《印度国际大学素描》，《读书通讯》1943年第74期，第14页。

至印度，切实研究，实地考察，能全般通晓印度情形，则将来中印两国，方有联合之可能，否则，言而不作，于事无补。"①

在国际大学一年多后，周祥光于1944年入读加尔各答大学。②彼时加尔各答大学不仅是印度最早设立之大学，也是"亚洲近代最大之大学，亦为剑桥牛津在印之分校，因为牛津剑桥是承认加大之学位的"③。大学由八十余所学院组成，除加尔各答城以外，其他地区设有分院。周祥光初入苏格兰国教学院，按当时学制要求，每一学生主修英文之余，还需选修一门他国语言或近代印度语言，周祥光修读英文、印文、经典文学（包括梵文、巴利文、阿拉伯文、波斯文）、历史、经济、哲学等课程。他后入加尔各答大学研究院，继续修读政治经济与政治哲学系课程。在加尔各答大学期间，他撰文《印度教育近况》和《加尔各答大学与印度近代高等教育》，介绍加尔各答大学与学院建制、课程、学位及申请制等。

1944年，民国政府在加尔各答设立外交协会印度分会，由保君建担任理事长，周祥光任分会主任和秘书长。他与印度学者合作将孙中山著《三民主义》翻译成孟加拉文④，又请印度国民大会党议会领袖、国民大会党孟加拉省主席、著名律师沙拉特·昌德·鲍斯（Sarat Chand Bose）为之作序。这位鲍斯是大名鼎鼎印度国民军指挥官、国大党领导人苏巴斯·钱德拉·鲍斯（Subhash Chandra Bose）之兄。周祥光评价沙拉特·昌德·鲍斯道："他是顶希望中国民主团结的一人，与尼赫鲁先生热望中国统一一样。"⑤同时，周祥光主编每期数万字的国民外交周刊，直至1945年12月辞去主编之职。⑥

---

① 周祥光：《印度国际大学素描》，《读书通讯》1943年第74期，第16页。
② 参见周祥光《天竺访圣记》，《旅行杂志》1945年第19卷第7期，第5—8页。
③ 周祥光：《加尔各答大学与印度近代高等教育》，《学生杂志》1945年第22卷第4期，第57页。
④ 此著后译为印地文和乌尔都文，但出版情况未知。参见《三民主义印译本》，《扫荡报(重庆)》1944年8月20日，第0003版。
⑤ 周祥光：《印度中央立法会议旁听记》，《中央日报(重庆)》1946年3月30日，第0005版。
⑥ 参见"甘地曾患痢疾，同情印度英人请释放政治犯，国民外交协会印分会慰劳盟军"，《西京日报》1944年4月17日，第2版。

1945年，周祥光任《中央日报（重庆）》驻加尔各答特约通讯员，曾短暂负责加尔各答中华学校校务，任校长一职。在此期间，他因敬慕圣哲阿罗频多（Sri Aurobindo）及拉摩禅师（Sri Raman），专程前去拜谒。

1946年，尼赫鲁组建印度临时国民政府，周祥光受推荐，出任印度政府内政部出版司中国科科长。他于9月2日从加尔各答出发至首都德里就职，担任供中国人研究印度文化之需的《新印度季刊》（中英文对照）和供亚洲人探究世界近情之需的《世界月刊》（中英俄文对照）主编，并负责对华文化联络事宜。[1]他在写给太虚法师信中言："该两刊专载有关印度文史艺哲科学文章，俾吾国人民，明了印度实况，进而联系中印两国情谊于不替也。"[2]

周祥光在印临时政府任职期间，也任《申报》特别联络员。他翻译尼赫鲁撰《中国与印度》并载于《申报》[3]，翻译尼赫鲁著《尼赫鲁给女儿的信》出版[4]。他的多重身份为他近距离参与印度时政提供便利，留下不少观察印度时局的佳作，如《印度中央立法会议旁听记》《印度政府改组经过》《分娩中的印回现势》《印回分治 印度政局在演进中》等。[5]

1950年德里大学因获捐赠，设立为期三年的中国研究讲席，由周祥光任职。1951—1954年周祥光在德里大学历史系任中国历史课程讲师，将课堂讲义汇编成英文著作《中国现代史》出版[6]，同时出版

---

[1] 周祥光：《出仕印度政府》，《校友通讯（南京）》1946年第6期，第38页。
[2] 参见"周祥光居士等来书"，《海潮音》1947年第28卷第3期，第36—37页。
[3] 〔印度〕尼赫鲁：《中国与印度》（上）（中）（下），周祥光译《申报》，1946年12月11、12、13日，第0004版。
[4] 〔印度〕尼赫鲁：《尼赫鲁给女儿的信》，周祥光、斯东译，北京：商务印书馆，1947年。
[5] 参见周祥光《印度中央立法会议旁听记》，《中央日报（重庆）》1946年3月30日，第0005版，《印政府改组经过》（上）（中）（下），《申报》1946年11月29日、11月30日、12月1日，第0004版；《分娩中的印回现势》，《申报》1947年7月8日，第0007版；《印回分治：印度政局在演进中 英国退出印度前夕》，《申报》1947年5月18日，第0007版。
[6] Chou Hsiang-kuang, *Modern History of China* (Delhi: Metropolitan Book Co, 1952).

《印度政党》《新生的印度》《印度独立之人物及其思想背景》等中文著作[1]。

1955年4月14日周祥光凭借英文著作《中国佛学史大纲》（*A History of Chinese Buddhism*）获得德里大学哲学博士学位，成为印度建国以来首位中国博士。[2]该著由印度贝纳勒斯大学（Banaras University）兼安纳马莱（Annamalai University）大学校长罗摩斯瓦米爵士（Sir C. P. Ramaswami Aiyar）和台湾国立政治学院院长张君劢作序[3]，1956年此书再版时西孟加拉立法委员会主席 S. K. 查特吉（Suniti Kumar Chatterji）博士作序[4]，该书后成为周祥光的代表作。

1953—1954年德里大学任职求学之余，周祥光也在德里的印度政府中央行政人员训练所（Indian Administrative Service Training School）任中国现代历史课程教师，讲授中国文化与中国现代史，讲义后与德里大学授课教义汇编入英文著作《中国政治思想》[5]和《中国文化史：从早期至二十世纪》[6]两书中。

1954年秋，周祥光赴阿拉哈巴大学（University of Allahabad）任中文系教授。创办于1880年的阿拉哈巴大学是当时北印度最大的大学，从1948年起开设学制两年的中文系，但学生很少，成绩也平平。周祥光接任中文系教授后积极整顿，增加新闻阅读等课程，并用录音机协助施教，成绩斐然，至1957年学生已达三十余人。[7]

---

[1] 参见周祥光《印度政党》，香港：自由出版社，1951年；《新生的印度》，香港：自由出版社，1952年；《印度独立之人物及其思想背景》，香港：自由出版社，1953年。

[2] 详见《海潮音》1955年第36卷第6期，封底。

[3] Chou Hsiang-kuang, *A History of Chinese Buddhism* (Allahabad: Indo-Chinese Literature Publications, 1955), pp.1–7.

[4] Ibid., pp.4–8.

[5] Chou Hsiang-kuang, *Political Thought of China* (Delhi:S.Chand&Co.,1954).

[6] Chou Hsiang-kuang, *The history of Chinese culture: From the earliest time to the twelfth century A.D*（Allahabad: Central Book Depot, 1958）.

[7] 吴秀云：《印度各大学研究中国历史与语文概况》，《自由中国》1957年第17卷第10期，第30页。

1956年，周祥光著30万言《印度通史》在新加坡出版。[1]他英译融熙法师著《无相颂讲话》《佛教与禅宗》也由印度中印文学出版社印行。[2]同年，为纪念佛陀二五〇〇年诞辰，印度国家史学会计划编印由各国佛教学者执笔的150万余言《佛学论集》丛书，周祥光受邀撰述《中国禅宗发展史》，于四年后的1960年出版。[3]1956—1958年，他在《海潮音》发表了《薄伽梵经研究》（一~五）[4]和《阿育王及其实训》（一~五）[5]，后分别于1958和1983年出版[6]。

1959年受国际时局影响，周祥光于1952年所著英文《中国现代史》一书中使用的中华民国地图遭到印度内政部审查。[7]审查历时数月，最终判定以撤掉地图页为终。迄今《中国现代史》湮而难寻，英文著作《中国文化史》末页所附中华民国地图[8]在后续版本中未予以保留。

1963年夏季，周祥光因胃溃疡急疾在印度不治而逝，年逾不惑而已。其时，他正在修订即将出版的《印度哲学史》第三卷。这部中文遗著为其经年学道、授业、禅修的集中体现，其吠檀多学立场使其著作成为继梁漱溟、汤用彤之后，又一部彰显哲人主张、倍显价值的中国印度哲学通论性学术佳作。但由于他溘然离世，该著仅存第一、二

---

[1] 周祥光：《印度通史》，新加坡：友联书局，1956年。首版书名由行简题署，张君劢作序。此著后分别于1957年和1981年在香港自由出版社和台北大乘精舍印经会出版。

[2] Yung-Hsi, *The Commentary on "Formless Gatha"; Buddhism and The Chan School of China*, trans. Chou Hsiang-kuang (Allahabad: Indo-Chinese Literature Publication, 1956).后由香港佛经流通处收入《佛祖音容》第四册，2000年。

[3] 详见《海潮音》1956年第37卷第4期，封底。

[4] 详见《海潮音》1956年第11期，第3—4页；1956年第12期，第6—7页；1957年第1期，第10—11页；1957年第2期，第11—12页；1957年第4期，第15—19页。

[5] 详见《海潮音》1957年第10期，第13—16页；1957年第11期，第10—11页；1957年第12期，第20—21页；1958年第39卷第1期，第16—17页；1958年第2期，第18页。

[6] 参见周祥光《薄伽梵经研究》，2，香港：印度华侨青年联合会，1958年。

[7] 详情见印度内政部（Ministry of Home Affairs）卷宗编号22/118/59-Poll.I号文件。

[8] Chou Hsiang-kuang, *The history of Chinese culture: From the earliest time to the twelfth century A. D.* (Allahabad: Central Book Depot, 1958), p.194.

卷①，实为学林之憾。

噩耗传来，中印学界无不痛心疾首。张君劢撰《悼印度亚拉哈巴大学教授周祥光君》一文深切悼念。文曰："天地之间，人才不易得，不易养成，尤不易有成就。呜呼！祥光！抗战之中，经艰难辛苦以求学于印度，刻苦自励，半工半读，以求自给，卒毕业于德里大学……孰料此时正为君发展长才之日，奈忽因胃溃疡而溘然长逝。呜呼！今后欲求二十年留印，而能负起中印学术外交之使命如君者，何可再得乎？我与君在学问上互相切磋，原不敢自居为孔子与阳明，然君之造诣，确能追踪颜回与徐爱，既有天资之美，而不许其永年，能不令人痛哭流涕哉。"②

二、鸿儒相交：与印度贤达交往

周祥光身兼民国政府与印度政府数职，在中、印等多所名校求学与任教，与印度政要、知名学者及国际学者交往频密。他谦逊好学，躬身践行，体察民情，足迹遍布印度各地，在印度侨胞、僧尼各界有较高的声望。

早在国际大学中国学院期间，中国学院院长谭云山就对周祥光学识"钦敬无已"③。1950年代谭云山、周祥光共同为中国僧尼筹募在印建佛寺而奔走。④印度汉学家郭克雷（V. V. Ghukla），曾与印度汉学家师觉月（P. C. Bagchi）同在法京巴黎大学学习中文，后在中国学院任教一年，常与周祥光探讨佛道两教理论问题。⑤郭克雷后任教于孟买

---

① 周祥光：《印度哲学史》（一）（二），台北：台湾中华文化出版事业社，1963、1964年。此书纳入"台湾现代国民基本知识丛书"第七辑。另有国防研究院印行版本。
② 张君劢：《悼印度亚拉哈巴大学教授周祥光君》，《狮子吼》1963年第9卷第3、4期合刊，第32页。
③ 参见邬波陀耶论师《序》，〔印度〕杜耶难陀：《真理之光》，周祥光译，香港：印度雅利安学会隐者羽士国际联盟会，1957年。
④ 详见《海潮音》1956年第1期，封底。
⑤ 周祥光：《孟买半月间》（下），《中央日报》1947年12月6日第0007版。

的福开森学院（Fergussion College）。1947年秋周祥光在孟买小住半月时，与老友郭克雷、金克木相见，相谈甚欢。周祥光评价金克木道："金君对于梵文有相当造诣，去冬来此，研究梵文，承彼招待饱餐一顿。金君现已返国，就任武汉大学印度哲学教授。"①

周祥光在求学、教书与履职之余，不间断地游历各邦，拜谒贤哲。1945年，受谭云山好友梅屈拉教授（S. K. Mitra）②引荐，周祥光前往阿罗频多学苑（Sri Aurobindo Ashram）拜访印度当代圣哲阿罗频多。此时阿罗频多已隐退数十年，每年仅有四次面圣（darśana）③机会，虽已七十四岁高龄，然仍"鹤发童颜，道貌岸然，望之令人肃然起敬"④。他详述4月24日亲见圣哲之景象：

> 斯时阿氏与圣母共坐于一室，阿氏居右，圣母居左。吾辈各持鲜花一束供献，余向二老顶花时不觉精神充实，杂念俱消。阿氏衣白色，印度常服二臂袒露，头发现金黄色，精神矍铄，道貌岸然，身体魁梧健壮；圣母则衣印度沙丽。二老见余至，俱微笑相答，此一刹那，即余与阿罗频多氏婚缘所自。事后圣母曾询阿氏曰：汝见中国青年周君来此访问乎？阿氏回，余知之见之矣，此人具道器，对于生命神圣事业，当有作为，印人闻之，益为敬慕。⑤

周祥光在阿罗频多学苑停留半月有余，每日看书之余，与阿氏诸弟子探讨生命哲学，尝试与中国思想会通。他说："余并先以吾国宋明

---

① 周祥光：《孟买半月间》（下），《中央日报》1947年12月6日第0007版。
② 梅屈拉教授是贝拿勒斯印度大学（Banaras Hindu University）哲学系教授、主任，阿罗频多学会（Sri Aubobindo Circle）主席，1939年11月曾陪同谭云山先生拜谒阿罗频多。参见朱璇《谭云山对室利奥罗宾多思想的译释》，谭中、郁龙余主编《谭云山》，北京：中央编译出版社，2012年，第281页。
③ 印度教徒觐见神明、圣人和尊者，表达敬仰和信爱的一种方式。
④ 周祥光：《天竺访圣记》，《旅行杂志》1945年第7期，第6页。
⑤ 同上书，第6—7页。

理学问题，阐明印度哲学能与瑜珈证相合，先明真理，而通常理，中国哲学则从事理中去体验真理，方法虽属有异，究竟目的则同，佛言宇宙真理祇一，众生所见不同耳。"① 他逐渐认识到："阿氏所创生命神圣学说，为现代唯心学派中之一大学派，印人视为二千年前大圣人之再生，印度文艺复兴之灵魂……今后吾人要促进中印学术文化与夫两国民族情谊，对于印度立国精神，不可不加以研摩，阿罗宾多氏之哲学，可谓代表此一趋向。今后吾人要为未来世界和平奠一基石，则对阿氏哲学，尤须致力焉。"②

5月5日，周祥光离开学苑。辞别前，他向苑母告述自己投身于生命神圣事业之志愿，蒙苑母一一指示许可，这或许是他后来立志研学佛学和印度哲学，以求内证互参的机缘。值得注意的是，周祥光曾在1946年5月8日写给太虚法师信中提及，当年下旬他将赴阿罗频多学苑执教中文③，后是否成行还需进一步询证。

5月7日周祥光参访金奈的马德拉斯大学（Madras University），发现其图书馆"印度哲学书籍，即有十余万卷，惟有关于吾国哲学者，则只有一本老子道德经（英译本）"④，甚为遗憾。8日晨抵达泰米尔邦蒂鲁瓦纳马莱（Tiruvanamalai），拜谒拉摩禅师，他详述己与禅师同坐一室四日情形：

> 余等承路博士盛意，向以早餐，并沐浴更衣，余乃与古教授，手捧水果鲜花，至拉摩禅师修道院谒见，余进入禅师大室时，古教授特予介绍，此系中国周君，特来奉访：禅师点头示意，余等即席地而坐，禅师则斜躺于床中，斯时，余之心中，襟念俱消，惟有一片虔诚，趋向哲人耳。拉摩禅师今年六十五岁矣，头发全

---

① 周祥光：《天竺访圣记》，《旅行杂志》1945年第7期，第7页。
② 周祥光：《印度圣哲阿罗宾多访问记》，《觉群周报》1947年第25期，第13—14页。
③ 《周祥光居士来书》，《海潮音》1946年第27卷第8期，第34页。
④ 周祥光：《天竺访圣记》，《旅行杂志》1945年第7期，第7页。

白，身下仅穿一条短裤，出外时，手携一杖，及一泥壶而已；慈祥恺悌，溢于面上。中午十二时，余等静坐毕，即与禅师同至餐厅就餐，禅师坐于中间，余等分坐两边，此间食物，完全塔米尔习俗，小菜约八九样，甜、酸、苦、辣俱有，该修道院司事，恐余不能就食，特另备水果，牛奶与之。

余在铁城，先后五日，与禅师同坐一室，则达四日之久，自晨至晚，未尝他离，余每欲言而不敢多言，惟彼此心心相印，精神上益觉贴近。①

5月19日周祥光回到加尔各答，在参访圣哲后，他对"安心立命之学益具信心，服务人类之愿更形坚定"，"使余在生命之征程上，添了光辉而可足纪念之一页！"②他在为中华学校全校师生作报告时不无动情讲述："余返加后，曾对各华校师生联合会上说明游访经过，并作结论曰：（一）民族之盛衰，须视能否保持其民族文化为转移。（二）成圣成佛，自有其道，要视吾人发愿心，始能得之。（三）阿罗频多及拉摩禅师二人，已示吾人归真之路，吾等如遵循之，能达彼岸。"③

1945年冬周祥光辞去中华学校校长之职，开始印度圣地之旅。他于当年12月26日从加尔各答出发至比哈尔邦巴特那（Patna），后搭车和火车参观王舍城、灵鹫山和那烂陀大学，1946年2—3月游至阿旃陀石窟、桑奇大塔和阿格拉。他在给太虚法师信中曾详述自己游学历程：

光于去年十二月间，辞去此间华文印度日报编辑主任及中华学校校长二职，乃即漫游印度佛教，婆罗门教，回教，及锡克教等圣地，历孟加拉、比哈、孟买、联合省、旁遮普、中央省，及

---

① 周祥光：《天竺拉摩禅师参访记》，《海潮音》1947年第3期，第28页。
② 周祥光：《天竺访圣记》，《旅行杂志》1945年第7期，第8页。
③ 周祥光：《天竺拉摩禅师参访记》，《海潮音》1947年第3期，第27页。

阿及梅尔等七省，与海特拉巴，蒲浦及古立河，界坡四大土邦，计程六千多英里，费时三月，所得颇多，胸怀为之一放。①

游历之余，他将参访经历一一记录，发表《天竺访圣记》《印度圣哲阿罗宾多访问记》《天竺拉摩禅师参访记》《灵鹫山前王舍城》《住馨溪、考佛迹》《访印度蒙古儿王朝故都》②等诸文，约十万字，同时开始译述《印度通史》一书，计划以每日三四千字速度进行，约三个月完成。

1946年1月，周祥光赴喜马拉雅山德立洞（Dehra Dun），晤阿难梅耶圣母（Sri Ma Anandamayee），并乘坐火车，陪伴圣母到恒河发源处呼陀河，期间他请教宗教哲学及瑜伽种种问题，皆得圣母不厌其烦详确答复。周祥光写道："经她这一答解，我始恍然知道，不论任何宗教，其教义虽略有不同，而其证量必完全相同，盖皆自'纯心'（Purification of Mind）上下功夫，佛家如此，婆罗门如此，回教如此，道教亦如此，所谓'塞见垂帘默默窥，满空白雪乱参差。殷勤收拾毋令失，伫看孤轮月上时'。"③

同月，周祥光寄望了解印度宗教文化之所在，经印度史学家葛笃教授引荐，至呼陀河乡间参观由著名社会改革家杜耶难陀（Dayānanda Saraswati）④的弟子创办的民族文化大学，参访四日令他印象深刻，著文《印度民族文化大学游访记》⑤，称印人复兴印度教，保留民族文化精

---

① 参见"周祥光居士来书"，《海潮音》1946年第8期，第34页。
② 周祥光：《天竺访圣记》，《旅行杂志》1945年第7期，第8页；《印度圣哲阿罗宾多访问记》，《觉群周报》1947年第25期，第12—13页；《天竺拉摩禅师参访记》，《海潮音》1947年第28卷第3期，第27—29页；《灵鹫山前王舍城》，《旅行杂志》1946年第20卷第4期，第45—46页；《住馨溪、考佛迹》，《海潮音》1947年第4期，第24—26页；《访印度蒙古儿王朝故都》，《旅行杂志》1947年第21卷第4期，第63—65页。
③ 周祥光：《妙高峰下一圣母》，《海潮音》1959年第40卷第10期，第17—18页。
④ 杜耶难陀是雅利安社（Arya Samaj）创始人，印民族主义和吠陀文化复兴运动代表人物，其于1875年用印地语撰述《真理之光》，销量15万册，为数百万印人朝夕诵读之书，在印度影响深远。
⑤ 载周祥光《印度独立之人物及其思想背景》，香港：自由出版社，1953年，第26—28页。

髓的举动，乃最强复国运动。这次参访促使他于1957年将杜耶难陀生前影响力巨大的代表作《真理之光》(Satyārth Prakāś)翻译成中文出版，他对国人了解印度民族文化复兴运动之精髓，功莫大焉。

周祥光与圣雄甘地共会面三次。早于1944年，周祥光曾在加尔各答苏地铺修道院见过甘地。1947年春，周祥光在新德里两次与甘地会面。每次谈话间，甘地总要他到乡间去，只有到那里才可以知道人民真实苦痛情形，"假使你住在新德里，是看不见真实的印度的"①。

同年秋印巴分治动乱中，甘地到新德里英王路难民营作祷告。与民众同在路边的周祥光、苏吉多女士见甘地在路旁下车后，赶紧搀扶他走上祈祷台。11月5日下午三点半，周祥光赴比拉公馆拜谒甘地，这是他与甘地的最后一次会晤：

> 我一眼看见这位老人的时候，口中很自然的喊出一声："爸爸咭，那摩斯伽！"他老人家也回答着："周，那摩斯伽。"他用手向我招呼，要我坐在他的面前。旁边还有几个印度人，手摇着纺车，做他们织布的工作。他先向我说："我看见你来的时候，好像我自己也是一个中国人。"他虽然身体健壮，但终是上了年纪的人了，讲话的声音很低，须得聚精会神的去听。他继续地说："中国人，在我并不陌生，好像有姻缘连系着。我从前在南非洲的时候，同好多中国人住在一起，并且，我在那时实行不抵抗运动，还与好多的中国人一起关在牢狱里。"我即时对他说："你的一生也够苦了，不知道进了多少次监狱，你将监狱当作家庭了。这是你把人类的苦乐当作自己的苦乐，所以，你走入牢狱不以为苦。怪不得诗人泰戈尔尊你为摩诃多摩（圣人之意)，他曾经说你将世人之苦乐作自己之苦乐。这一点，也和我们中国儒家所说，一夫不获其所，若己推而纳诸沟中，一样"。"太客气了"他

---

① 周祥光：《我与甘地的最后一次会晤》，《印度独立之人物及其思想背景》，香港：自由出版社，1953年，第107页。

笑嘻嘻地答着。①

周祥光后又向甘地求教印度教神祇是否存在，业律若为道德律，是否陷入定命论等问题，甘地说，神名只是智者开导众人之词，实际上帝就是真实，也是自己最后"实在"的显现。做好事则不应抱着定有报酬的主张，要做公而忘私的事业。最后，周祥光和甘地约定来年二月去真理书院跟随甘地学习，并请甘地在其照片后面签名，按常规甘地签字要收取五盾卢比，捐助到他所建的贱民协会中去。

1951年，周祥光受印度教育部之令，赴加尔各答帝国图书馆摘译二十四史和四库珍本，与印度前总督兼德里大学校长罗迦古波迦黎氏（C. Rajagopalachari）首次会晤。罗氏年届八旬，不仅是印度政治上首脑人物，曾与甘地共同致力于印度独立运动，也是著名哲学家，有"南印甘地"之称。此次二人会晤，罗氏向周祥光赠送其近影一幅。当周祥光在德里大学就学与任教后，将罗氏代表作《吠檀多哲学：印度基本文化》（*Vendanta: The Basic Culture of India*）译成中文出版②，弥补国内吠檀多学研究空白。

西欧东方学权威，曾在国际大学讲学三载的意大利罗马大学东方学院兼中东远东研究所所长杜琦博士曾是周祥光博士论文审查人之一。自1950年代起周祥光与杜琦两人函札往返已久，直至1952年杜琦应尼泊尔政府之邀，参加新德里塔米尔文学会之时，才与周祥光面识。此后杜氏每次抵印，必与周祥光"相约晤叙，风仪师友，快慰平生"③。

周祥光因与印度总理尼赫鲁共事，又翻译尼赫鲁著作，颇受尼赫鲁青睐，多次被尼赫鲁推荐出席国际学术会议。1956年11月，尼赫鲁推荐他出席在新德里举办的"佛教对于艺术、文学与哲学之贡献讲习

---

① 周祥光：《我与甘地的最后一次会晤》，《印度独立之人物及其思想背景》，第108页。
② 〔印度〕罗迦古波迦黎：《吠檀多哲学》，周祥光译，印度加城中华学校发行，香港：印度华侨青年联合会，1958年。
③ 周祥光：《当代西欧东方学权威——杜琦博士》，《海潮音》1955年第3期，第23页。

会议",与英国罗素博士、法国居里博士、日本中村元博士等亚欧著名学者及锡兰、缅甸、泰国国王或内阁总理等共同讲习一周。①

周祥光重视学研与实修。1953年他赴北印度仙坡（Rishikesh）参加世界宗教大会（World Parliament of Religions），结识传奇圣人斯瓦难陀（Swami Sivananda Maharaj）。1957年撰述英文著作《斯瓦难陀：善人还是圣人？》记录他与师尊的交往。②1959年更是在斯瓦难陀导师引领下，自学禅修渐入佳境，他说："我于1959年8月3日午夜瞥见精神世界。在此之后，我觉得能够理解佛经的真正含义了。而且，我坚定相信，世界和开悟者是一体的。在无穷数学中没有余数。所有生命皆为一，所有生命皆为禅那真理之彰显。简言之，生命是所有万物基础，除它之外，别无所待。"③

印度副总统、哲学家拉达克里希南（S. Radhakrishnan）既是周祥光的引路人，也是他的精神导师。作为印度副总统兼德里大学校长，拉达克里希南曾主持周祥光的博士毕业典礼，邀请周祥光参加1957年第十九届全印东方学者会议，更为周祥光英文著作《中国政治思想》和中文著作《印度哲学史》作序。他为《中国政治思想》作序言曰："今天，我们对了解中国人民的生活和中国政府的运作方式非常感兴趣，这本书提供了我们所需要的信息，是很有价值的。"④

周祥光深受拉达克里希南比较哲学研究视野影响，其在《印度哲学史》中因袭拉达克里希南在《印度哲学》（*India Philosophy*）中对印度文明"精神性"的解读，指出此"精神"者，与物质并举，非心灵或灵魂之说，而是至高真理降至人心状态，是为无形真理。"精神云者，乃人类尊严之所在，亦即自由之张本也。精神云者，乃智情意三者未分以前之状态。此中之自觉性，乃自为一体而不可分析者。当精

---

① 参见《海潮音》1956年第11期，封底。
② Chou Hsiang-kuang: *Sivananda: Good Man or God-man* (Rishikesh: Divine Life Society, 1957).
③ Chou Hsiang-kuang: *Dhyana Buddhism in China: Its History and Teaching* (Allahabad: Young Men's Buddhist Association of China by Indo-Chinese Literature Publications, 1960), p.v.
④ Chou Hsiang-kuang, *Political Thought of China* (Delhi:S.Chand&Co., 1954), Foreword.

神发动之际，亦即心灵自成为一体之际，而人与永恒或神合一，乃在人之直接证悟中矣。"[①] 周祥光承继自印度主流哲学吠檀多学立场，梳理印度哲学发展史，亦受到拉达克里希南思想的影响。

三、结语

周祥光旅印20年横跨政界与学界，从仕途走向讲坛，既与他个人志向与追求有关，又受到印度贤达的影响。他与印度知名学者、思想家、圣哲基于敬慕与尊重的交往，使他贴近"印度之心"，成为渴慕并躬身践行"精神性"的寻道之人。他的英文述作极大拓宽印人对现代中国的了解，由英文译成印地语的《中国佛学史大纲》流传广被，影响印人至今。

周祥光惜时如金，勤勉不已，在旅印期间出版20余部中英文著作，80余篇中英文章，翻译与著述贯穿生命始终。他的中文著作以介绍、阐述印度历史、哲学、政治意识形态和哲人思想为主；英文著作则以介绍、译介中国历史、文化、中国佛教为主，所涉范围从政治、历史、人文至文化、宗教、哲学，范围之广，运思之深，没有巨大的精力、心力和毅力的投入，难以为继。从论著广度与深度来看，周祥光不失为近代中国卓有建树的印度学家。

在1940年至1960年的动荡年代，周祥光对中印学术与文化交流所做的贡献，值得后学纪念与研究。他在翻译《阿育王及其石训》时第二次世界大战余温仍在，念及阿育王仁民爱物、公正和平之政策对邻国与后世的影响，他曾说"虽然今日世界离阿育王之理想——大家和平相处，守望相助，疾病相扶持的亲爱社会尚远，但我人却向此目标前进"[②]，此语在当下仍不乏启示与鼓舞之意。

---

① 周祥光：《印度哲学史》（一），台北：台湾中华文化出版事业社，1963年，第11页。
② 周祥光述译：《阿育王及其石训》，第17—18页。

近现代印度的华文教育：档案与访谈所见噶伦堡中华学校兴学情况（1941—1960）[*]

赵晋超

摘　要：本文主要依据中国第二历史档案馆、上海市档案馆及重庆市档案馆馆藏档案，以及口述访谈和历史照片资料，考察印度噶伦堡中华学校的兴学历史，教员和学生构成以及教学语言等问题，并由此讨论近代印度各地华文学校的互动关系。梳理噶伦堡华校的教学语言和教员构成情况，可以进一步充实关于近代以来印度和其他地区海外华校之间的互动情况，拓展研究边界，从加尔各答为中心的南亚华人研究范式转向更为广阔的南亚华人历史研究。

关键词：华侨学校　噶伦堡　印度　教学语言

在喜马拉雅山南麓小城噶伦堡（Kalimpong）市中心四五公里之外的蹦村（Bong Basti）有一处淡黄色的建筑群，其历史可追溯到1940年代初。这所学校即"中华学校"（Chung Hwa School），在华人商人和当地居民的共同努力下于1942年元月建立（图1）。其后将近二十年间，该校成为当地华人群体的教育、文化与社交活动中心。然而，提及噶伦堡中华学校的现有研究主要集中在历史学和国际关系领域，对学校本身着墨不多，使用材料也局限于英印政府档案和新闻报道。印度华校相关研究则主要聚焦加尔各答。例如，波达尔（Prem Poddar）和张莉莎（Lisa Zhang）的文章讨论《人民日报》在20世纪中叶对噶

---

[*] 作者系同济大学人文学院助理教授。

伦堡所作报道，新著在此基础上作出扩充①。沈丹森使用近年来解密的西孟加拉邦情报部门（Intelligence Branch of West Bengal）档案来分析英印政府在1950年代末针对噶伦堡华人居民所作的监视活动。②可汗则从新中国成立以来的外交政策出发探讨边境叙事。③章立明对印度汉语教育展开历史述评，提及噶伦堡中华学校，但主要依据是1962年台湾出版《印度华侨志》内容。④

图1　噶伦堡中华小学学生在"铸材堂"前（马爱慈女士提供）

---

① Prem Poddar and Lisa Lindkvist Zhang, "Kalimpong: The China Connection," in *Transcultural Encounters in the Himalayan Borderlands: Kalimpong as a 'Contact Zone'*, ed. Markus Viehbeck (Heidelberg: Heidelberg University Publishing, 2017), pp.149–174. Lisa Lindkvist Zhang and Prem Poddar. "Espionage, Intrigue, and Politics: Kalimpong Chung Hwa School as International Playhouse," *China and Asia* 3, (no.1 2021): pp.35–77. Prem Poddar and Lisa Lindkvist Zhang, Through the India-China Border: Kalimpong in the Himalayas (Cambridge University Press, 2025).

② Tansen Sen, "The Chinese Intrigue in Kalimpong: Intelligence Gathering and the 'Spies' in a Contact Zone," in *Beyond Pan-Asianism: Connecting China and India, 1840s–1960s*, eds. Tansen Sen and Brian Tsui (Oxford: Oxford University Press, 2021), pp.410–459.

③ Sulmaan Wasif Khan, *Muslim, Trader, Nomad, Spy: China's Cold War and the People of the Tibetan Borderlands* (Chapel Hill: The University of North Carolina Press, 2015).

④ 章立明：《印度汉语教育百年史评述及其发展前景展望》，《南亚学》第2辑，2023年，第188—204页。

综上，本文主要利用中国第二历史档案馆、上海市档案馆和重庆市档案馆藏资料，历史旧照以及噶伦堡华人的口述访谈资料来分析噶伦堡中华学校从创办到关闭的历程、学生与教师构成、教学语言、课程设置等问题。20世纪中叶正是海外华校蓬勃发展的重要时期，噶伦堡中华学校研究也可进一步管窥南亚华校之间的互动情况，从加尔各答为中心的南亚华人研究范式转向更为广阔的南亚华人历史研究。

一、噶伦堡中华学校与当地华侨华人群体

有关噶伦堡华人情况的最早记载是苏格兰传教士格雷厄姆（John A. Graham）的传记，其中提及城中生活着几位中国木匠。[1]19世纪中期开始，不断发展的滇藏印、滇缅印贸易路线进一步促进了华人往来噶伦堡经营贸易[2]。位于喜马拉雅山南麓的噶伦堡逐渐成为羊毛贸易中心，附近大吉岭茶叶种植园经济的兴起进一步推动了噶伦堡的发展。与此同时，丽江、大理、腾冲等地云南商帮开始大规模前往西藏经商，运销茶叶、丝绸等内地商品，贩回麝香、毛皮等西藏山货。19世纪末，从云南出发途径西藏到达大吉岭地区的传统贸易路线初具雏

---

[1] James Minto, *Graham of Kalimpong* (Edinburgh: William Blackwood, 1974), p.95. Prem Poddar and Lisa Lindkvist Zhang, "Kalimpong: The China Connection," in *Transcultural Encounters in the Himalayan Borderlands: Kalimpong as a 'Contact Zone'*, ed. Markus Viehbeck (Heidelberg: Heidelberg University Publishing, 2017), pp.149-174.

[2] 不少早期华人是前往今天印度阿萨姆地区的茶叶种植园工作。参考Jayeeta Sharma, *Empire's Garden: Assam and the Making of India* (Durham: Duke University Press, 2011), pp.36-37；Tina Harris, "Yak Tails, Santa Claus, and Transnational Trade in the Himalayas", *The Tibet Journal* 39.1 (2014), pp.145-155. 关于滇商赴缅甸的情况，参考何平《移居缅甸的云南回族》，《民族研究》1997年第1期。杨煜达《清代前期在缅甸的华人》，《华侨华人历史研究》2003年第4期。陈俊《中南半岛云南籍华侨华人研究》，北京：中国社会科学出版社，2017年。

形。①到了1920年前后，云南商号打通滇缅印通道，马帮将货物从云南运至缅甸港口，再经船运到达加尔各答，随后经铁路、驮运进藏，云南茶叶运输进藏所需的时间大大缩短②，噶伦堡也就成为各地侨商设分号聚集之处，继而吸引了不少来自京、津、冀、鲁及广东客家籍的华人到噶伦堡开展业务。辛亥革命后驻藏清军取道印度经海路返回，又有上百人选择留居噶伦堡与大吉岭等地。1937年抗日战争爆发以来，一些国内难民辗转印度。1941年太平洋战争爆发，侨居缅甸、新加坡、马来亚等东南亚各地的华侨也大批涌入噶伦堡避难，当地华侨数量猛增。③1942年4月，日军占领缅甸，中外运输主要路线陆续被切断，于是，印度成为我国与盟军东南亚战区之重要补给中心，国民政府多个部门在印度加尔各答等地设立办事处。④同时，云南经西藏至印度一线的传统马帮路线被重新启用，当地商号纷纷参与其中，向国内运送战时急需物资。马帮将棉布、棉纱等军需物资和生活用品从噶伦堡经拉萨运到丽江或康定、雅安，再由汽车运到昆明、成都或

---

① 关于大吉岭地区的历史沿革，参考达瓦次仁《大吉岭历史归属问题研究——兼论锡金与中国西藏的关系》，《西藏研究》2018年第3期，第27—35页。滇茶入藏路线在清朝初年以开始发展，17世纪中叶康熙时交通条件改善、滇西北开茶马市，滇藏茶马贸易的重要性进一步提升。至清末川藏茶叶贸易衰落，滇茶大量销往西藏。参见刘志扬《滇茶销藏陆海通道的兴起及其背景》，《中山大学学报（社会科学版）》2017年第5期，第116—123页。

② 1888年连接加尔各答与大吉岭的铁路开通，通过海路连接起缅甸与印度。周智生曾梳理过滇茶藏销新路线用时，从西双版纳由马帮运至缅甸景栋、仰光，再船运加尔各答，陆路交通到噶伦堡，转马帮进拉萨，全程40余天。而之前的马帮路线单次半年，限于天气原因一年只能周转一次。参见周智生《云南商人与近代中印商贸交流》，《学术探索》2002年第1期，第82—86页。李旭：《茶马古道各民族商号及其互动关系》，北京：社会科学文献出版社，2017年，第28—45页。

③ 参见 Zhang Xing, *Preserving Cultural Identity Through Education: The Schools of the Chinese Community in Calcutta, India* (Singapore: Institute of Southeast Asian Studies, 2010)；张幸：《文化认同的传承与创新：印度加尔各答华人的多元化宗教信仰研究》，《华侨华人历史研究》2008年第4期，第49—58页；章立明：《加尔各答华人华侨的多元宗教信仰与身份认同》，《南亚东南亚研究》2022年第4期，第124—137页；迪庆藏族自治州政协文史资料委员会编：《爱国侨领马铸材纪念文集》，《迪庆文史资料》第10辑，2014年，第42—44页。

④ Cao Yin, *Chinese Sojourners in Wartime Raj, 1942-1945* (Oxford: Oxford University Press, 2022).《印度华侨志》记载仅政府和内地进入印度服务的华侨总数已达二万七千五百余人。参见华侨志编纂委员会编《印度华侨志》，台北：华侨志编纂委员会，1962年，第34—35页。

重庆。战时经济给噶伦堡带来了史无前例的大繁荣，吸引了大批华商云集噶伦堡。

噶伦堡中华学校正是在这一背景下，于1942年1月正式成立。[①]学校最初称作"中华小学"，主要面向当地华人提供小学教育。噶伦堡中华学校的负责人梁子质、马铸材和张相诚皆为滇藏缅印商路上重要商号的直接负责人，同时也是关系良好的商业合作伙伴。二战结束后，多数难民离开，亦有留居之人，华人群体总体人数有所增加。到了1949年新中国成立之时，噶伦堡中华学校占地近三英亩，教职工10多名。[②]1952年时，学校学生多达两三百人。除了噶伦堡当地学生，周边不少地区华人儿童也来到中华学校住校寄读。[③]国内的电影、报纸、杂志、连环画在中华学校图书馆里都可看到。1954年4月，中、印两国签订《关于中国西藏地方和印度政府之间的通商和交通协定》。我国在噶伦堡设立商务代理处，来年开始运行。同时指导当地华侨商人组建"茶叶运输公司"，出任经理的便是中华学校校董、京商梁子质。该公司副总经理为西藏邦达仓商号的巴桑登巴。邦达仓老板邦达养璧，他曾积极参与商务代理处的筹建并捐赠办公用地，1954年后被校董推举成为中华学校名誉董事长。1955年初，学校设立中学部，原计划1958年增设高中，但并未实现。主要原因在于青藏、康藏公路相继通车，原本的商贸往来减少，噶伦堡经济开始萧条。中华学校学生数量逐渐减少，一些学生小学毕业后便转入教会学校、加尔各答兴华中学或回国升学。

噶伦堡中华学校在1961年被迫关停，师生予以遣散。从1959年开始，中印两国关系出现紧张气氛，但是并未直接波及华侨华人群体。一般而言，直到1962年中印边境冲突爆发之前，各地华校还是保持

[①] 关于噶伦堡中华学校的兴办缘起与经过，笔者另有撰文论述，此不赘述。
[②] 参见马寿康《甲米次仁——旅印爱国侨领马铸材的传奇人生》，香港：生活文化基金会，2024年，第130—134页；马家夔《回忆父亲马铸材》，《爱国侨领马铸材文集》，第172页。
[③] 参见徐燕琳《印度代奥利集中营受难者谢其瑞、万永喜口述史》，《客家文博》2022年第2期；《印度华侨志》，第70—71页。

着正常运作。[1]然而,噶伦堡中华学校却早在1960年就受到直接冲击,侨领马铸材遭诬陷入狱,校长常秀峰夫妇也无端被捕,董事会多名成员和继任校长李希禹（又名王位卿）以及教员多人被驱逐出境,校产随后也被印度政府强行转交亲台华人。[2]

二、噶伦堡中华学校的教员与学生构成

由于缺少学校记录或纪念性出版物,噶伦堡中华学校教师和学生的相关记载寥寥。口述访谈和档案记载成为爬梳噶伦堡中华学校人员构成和校园生活的重要资料。噶伦堡中华学校成立时,曾聘任由国内避难印度的知识分子做教师,一方面提供国语教学、解决师资,另一方面提供就业。此外,国民政府曾委派沈福民和李绍潇两名教师[3]。沈福民在1942年初到达噶伦堡后随即出任中华学校校长,但此前信息不清,相关记载来自西孟加拉邦情报档案,沈丹森、张莉莎曾分别撰文详细介绍档案资料[4],此处不赘述,兹补充新发现重庆市档案馆和上海市档案馆馆藏沈福民相关资料。抗战期间,重庆"侨民华侨师资班"主要为各地华校输送教学人才。沈福民的名字分别出现在重庆市档案

---

[1] 关于1962年中印冲突的近期研究,参考孟庆龙《印度官方对1962年战争的总结与反思》,《边界与海洋研究》2021年第3期,第72—90页。John W. Garver, *Protracted Contest: Sino-Indian Rivalry in the Twentieth Century* (Seattle & London: University of Washington Press, 2001). 关于1960年代中印商贸关系情况,参考戴超武《印度对西藏地方的贸易管制和禁运与中国的反应和政策（1950—1962）》,《中共党史研究》2013年第7期;张秀明《被边缘化的群体：印度华侨华人社会的变迁》,《华侨华人历史研究》2008年第4期。

[2] 据新华社1963年1月17日电讯:《印度当局公然把噶伦堡中华学校校产交给蒋帮分子》。Prem and Zhang, "Kalimpong: The China Connection." in Transcultural Encounters in the Himalaya, Borderlands: Kalimpong as a 'Contact Zone,' Zhang and Prem, "Espionage, Intrigue, and Politics: Kalimpong Chung Hwa Scool as International Playhouse", pp. 145-147. 依据马铸材、常秀峰后人2019年重访噶伦堡见闻所述,中华学校校舍如今已变为私人住宅。

[3] Sen, "The Chinese Intrigue in Kalimpong", p.430. Prem Poddar和Lisa Zhang在文章中提及一位匿名被访人记得最初两名国民政府所派教员的名字分别是沈福民和李绍潇。

[4] Tansen Sen, "The Chinese Intrigue in Kalimpong". Lisa Lindkvist Zhang and Prem Poddar, "Espionage, Intrigue, and Politics: Kalimpong Chung Hwa School as International Playhouse".

馆馆藏师资班学员1940年2月及4月工资表和津贴表名单上，可知沈于1940—1941年间在重庆"侨民华侨师资班"接受培训[1]。上海市档案馆藏《孟买华侨学校纪念特刊》显示，沈福民生于1910年，籍贯绥远，曾在国立艺术专科学校就读。1944年初沈福民开始在孟买华侨学校任教导主任，直至1947年再次回到噶伦堡担任校长[2]。这一记载与张莉莎和波达尔依据西孟加拉邦档案所作研究有所出入，后者记载沈福民毕业于北京大学。结合沈福民曾教授艺术课程等背景，应以国立艺术专科学校为准。

沈福民调任孟买时期，噶伦堡中华学校迎来第二任校长——从孟买华侨学校调任噶伦堡的杨静。杨静原名杨菊淑，祖籍湖南，也曾在华侨师资训练班接受教育，1939年赴新加坡和马来亚当地华侨学校工作。太平洋战争爆发后，杨静前往印度避难，1940年末到达孟买，在孟买华侨学校出任校长一职，任职一年半。[3] 1942年6月28日孟买华侨学校从苏克拉吉街（Suklaji Street）迁址格兰德街（Grand Street），开幕典礼即由杨静主持。1943年1月，杨静奉令调派噶伦堡中华学校，担任校长。杨静的丈夫、文学家周达夫当时也来到噶伦堡担任记者，此前曾在文学泰斗泰戈尔创立的印度国际大学（Visva-Bharati）学习。

1947年，沈福民返回噶伦堡继续担任校长，直至1955年引咎辞职。随后董事会任命高年级语文课程教师徐亚声老师作代理校长。[4] 徐亚声来自江苏，丈夫薛留生原在新德里中国大使馆担任二秘，1950年中印正式建交后，夫妇二人携两个女儿辗转来到噶伦堡。1947年《东方杂志》第44卷同时刊载了徐、薛夫妇纪念甘地的两篇文章，也多为

---

[1] 侨务委员会档案：《侨务委员会侨民教育师资训练班1940、1941级职员学员津贴生活补助费及教授授课酬金表、伙食津贴清册等》，重庆市档案馆藏，馆藏档案号00160001001730000001000。
[2] 《孟买华侨学校十周年特刊》，上海市档案馆藏，馆藏档案号Y008-001-01351。
[3] 原文记载："杨校长奉令调派噶伦堡中华学校"。关于杨静生平，参考其子周舵相关回忆文章。
[4] 根据马寿康先生回忆。

其后研究引用。①在上海档案馆藏孟买华侨学校纪念特刊中也提及一位教员名为"徐亚森",籍贯江苏海门,毕业于上海爱国高师,1943年7月开始在孟买华侨学校任女生指导,1945年纪念册刊发时仍在职。②凡此种种,可以推断是为同一人。

1957年中华学校失火,代理校长徐亚声引咎辞职,新中国驻加尔各答总领馆推荐了著名画家常秀峰来噶伦堡中华学校出任校长。常秀峰先生1945年毕业于重庆国立艺术专科学校,1947年在叔父常任侠的建议下先前往加尔各答任教,随后留学印度国际大学,毕业后回到加尔各答,在兴华中学创立后于是校任教,其妻子饶欢英为第三代加尔各答华人。③常秀峰在任期间,曾于噶伦堡中华学校组织了丰富的文娱活动,留下许多旧照。然而,常秀峰在1959年也开始受到印度政府莫须有的怀疑,同夫人在1961年被印度政府关押入大吉岭监狱,数月后全家被驱逐出境。

虽然噶伦堡中华学校的校长主要来自任命调派,该校教师群体的构成情况更为多样。结合口述史、老照片和档案资料,得以了解其中几位的简要信息(图2)。一些教员是噶伦堡当地出生长大的华侨。例如,英文教师徐曼华出生于当地藏商家庭。国文教师马福寿出生于噶伦堡,父亲为汉人,母亲来自锡金。据回忆,马福寿老师讲一口流利的北方官话,盖因其祖父原为清朝驻藏川军军械官,是1912年辛亥革命后取道印度经海路回国大军中的一员,在返回途中决定留在噶伦堡。马福寿老师的夫人杨兰英也任教于噶伦堡中华学校,是加尔各答唐人街出生的第二代华人,来噶之前在加尔各答华校教书。此外还有祖籍山东潍坊的王瑞祥老师,主教地理及体育;祖籍广东新会的余秀琼

---

① 徐亚声:《甘地的苦行与非暴力》,《东方杂志》1947年第44卷,第5期,第14—18页。薛留生:《甘地的一生》,《东方杂志》1947年第44卷,第5期,第1—13页。
② 《孟买华侨学校十周年特刊》,上海市档案馆藏,馆藏档案号Y008-001-01351。
③ Sen, "The Chinese Intrigue in Kalimpong", pp.435-440. 北京大学国际合作部:《"'和平之乡'的中印文化艺术交流——学者常任侠与画家常秀峰"展览开幕式在北京大学举行》,2019年11月25日。https://news.pku.edu.cn/xwzh/4badbdc26c3f4ef3886b5c34e7468b90.htm,2024年11月2日登录。

老师，教小学一、二年级的语文；同样祖籍广东的黄新缘老师，主教小学的常识和自然课。[①]其中，杨兰英、王瑞祥和黄新缘三位教师都是1952年1月创办的兴华中学毕业生，正如校长常秀峰一般，在1955年前后经中国驻加尔各答总领馆介绍，来到噶伦堡任教。[②]

图2　噶伦堡中华学校小学部1955届毕业生与校长和老师们合影于"铸材堂"前。
后排教师，左起：徐发珍，王瑞祥，马福寿，杨兰英，
徐曼华（白玛），余秀琼，黄新缘，徐亚声

中华学校另有一些教师直接来自国内。一部分正如校长杨静、代理校长徐亚声一样，在二战期间避难留居印度，战争结束后即返回。一部分则是经家庭关系前来。例如，杨象汤是加尔各答丽丰商行老板、打通滇缅印贸易的杨守其之侄子，从丽江来到噶伦堡投奔叔叔之

---

① 依据马寿康先生辨认。
② 关于兴华中学情况，参见华侨志编纂委员会编纂《印度华侨志》，第68—70页；张秀明《被边缘化的群体：印度华侨华人社会的变迁》，《华侨华人历史研究》2008年第4期，第11页。

近现代印度的华文教育：档案与访谈所见噶伦堡中华学校兴学情况（1941—1960）　　*187*

后，进入中华学校教书。①藏文教师顿珠则是经由西藏商号邦达仓负责人、时任中华学校名誉董事长邦达养壁推荐前来。这批教师多是出于个人选择前来，与国内地方政府没有直接联系，相比之下，1950年代加尔各答华侨学校的一些华文教师是由广东政府根据合作关系选派送出。

噶伦堡中华学校1940年代建校初所吸纳的学生群体主要是当地华侨子弟，其中也包括不少藏族同胞和二战时涌入的华人难民子弟，同时也开放给印度和尼泊尔学生入学。②对于广泛吸收汉藏同胞以及当地学生入学的情况，既离不开当地华侨汉藏同胞紧密联系，也符合国民政府教育部的需求。1943年9月1日蒙藏司请国民司总务司会计处送外交部转给专员蒋建白的密令建议"该校除招收藏胞侨民子弟外，应酌量招收不丹尼泊尔哲孟雄各地青年，并予以同等待遇……"③。战时避难噶伦堡的华侨多在战后离开，噶伦堡中华学校的师资构成也发生了相应调整，流动性较明显。

到了1950年代，中华学校继续招收当地学生。中华学校1955年毕业生的合照中便有中尼混血学生。当地孟加拉族儿童也曾在中华学校接受小学教育，例如噶伦堡当地律师班纳吉家庭即把三名女儿都送入中华学校接受小学教育（图3）。噶伦堡中华学校进一步发展为当地华人教育重镇，学生人数也不断增加。现存多幅历史照片记录下来常秀峰任校长期间开展的学校活动。例如，中华学校小学生表演《半夜鸡叫》的故事，而高玉宝指导的该故事片在1955年4月才于国内上映。另有学生表演"拔萝卜"的照片，正是在1957年12月上海电影制片厂动画《拔萝卜》播出后不久。由此可见噶伦堡中华学校文艺活动与国内之同步性。

---

① 参见李旭《茶马古道》，第53页。
② 参见《爱国侨领马铸材文集》，第42页。
③ 同上。

图3　班纳吉（Banerjee）三姐妹，噶伦堡当地孟加拉律师班纳吉家庭将三个孩子都送至中华学校接受教育。（马爱慈女士提供）

三、噶伦堡中华学校的教学语言与多元文化环境

　　语言作为文化的重要载体，是学校教育情况的重要分析对象。相比南亚、东南亚其他华校，噶伦堡中华学校的课程设置和授课语言具有不少独特之处。印度加尔各答地区的华校在20世纪20至40年代的初创期主要使用客家话和广东话等方言进行教学。噶伦堡华人群体来源的多样性使其有别于加尔各答和孟买等地，没有一种方言能够成为主要教学媒介，但是中华学校从创校之初便格外强调国语之使用。到了1950年代，中华学校校规规定学生在校必须使用国语交流。1954年初摄制的一张旧照片中，学校创办人马铸材站在中华学校"铸材堂"教学楼入口处，背后墙上石碑刻文纪念其捐资助学之举，下方黑板则书写着"运用国语：在校不许用外国语言，尽力发挥自己的语言，帮助新同学学国语，纠正不用国语的同学"（图4）。

图4 马铸材在中华学校教学楼入口处纪念石碑前,摄于1954年初。
(马爱慈女士提供)

噶伦堡语言使用的多样性一方面源于当地华人来自五湖四海,除了广东的客家、广府人,云南各地各族人,还有湖北、山东以及原驻藏清军后人,日常生活中的语言和族群互动多样。噶伦堡华人群里中数量最多的当数云南籍商人。在以往研究中,云南华商移民也通常与客家、广府和福建以及潮汕分开归类。[①]更重要的是,云南籍商人在滇缅印藏各地的商贸活动也使其多掌握少数民族方言以及藏语会话能力。云南籍商人民族背景多样——包括藏族、白族、纳西族或回族穆斯林,他们之间的常用交流语言有时是属于官话体系的云南方言,也可使用日常商贸往来常用的藏语。负责建立噶伦堡华文学校的委员会成员主要使用普通话交流。例如,马铸材原是云南中甸的商人,可使用本地汉话方言与藏语交流,其家庭至今使用云南汉话;马富贵出生于拉萨,祖上是从鹤庆迁居中甸的回族;

[①] F. W. Mote, "The Rural 'Haw' (Yunnanese Chinese) of Northern Thailand", in Peter Kunstadter ed., *Southeast Asian Tribes, Minorities, and Nations* (Princeton, N.J.: Princeton University Press, 1967). 陈俊:《中南半岛云南籍华侨华人研究》,第59页。

张相诚来自鹤庆，但祖上自南京迁徙而来；在中华学校董事会中承担主要对外交流工作的梁子质则是北平商人，常年在拉萨与噶伦堡之间经商，也使用藏话。①

这一情况与加尔各答华侨子弟学校差异明显。加尔各答大多数华人移民来自广东和福建，主要讲客家话或粤语。这些移民从事木工、制鞋、牙医和洗衣等小规模生意。②19世纪抵达的移民最初聚集在加尔各答市中心，尤其是堡巴扎（Bowbazar）地区。来自广东梅县的客家人则于20世纪20年代开始在塔壩（Tangra）地区定居，这里逐渐发展成为加尔各答的第二处"唐人街"。③来自国内其他省市的移民群体规模相对较小。移民的地域性与生意门类关系紧密。牙医一般来自湖北，古董货物商贩和洗衣工人多来自上海和江浙，少量贩售丝绸品的商人则来自山东。④随着加尔各答的华人社区不断壮大，逐渐脱离了19世

---

① 参见李旭《茶马古道》；周智生《云南商人与近代中印商贸交流》，《学术探索》2002年第1期。另有依据马铸材孙辈马寿康（1944年生于噶伦堡）和马寿强（1947年生于噶伦堡）访谈整理内容。关于滇缅商人研究，参见〔日〕吉松久美子《云南回族入缅商路与移居点考——以19世纪末至20世纪初为中心》，涂华忠译，《回族研究》2008年第2期；马斌斌《云南回族研究综述》，《文山学院学报》2016年第5期。关于拉萨到噶伦堡一线的穆斯林群体，参见David G. Atwill, *Islamic Shangri-La: Inter-Asian Relations and Lhasa's Muslim Communities, 1600-1960* (Oakland, CA: University of California Press, 2018). 但云南籍回族群体与西藏世居穆斯林应做区分，参见杨晓纯《国内关于西藏世居穆斯林研究述评》，《西北民族研究》2011年第3期。
② 最早的客家移民应该是受到广东、福建一带土客冲突（1856—1867年）与太平天国运动（1850—1864年）的直接影响，参见Zhang Xing, *Preserving Identity*, pp.1-4.
③ 加尔各答长大的谢其瑞家庭故事可以简要说明广东梅县人迁居加尔各答的情况。谢其瑞的祖父在19世纪末从梅县来到加尔各答务工，进入制革业。其家人在20世纪初前来投奔并开枝散叶。到他的父亲这一代，不愿继续从事辛苦的皮革业，转而开设餐馆。参见徐燕琳《印度代奥利集中营受难者谢其瑞、万永喜口述史》，《客家文博》2022年第2期。
④ 加尔各答华人最早参与的行业包括木工、制鞋、皮革和牙医行业，20世纪开始进入洗衣、餐馆和美容院行业。详细研究参考Jennifer Liang, "Migration Patterns and Occupational Specialisations of Kolkata Chinese: An Insider's History", *China Report*, 43.4 (2007); A. Bose, "Kolkata's Early Chinese Community And Their Economic Contributions", *South Asia Research*, 33.2 (2013); Ellen Oxfeld, *Blood, Sweat and Majong* (Ithaca: Cornell University Press, 1993). Ellen Oxfeld, "Still Guest People: The Reproduction of Hakka Identity in Kolkata, India", *China Report* 43.4 (2007); Zhang Xing and Tansen Sen, "The Chinese in South Asia", in *Routledge Handbook of the Chinese Diaspora*, ed. Tan Chee Beng (New Delhi: Routledge, 2013); Amrita Mukherjee, https://map.sahapedia.org/article/Chinese-Community-of-Kolkata:-A-Forgotten-Chapter-in-History/11283.

纪以来以单身男性为主的群体结构，越来越多的家庭开始关心如何为华人儿童提供合适的教育。在这一社会背景下，1920年代加尔各答各区开始陆续创建小学和中学。①加尔各答华校发展时期长、学校多，张幸等学者曾对加尔各答华校作出深入研究。研究发现加尔各答学校教学语言则一般使用方言，尤以客家话或粤语为主。②就学儿童即便并非客家人或广东人，常居于此也都拥有了方言口语交流能力。国民政府教育专员蒋建白在1936年7月访问加尔各答的培梅学校后，向教育部提交的报告中便提及，客家话是该校唯一使用的教学语言。在蒋建白访问印度华校之后，一些学校开始转为普通话教学，但包括梅光学校在内的诸多学校直到1950年代依旧使用客家话教学。③李桂云（Kwai-Yun Li）回忆称，在1950年代的建国学校，从幼儿园到三年级使用粤语授课，四年级至六年级则转为普通话教学。④

噶伦堡中华学校对普通话教学的强调，也与其华人群体构成情况息息相关。二战时期避难于此的华人来自五湖四海。更主要的是，1941年太平洋战争的爆发和不断升级，进一步激发了噶伦堡华人群体以及中华学校师生的爱国情结。⑤上至跨境贸易大商号，下到沿街小贩，当地华人纷纷参与到救亡运动中，身体力行支持中国抗战。普通话的推广也自然成为团结华人、保持中华文化特性的重要方式。此外，由于1939年后通往中国的主要交通路线依次封锁，许多印度和缅甸的爱国华商也恢复了传统的滇藏印、滇缅印马帮驮运路线来运输重要物资，例如棉纱、布匹、药材和工业原料，为祖国抗战提供物力和财力全方

---

① 参见谭云山《印度加尔各答之华侨》，《东方杂志》1930年第11期。Zhang Xing, *Preserving Identity*, p. 9.
② 教育部档案：《函复对于塔坝培梅小学校立案同意》，中国第二历史档案馆藏，馆藏号13306。
③ 谢其瑞于1955年至1958年间就读于加城梅光学校，学校使用客家语教学。学校的主要学生和教员都是客家人。其中湖北籍华人也在学校会了使用客语。普通话仅在专门课程上学习。参见徐燕琳《印度代奥利集中营受难者谢其瑞、万永喜口述史》，《客家文博》2022年第2期。
④ Zhang Xing, *Preserving Identity*, p.37.
⑤ 当时印度主要城市都出现了左翼宣传单发放情况。参见 Arpita Bose, "The Kuomintang in India with Special Reference to Calcutta (1900-1962)", *Studies in History*, 32.2 (2016).

位支援。①

不过，虽然使用国语作为主要教学语言，噶伦堡中华学校的日常教学可谓是践行了多语种、跨文化教育的方方面面，学生自初入小学便开始学习英语课程。相比之下，1936年档案显示加尔各答梅光小学学生直到小学高年级（五、六年级）时才开始学习英文。1937年时的孟买华侨小学尚未开设英语课程，1944年时学生从三年级开始学习英语，至初中时需学习"印度语"（即印地语）。

除了英语，学校还提供藏语课程，促进多民族友好共处。早在1941年噶伦堡中华学校建校之时，已采用时任名誉董事长马铸材建议，由各民族各阶层代表组成董事会，尤其强调藏族同胞的重要性。藏语在噶伦堡的大部分商业活动中起着重要作用。许多活跃在该地区的云南商人能够使用藏话交流，有的自学成才，有的也源于跨民族婚姻的家庭背景。大多数在跨境贸易家庭中成长的第二代或第三代华人从小就开始学习藏语。不少滇商早在清末时便在拉萨开设商号，娶妻生子，后代自会使用藏语。据传最早走通滇缅印贩茶通道的纳西族商人杨守其生母为纳西族，妻子则是缅甸华人后代黄云泰。其兄杨训知生母为拉萨藏族，后又返回丽江娶纳西族妻子。马富贵等商人祖上为回族，迁居滇西北中甸一带后不断与当地藏族通婚。马富贵出生于拉萨藏族母亲家庭。一些与藏族社区有着紧密商业联系的华商家庭还会聘请藏语家庭教师。腾冲鹤庆商人张乃骞1924年出生在噶伦堡，从小在家中私塾学习藏语和普通话。随后，张乃骞在加尔各答的一所英语寄宿学校接受正式教育，二战期间返回国内就读于国立中央大学。张氏家族经营的恒盛公与西藏三大贸易公司之一的热振昌保持着非常紧

---

① 抗战时期滇缅路传统马帮商路恢复较早，约在1940年间，主要是鹤庆、喜洲商帮依靠滇缅公路开展。1941年12月滇缅公路中断后方才开启滇川藏印马帮运输线，主要是丽江商号参与。参见周智生《商人与近代中国西南边疆社会：以滇西北为中心》，北京：中国社会科学出版社，2006年；杨毓才《云南各民族经济发展史》，昆明：云南民族出版社，1989年。

密的商业联系。①1944年出生的马寿康（马铸材长孙）每天在学校学习课后仍需在家中强化英语和藏语。马寿康每天早上6点半学习藏语，晚上7点半补习英语，均由家庭聘请私人教师。

关于噶伦堡中华学校课程设置，尚未找到相关档案。但第二历史档案馆所藏一份1936年档案，提及加城塔坝唐人街的培梅小学"每周上课三十六小时，计国语六、算术四、信札三、历史地理公民自然社会各二、卫生音乐游戏作文珠算各一，余为习字"，可供参考。②

1950年代中期，根据印度政府规定，印地语开始被纳入印度华侨学校课程。但在日常生活中，噶伦堡学生仍使用基本的尼泊尔语口语与当地社区居民交流。这一语言环境也与加尔各答华校形成了对比。在日常生活中，加尔各答华人更倾向于使用印地语而非当地通行的孟加拉语。③噶伦堡中华学校一方面格外强调国语作为授课语言，重视国民教育与爱国主义精神，每年国庆日均升国旗、奏国歌；另一方面则在日常课程中提供多种语言课程，尊重当地作为边境贸易重镇、多种文化交融地区的特色，保证教学内容的多样性。1950年代在噶伦堡中华学校曾有多名当地尼泊尔和印度学生入学并完成学业，这一点在印度乃至东南亚华校都极为少见。1944年孟买华校纪念特刊中明确指出学生应为"中华民国籍男女"，加城华校更是直接服务于当地华人社区。

结　语

综上所述，本文主要依据第二历史档案馆、上海市档案馆、重庆市档案馆所藏原始档案资料对噶伦堡中华学校的兴学历史、教员与学

---

① 参见李旭《茶马古道》，第45—72页；张相时《云南恒盛公商号经营史略》，《云南文史资料选辑》第42辑，1993年。
② 教育部档案：《函复对于核准孟买华侨小学立案同意》，中国第二历史档案馆藏，馆藏全宗号第五卷，案卷13306。
③ Zhang Xing, *Preserving Identity*, pp.14-15, 29, 69-70.

生情况以及教学语言做出考察补正。印度尼西亚、马来亚、新加坡、缅甸等地华侨教育在太平洋战争期间受到日军侵略带来的巨大破坏和冲击，或毁于战火，被迫关闭，或被迫接受日军奴化教育和日语教学。[①]相比之下，噶伦堡和印度其他华侨学校难得地成为教育的伊甸园，发展迅速，一跃成为华侨教育重镇。

由于社会政治、历史文化诸多要素之影响，即便同在印度，噶伦堡中华学校在教学情况上与加尔各答、孟买等地华校呈现出诸多不同。并且噶伦堡中华学校二十年历史进程也经历了重重变化。噶伦堡华人群体较为深入地参与到当地日常生活中。所以一度有当地尼泊尔、孟加拉族学生入学中华学校。华人学生也具备多种语言能力。多民族混居的情况和边境贸易也使得藏语成为重要交流语言，不仅学校开设藏文课程，也有不少学生在课外进行辅导。相较之下印度其他地区华校早期以方言教学为主，后改为国语。噶伦堡中华学校的几任校长都来自委派，曾分别在各地华校辗转任职，是我国侨教事业发展的重要代表。普通教师的来源则更为多样，或在其他华校积攒了丰富的教学经验，或是当地华侨子弟，或是前来避难的知识分子，共同推动了噶伦堡中华学校的国语教学发展。

---

① 关于抗战时期印尼华校受到的冲击，参见黄昆章《印度尼西亚华文教育发展史》，北京：外语教学与研究出版社，2007年。

乌黛·香卡舞蹈团1957年的访华演出与印度现代舞蹈在中国[*]

〔美〕魏美玲

摘　要：现代印度最有名的舞蹈家之一，乌黛·香卡在舞蹈编排、教学上都留下了贡献。香卡发展了一种新的印度现代舞风格并早在20世纪30年代末为印度现代舞建立了第一个较系统的教育体系。香卡还尝试了舞蹈影子戏和舞蹈电影，创作了宗教题材和现实生活题材的作品。香卡舞团1957年的访华演出对"亚际"（inter-Asia）舞蹈研究提供案例，却尚未被深入研究。香卡与泰戈尔、埃尔姆赫斯特夫妇和达廷顿也都有联系。

关键词：乌黛·香卡　中外舞蹈交流　泰戈尔　印度现代舞蹈

导　论

1957年7月19日，著名印度舞蹈艺术家乌黛·香卡（Uday Shankar）和他领导的舞蹈团一共27人到达北京，开始一个半月在中国六个城市的访问和巡回演出。1957年9月2日离华之前，该团先后在北京、沈阳、天津、杭州、上海和广州等地做了25场演出，观众超过7万人次。[①]从大历史背景来看，香卡舞团1957年的访华演出属于1950年代

---

[*] 本文研究得到约翰·西蒙·古根海姆纪念基金会课题项目支持。作者系美国威廉玛丽大学中国研究教授。

[①] 《印度乌黛·香卡舞蹈团到京》，《人民日报》1957年7月21日；《印度乌黛·香卡舞蹈团到北京》，《光明日报》1957年7月21日；《印度乌黛·香卡舞蹈团回国前夕——乌黛·香卡招待记者发表观感》，《南方日报》1957年9月2日；宋天仪：《中外表演艺术交流史略（1949—1992）》，北京：文化艺术出版社，1994年，第229页。

中印文化交流系列活动的一项，与当时的"万隆精神"和"亚非运动"密切相关，也是中国当时提倡的"人民外交"的产物。除了外交意义之外，香卡舞团1957年的访华演出也有艺术层面的意义。乌黛·香卡作为"印度现代舞之父"通过1957年的访华演出把他所创作的"印度现代舞蹈"带到了中国。① 在中外舞蹈研究中"现代舞"经常被限定为西方舞蹈文化。随着"全球现代主义"（global modernisms）研究视角的兴起，舞蹈学界逐渐对现代舞有了更开阔的认识。香卡舞团1957年在中国的巡演活动能够引起我们对中印舞蹈现代性和20世纪中印舞蹈交流的新思考。

与中国古典舞相同，现在称之为"印度古典舞"的不同流派，即婆罗多（Bharatanatyam）、卡塔克（Kathak）、奥蒂西（Odissi）等都是20世纪印度文化工作者从印度丰富多彩的文化传统提炼出来的。虽然这些舞种取材于传统文化，但在很多方面进行了改造和重建。印度的舞台化民间舞蹈同样也是通过复杂的现代化再造形成的。当然，中国和印度两国的民族舞蹈现代重建过程不完全一致，但两国的舞蹈教学模式、舞台编排、服饰和造型设计、舞者的社会背景以及舞者经济来源等方面都发生了变化。1947年印度独立之后，印度最高的专业舞蹈学府国家音乐舞蹈学院（Sangeet Natak Akademi）建立于1953年，几乎跟1954年建立的北京舞蹈学校同步。两所学校对当地古典舞和舞台化民间舞都有了决定性影响，也是中印舞蹈现代重建的可比性之处。

乌黛·香卡的舞蹈流派与印度主流认可的古典舞和民间舞有所不同。印度舞蹈学专家兼香卡舞蹈体系前学员乌尔米马拉·萨卡尔·蒙西认为1947年印度独立之后，香卡的舞蹈因为充满现代性就被印度的国家文化政策和官方舞蹈史学排在门外。萨卡尔·蒙西写道，"古典形式的舞蹈与民间或社区表演之间存在着鲜明的二元对立，将香卡的贡献视为外来的、类似融合的、缺乏技术的东西。这一阶段的政策制定

---

① 李兆乾：《印度现代舞之父——乌黛·香卡及其一家》，《中外文化交流》1992年增刊第2期，第20—21页。

也负责了印度舞蹈史的书写,在罗宾德拉纳特·泰戈尔和乌黛·香卡等人的舞蹈传统的特定背景下,故意将入侵者排除在外"[1]。香卡1957年访华后,上海人民艺术出版社1958年出版了《印度乌黛·香卡舞蹈》彩色小画片集,对香卡这样介绍:"乌黛·香卡是世界知名的舞蹈艺术家,他从事舞蹈艺术生活37年,始终实地继承和发扬自己祖国优秀的艺术传统,并以现实主义表现手法,把印度古典舞蹈和民间舞蹈融合在一起,创造了富有生活气息的'香卡式'舞蹈。"[2]

这种"香卡式"舞蹈与泰戈尔所提出的现代印度文化有直接联络,泰戈尔也成为了香卡舞蹈的重要推动者和代言人。泰戈尔的英国好友们恩厚之(Leonard K. Elmhirst)与多萝西·埃尔姆赫斯特(Dorothy Elmhirst)夫妇大量赞助了香卡的舞蹈活动,包括他1930年代的一些国际巡演和1938年在印度阿尔莫拉建立的舞蹈学校:印度乌黛·香卡文化中心。[3] "中国舞蹈之母"戴爱莲留英时曾上过恩厚之和斯崔特按照泰戈尔的教育观建立的艺术学校达廷顿(Dartington Hall)学现代舞,并受香卡启发。[4]因此,香卡的舞蹈与泰戈尔密不可分,而且香卡1957年访华演出背后有许多关系到泰戈尔与中印舞蹈关系的渊源。

香卡舞团1957年的访华演出目前在中英文学界都缺乏关注。在笔者能查到的资料中,没有一篇学术文章深入探讨过这次历史性的中印跨国舞蹈交流。本文对此巡演进行中文一手材料的历史梳理。其次,

---

[1] Urmimala Sarkar Munsi, *Uday Shankar and His Transcultural Experimentations: Dancing Modernity* (Cham: Palgrave Macmillan, 2022), p.10.

[2] 尹福康、安禹摄:《印度乌黛·香卡舞蹈》,上海:上海人民艺术出版社,1958年。

[3] Prarthana Purkayastha, *Indian Modern Dance, Feminism and Transnationalism* (Houndmills, Basingstoke, Hampshire: Palgrave Macmillan, 2014), pp.59-67. 萨卡尔·蒙西还提出埃尔姆赫斯特夫妇除了赞助泰戈尔和香卡的两所学校之外还赞助了婆罗多舞大师鲁克米妮·德维·阿伦戴尔(Rukmini Devi Arundale)在南印度建立的卡拉克雪特拉(Kalakshetra)舞蹈学院和美国现代舞基地美国舞蹈节。Urmimala Sarkar Munsi, "Boundaries and Beyond: Problems of Nomenclature in Indian Dance History" in *Dance: Transcending Borders*, ed. Urmimala Sarkar Munsi (New Delhi: Tulika Books, 2008), p.89.

[4] 参见〔美〕魏美玲《革命的身体:重新认识当代中国舞蹈文化》,上海:复旦大学出版社,2023年,第20—22页。

笔者参考来自中国、印度、英国和北美四地对香卡的学术研究。笔者认为，要充分了解中国舞蹈的现代性和文化再造，不仅需要考虑中西舞蹈交流，也要关注"亚际"（inter-Asia）方法，即不同亚洲国家与地区之间的舞蹈呼应、交流、对比与对话。①

一、乌黛·香卡舞蹈团的访华作品

根据原有1957年7月25日中国首演的节目单说明，乌黛·香卡舞蹈团1957年来华演出带来了一共十一个节目，其中有十部舞蹈和《塔布拉·泰朗加》②鼓独奏。十个舞蹈如下：

1.《劳力与机器》舞，表演者：全团
2.《曼尼普里》舞，表演者：亚玛娜·香卡（乌黛之妻）和四位女演员
3.《因陀罗》舞，表演者：乌黛·香卡
4.《收获》舞，表演者：八位演员（四男、四女）
5.《克里希南尼》舞，表演者：亚玛娜·香卡
6.《卡尔梯基亚》舞，表演者：乌黛·香卡
7.《旁遮普》民间舞蹈，表演者：八位演员（四男、四女）
8.《蒂罗塔玛》舞，亚玛娜·香卡和两位男演员
9.《阿萨姆》舞，表演者：乌黛·香卡、亚玛娜·香卡和十三位男女演员
10.《锡达塔王子的伟大的出家》舞，表演者：全团③

---

① Emily Wilcox and Soo Ryon Yoon, eds., *Inter-Asia in Motion: Dance as Method* (London: Routledge, 2024).
② "Tabla Tarang"，即十到十五面塔布拉鼓围一圈，一个人来独奏。
③ 见《印度乌黛·香卡舞蹈团访问演出》（中印友好协会主办，1957年7月25日）节目单，为作者个人收藏。

节目单列出舞团每个人的姓名、性别和角色。演员有乌黛·香卡、亚玛娜·香卡两位主角和十四名群舞演员九男五女。音乐团队有一名指挥和五位音乐队员。另有一个兼任舞台监督、司幕及灯光效果，还有一位助理、一位灯光控制人员和一位人事管理。除了六名女演员之外，其余都是男性。①

十部舞蹈作品其中有六部表现宗教和神话。按照节目单的解释，《曼尼普里》（Manipuri）表现"信徒们祈求克里希纳神光临并和他们跳舞。"《因陀罗》（Indra）、《卡尔梯基亚》（Kartikeya）、《蒂罗塔玛》（Tilottama）三个舞蹈中由乌黛·香卡或亚玛娜·香卡扮演印度教的神，作品以神为名。在《克里希南尼》（Krishnani）舞中亚玛娜·香卡却表现神与人的关系："在印度有这样的传说：'克里希南尼'常常以牧童的姿态出现，游戏在人间，善吹牧笛，播送爱情。乌黛·香卡的夫人、著名的舞蹈家亚玛娜·香卡在'克里希南尼'舞中，生动地表现了这一人与神爱恋的故事。"②前面五个作品都以印度教为题材，而《锡达塔王子的伟大的出家》（Great Renunciation of Prince Siddhartha）讲述佛教奠基人悉达多·乔达摩的人生。

另外四个作品反映了印度的民间文化和现实生活。关于《曼尼普里》和《旁遮普》（Punjab），中国东方艺术史专家常任侠提出："它吸收了民间艺术的精华，歌唱出人民的习俗与信仰，这个独具风格的艺术，是与印度的土地与人民结合在一起的。"③中国著名京剧艺术家梅兰芳赞扬了《劳力与机器》（Labor and Machinery）、《收获》（Harvest）和《阿萨姆》（Assam）这三部作品"表现了劳动作为创造力以及人与大自然的斗争"④。节目单对《收获》舞这样描述："男孩子们和姑娘们在收获之后玩乐，并在村庄的节日里用歌舞来庆祝收获；他们追忆着

---

① 媒体报道团队一共27人，但节目单只显示26个人名（一共6女、20男）。
② 《乌黛·香卡舞蹈团昨在广州演出》，《南方日报》1957年8月30日。
③ 常任侠：《乌黛·香卡的艺术创造》，《光明日报》1957年7月29日。
④ "Uday Shankar's Successful Performances in Peking," *The Modern Review*, 1957, no. 101-102, p.504.

雨天、播种、收割打谷、去皮、过筛、装载和运输米粮的情景。"《阿萨姆》则用悲剧的方式表现印度山民的艰难生活:"巨大的饥饿的布拉马普特拉河毁灭着一切阻挡它的东西,但同时人类照旧进行自己的生活,年复一年地当着欢乐和哀愁、爱情和嫉妒,传来了一件新闻——有两条人命被冲走了。"①

中国作家郑振铎表扬了亚玛娜·香卡在《阿萨姆》舞中的表演:"她的舞姿细致曲折,转如回风之舞雪,进似猎狗之扑兔,能够把悲惨的运命和与大自然搏斗的失败,感人地体现在舞台上面。在大自然的残酷的灾害的面前,人类变得如此的嫉妒无情。两条人命被河水冲走了,那消息只是像河水上的涟漪,一转眼就消失了。战胜大自然的灾害和战胜不幸的社会的不平是不可分割的。"②常任侠还有所补充:"阿萨姆是印度东部的山区,一条布拉马普特拉河,倾泄而下,这山区的人民,常常为了这条河流而引起灾难,在生活中萦绕着欢乐和哀愁。幕开时的场景是优美的。人们在雨季中耕作,在旱季中祈祷,在悠扬的笛声中,传出他们的希望与梦幻。把生活的小景,组织成诗一样的韵律,节奏,香卡的这个舞蹈,实在是一首抒情的生活乐章。便是在最后两条人命被河流冲走的时候,水波的回旋,洪涛的激荡,仿佛在幽暗的微光中展现,也给人以深刻的印象。"常任侠总结:"群众在昏睡中惊起了,这个毁灭的哀歌,尚在远远的林莽中摇曳。我国古诗说:'牧人乃梦,众为鱼矣!'香卡的舞蹈,很优美的描绘出这个幻想与真实的合奏。使人如同接触到劳动人民的生活。"

开场作品《劳力与机器》舞是乌黛·香卡的名作,也是十部舞蹈中最直接探讨当代印度社会问题。常任侠生动地描述:"这个舞剧开场所表现的是农村的景象,一群农民正在丰富的收护,椿谷打稻,扬起了快乐的歌声。但接着来了都市的剥削者,运来了机器,开设了工

---

① 《印度乌黛·香卡舞蹈团访问演出》节目单。
② 郑振铎:《赞歌朝霞般的舞蹈——观印度乌黛·香卡舞蹈团的演出后》,《人民日报》1957年7月28日。

厂,不少农民被诱进了剥削者的陷阱,变成了机器的一部分,经常过着受侮辱受压迫的生活,被残酷的剥削者束缚着牵引着,人失去了正常的状态,惊叫癫痫,神经发生了错乱。终于这些劳动者又逃回到农村,不愿再为资本家服役。最后是机器所有者与农民和解,农民们采用了机器来改进农业,使神圣的劳动和机器之间建立了合作关系,从那以后,农人就永远过着幸福繁荣的生活。"《劳力与机器》不仅对社会问题提供尖锐的批判与叙事,而且在舞蹈形式上也有所创新。关于作品的编排,常任侠提出"这个舞剧的进行,人模仿了机器的动作,伴奏的乐器模仿了机器的音响,使人感觉新鲜而生动。印度的舞蹈,素来富于宗教的气息。但在这个舞蹈中,却充满着生活的气息,不仅内容是新创的,许多动作也是新创的。虽然他所使用的是印度传统的舞蹈节奏,但它却是新时代的产物,与当前的社会问题相接"。

除了上述的作品以外,乌黛·香卡舞团1957年访华演出中还带来了一部"影子戏"作品叫《佛陀一生》。前驻印度大使馆文化参赞林林提到,1956年底1957年初周恩来总理与贺龙副总理访印时在新德里曾看过这部作品并非常喜欢。[1]中国记者说明:"印度'影子戏'是大艺术家乌黛·香卡所创作的一种新颖的舞蹈艺术形式。舞台的前端有一块白色的布幕,演员是在布幕后面表演,通过强光灯的辐射,那优美的舞影便呈现在布幕上。"[2]《佛陀一生》没有出现在节目单上,但许多中国媒体都提到了这部作品,刚来就有报道:"舞蹈团将在这里演出中国观众没有看过的印度特有的"影子戏"和各派印度舞蹈。"[3]

---

[1] 林林:《您好,乌黛·香卡先生!》,《人民日报》1957年7月25日。
[2] 《印度乌黛·香卡舞蹈团结束在中国的访问演出:昨晚为广州观众演出"影子戏"》,《南方日报》1957年9月1日。
[3] 《印度乌黛·香卡舞蹈团到京》,《人民日报》1957年7月21日;《印度乌黛·香卡舞蹈团到北京》,《光明日报》1957年7月21日。

二、中国媒体对香卡的评价

无论是舞蹈还是影子戏，宗教题材、民间文化题材还是现实生活题材，乌黛·香卡对印度舞蹈的创新编排和精彩演出都普遍引起了中国媒体的赞扬和认可。舞团刚到中国时，《人民日报》和《光明日报》写道："乌黛·香卡是印度当代最有成就的舞蹈家，曾被誉为'印度的梅兰芳'。"[①]中国媒体对香卡的称赞一般有两方面：一是香卡对印度舞蹈的创造性继承，二是香卡形成了自己独特的舞蹈门派。

林林对香卡的评价比较典型。他表扬香卡"富有创造性的印度舞蹈艺术"，然后进一步说明："您对印度舞蹈艺术，有您自己的见解。您说您要用现代的艺术表现印度的精神。"林林所说的"现代的艺术"和现实主义艺术密切相关，而且与传统艺术并不对立："你们的舞蹈艺术，是吸取了印度古典与民间舞蹈艺术的精华，并在这优良传统的基础上，用现实主义的手法苦心地进行了加工、创造。您认为艺术家应该包容'群众的生活，它朴实无华，富有力量、生命和进步的创造精神'。"[②]在林林看来，"香卡式"舞蹈并没有离开传统，反而吸收了传统，并在传统舞蹈的基础上进行了创新，最终使传统更好地表现现实生活和人民精神。林林还认为这样的现代手法能够使中国观众更加欣赏印度舞蹈，同时也令他们认出传统和创新的融合。与林林的观点一致，郑振铎强调香卡对印度舞蹈的独特见解及现代性，并认为这是香卡式舞蹈的重要成功之处："他所编导的各种舞蹈，是古典的，又是民间的，是古老的印度民族的，又是结合着若干现代化的动作。一眼望去，乃是彻头彻尾地印度的，也是彻头彻尾地乌黛·香卡的。就在演出印度古典舞的时候，也浓厚地渗透着乌黛·香卡的气氛。乌黛·香

---

① 《印度乌黛·香卡舞蹈团到京》，《人民日报》1957年7月21日；《印度乌黛·香卡舞蹈团到北京》，《光明日报》1957年7月21日。

② 林林：《您好，乌黛·香卡先生！》，《人民日报》1957年7月25日。

卡的作风自成一派,很壮大的一派。"①

在宗教题材的舞蹈中,中国媒体强调香卡对此题材的世俗性处理和对神的"人格化"表现方式。比如,常任侠对《锡达塔王子的伟大的出家》舞指出,"虽则是宗教的故事,却充满着人世的生活气息。"在常任侠看来,这个"人世的生活气息"在于作品的道德观和社会问题意识:"悉昙达是一个具有伟大良心的人,他敝屣富贵,出家探求真理,创始佛教,对于当时印度种姓制度严格的阶级社会,是一种反抗与革命。他所倡导的真诚与和平,永无阶级的社会,至今还是人类所追求的理想。'伟大的出家'代表着崇高的道德,在香卡的舞蹈中,所表现的正是这种崇高的价值。"就因为有这样的社会问题意识和道德教训,常任侠认为香卡的创造性舞蹈超越了印度的传统舞蹈:"在乌黛·香卡所领导的舞蹈艺术中,它已超越了印度古典的宗教舞,为社会提出问题,为人生探求真理,在抒情的韵律中,歌唱出人民的生活愿望。我们欢迎这个艺术,给我们丰富了文化的生活。"②

评价《因陀罗》《卡尔梯基亚》《蒂罗塔玛》《克里希南尼》和《锡达塔王子的伟大的出家》时,中国记者韩北屏总结:"上述这几个舞蹈,都是根据神话改编的,可是都把神祇人格化了。"③至于"人格化"处理法的效果,韩北屏认为:"这种人格化的神,就使我们感到亲切,因而容易理解,并且可以从中辨认善与恶,却不必执住于宗教的教义。"韩北屏还分享了自己看《卡尔梯基亚》舞的感受:"我一面看一面想,这虽然是一位要跟恶魔决斗的神,但是,活现在我面前的,不正是一个古代战士的形象吗?他要跟敌人去厮杀,要保卫善而惩罚恶,这种英雄形象是震动人心的。"《人民日报》负责戏剧音乐的编辑朱树兰同样强调香卡对神的人格化处理,并且认为这是香卡式舞蹈吸引中国观众的重要因素:"是什么那样吸引住全场的观众?对于我们这些爱

---

① 郑振铎:《赞歌朝霞般的舞蹈》,《人民日报》1957年7月28日。
② 常任侠:《乌黛·香卡的艺术创造》,《光明日报》1957年7月29日。
③ 韩北屏:《智慧与友谊 乌黛·香卡舞蹈团在广州演出观后》,《南方日报》1957年8月31日。

好印度舞蹈的人来说，不仅仅是我们久已熟悉变化巧妙的手势、动人的眼神和婀娜的舞姿，使我们凝神贯注，惟恐失去哪怕是一瞬间的享受的，是贯穿着全部演出节目的对人的热爱、对生活的热爱的那股暖流。它不停地激动着我们，感染着我们。即使在表现关于神的传说里，我们仍能感到人的精神和生活的气息。这也许就是乌黛·香卡先生所追求和要表露的'文化热望'和'梦想'！"①

民间文化题材的作品也引起了中国评论者对香卡式舞蹈的现代性思考。关于《收获》，郑振铎指出："这是一个民间舞，但经过乌黛·香卡的大手笔，成为比较现代化的一个集体舞了。我们在这里闻得出乌黛·香卡的创作的劳动之气息。他改进了民间舞蹈，磨去了其间粗糙的和原始的部分，加入了些适合于现代人的趣味的东西。这样的大气魄、大手笔的改革，很值得我们仔细的研究。"在郑振铎看来，《旁遮普》一样也是香卡重新处理民间舞蹈的产物："《旁遮普》民间舞蹈，也是一个集体舞，也是同样地由乌黛·香卡改编过的。'改编'耗费了他很大的苦心。但站在吸取印度民间舞蹈的优良传统的基础上，而加以提高，加以改革，加以重行整练过，乃是使印度民间舞蹈能够为现代人，特别是非印度人所能接受、所能欣赏的主要原因。也因此，印度民间舞蹈乃能更广泛地流传于世界各地了。"郑振铎认为香卡不仅对自己文化的舞蹈深有研究，还善于吸收外来文化，而郑振铎认为这也是值得赞扬的："乌黛·香卡先生的改编与创作的勇气与雄心是令人钦佩的。他的舞蹈团是刻刻在前进，时时在发展。他没有一刻停止过。他自己告诉我说，'也希望在中国学习到些舞蹈'。的确，他不仅吸收了印度的古典的与民间的舞蹈的精华，而且也吸收着印度以外的世界上的好东西。他是那样地博取广收，取精用弘！"②

至于"影子戏"《佛陀一生》的中国舞评也是满口赞语。林林写

---

① 朱树兰：《生活的美——看乌黛·香卡舞蹈团演出的随感》，《人民日报》1957年7月8日。
② 郑振铎：《赞歌朝霞般的舞蹈》，《人民日报》1957年7月28日。

道,"你们的特殊艺术形式——影子舞剧,对中国人民说,还是一种新鲜事物,我很感兴趣。你们运用灯光的辐射,表现的舞姿是那么美妙,准确;布景是那么简单而堂皇而富色彩的变幻,变景又是那么神速。"与上述的评论者一样,林林也认可了香卡对神的人格化处理:"这种影子舞蹈的艺术形式,实在是表现一种梦幻与现实相结合的绝好形式,真是引人入胜。关于'佛的一生',我以为明显的好处,是把他当作一个伟大的人,而不是当作神来处理。记得您说这个影子舞剧是花费十个月工夫排练出来的,再三再四地考虑了它的表现方法。我很钦佩你们对艺术创造的认真、严肃的态度。"[1]

总之,在中国媒体评论乌黛·香卡舞蹈团1957年访华演出时,香卡对传统舞蹈文化的创新及其对宗教、民间和现实生活等不同题材的现代性处理和对外来文化的吸收都受到了中国媒体的认可。1957年访华演出期间,乌黛·香卡舞蹈团给中国观众带来了一种新鲜的印度舞蹈艺术。这种舞蹈吸收了很多印度的传统文化,包括传统的舞蹈题材和舞蹈形式,但它并不完全是印度的传统舞蹈。它又不同于二十世纪印度舞蹈界兴起的学院派古典舞和民间舞。因此,在印度舞蹈界,香卡式舞蹈被称为"印度现代舞"。

三、乌黛·香卡与印度舞蹈

乌黛·香卡的艺术背景相当国际化。另外,虽然香卡成为了二十世纪印度最著名的舞蹈家之一,他并不是学舞蹈出身的。访华期间,《光明日报》这样介绍香卡:"乌黛·香卡年轻时,曾在英国伦敦皇家艺术学院学过绘画。这时候,他只是在课余学点舞蹈,并没有专门跟别人学过。但是由于他对舞蹈艺术的酷爱,在1919年起,他在欧洲花了十一年的长时间,专门从事舞蹈艺术专业的活动。在这期间,他的

---

[1] 林林:《您好,乌黛·香卡先生!》,《人民日报》1957年7月25日。

舞技被著名舞蹈家安娜·巴甫洛娃（Anna Pavlova）所赏识，并被聘为她的舞伴，同赴美国表演。从那时起，他已经成了一个有名的舞蹈演员了。这次来中国的'香卡舞蹈团'是乌黛·香卡在1930年筹划建立的，经常到欧美和东方各国表演，轰动一时。著名的'印度文化中心'也是他于1939年在阿尔莫拉创办的，专门教授舞蹈。"①

香卡的专业舞蹈生涯起源于西方，并早于印度传统舞蹈的二十世纪重建。因此，在舞台化印度古典舞和印度民间舞尚未定型的时候，香卡形成了自己对印度传统舞蹈的独特认识，并把他在传统基础上新编的印度舞蹈介绍给欧美观众。美国人类学家琼·埃德曼这样总结："1930年代初，在印度古典舞复兴之前，舞蹈家编导家乌黛·香卡把印度舞蹈带到了西方。"②香卡的舞团1931年3月在巴黎首演之前，有些西方舞蹈演员上演过印度题材的舞蹈作品，比如美国现代舞奠基人露丝·圣·丹尼斯（Ruth St. Denis）和泰德·萧恩（Ted Shawn），还有香卡的首位舞伴著名俄罗斯芭蕾舞家安娜·巴甫洛娃。可是，这些舞蹈家们没有长期在印度生活过，也没有受到过印度舞蹈的训练。③尽管乌黛·香卡也没有从小受到专业的舞蹈训练，但他在印度出生长大，小时候接触过或学习过一些当地的舞蹈，后来在伦敦到图书馆和博物馆去自习印度艺术并向一位印度舞蹈演员学习。④1930年初，香卡带了他的新舞伴法国女演员希姆基（Simkie）与赞助商瑞士女雕塑家艾丽斯·博纳（Alice Boner）一起回印度。除了演出之外，他们对印度不同地区的舞蹈文化进行了考察，香卡还花了六个星期向卡塔卡利（Kathakali）舞专家香卡兰·南博迪里（Shankaran Namboodiri）学习。随后香卡与他的母亲、三个弟弟，表妹与其父和几位印度音乐家一起

---

① 文堂：《印度舞蹈家乌黛·香卡》，《光明日报》1957年7月26日。
② Joan L. Erdman, "Performance as Translation: Uday Shankar in the West," *The Drama Review*, 31, no. 1 (1987), p.64.
③ Ibid.
④ Ibid., p.85.

坐船回到欧洲成立乌黛·香卡舞蹈团。①

埃德曼认为香卡的舞蹈1930年代之所以在欧美受欢迎是因为香卡第一次把相对正宗的印度舞蹈有效"翻译"成西方观众能接受的表演艺术。就是说，因为长期在欧洲生活并紧密与欧洲艺术家们合作，香卡很好地掌握了西方的舞台策划以及欧美观众欣赏印度文化的条件。然后，在自己的艺术作品中，香卡把印度的故事、音乐、舞蹈、服装、舞台设计等元素都重新创造和改编并融合了西方舞台艺术的元素，最后成为欧美观众能够理解和欣赏的精彩跨文化艺术。除了这种中印之间的跨文化"翻译"之外，香卡对印度自身的舞蹈发展也提供了很大的贡献。美国舞蹈史学专家露丝·艾布拉姆斯（Ruth K. Abrahams）提出，香卡的观点与当时其他印度艺术家（包括泰戈尔在内）有个明显的不同，在于香卡提倡一种"超地区主义"（pan-regionalism）。② 就是说，香卡的艺术不限于印度某一个地区的区域性文化，而力图吸收整个印度的舞蹈传统。另外，香卡倡导的不是某一种舞蹈风格或舞蹈传统，而是舞蹈作为一个大范围来推动。亚伯拉罕认为，在印度众多著名艺术家中香卡最早把舞蹈视为一种值得尊重的正当的艺术事业。③

香卡舞蹈团1957年访华演出的《因陀罗》舞和《塔布拉·泰朗加》鼓演奏是1931年巴黎首演的作品。④《卡尔梯基亚》舞是香卡1934年回到加尔各答重新组团后创作的第一个新作品。当时香卡邀请了他之前的卡塔卡利舞老师南博迪里从印度西南地区的喀拉拉邦搬到印度东北地区的加尔各答成为舞团的师傅。然后，作品的灵感来源于香卡参观了印度中西地区的著名埃洛拉石窟，陶醉于石窟里的雕塑和宗教氛围。"其结果并不是对故事的真实再现（理想的戏剧性冲突），而是对即将发生的冲突所需的心理准备素质的描绘。《卡尔梯基亚》舞的基

---

① Erdman, "Performance as Translation," p.77; Ruth K. Abrahams, "Uday Shankar: The Early Years, 1900-1938," *Dance Chronicle*, 30 (2007), pp. 363-426, 397-404.
② Abrahams, "Uday Shankar," p.365.
③ Ibid., pp.398-399.
④ Erdman, "Performance as Translation," p.79.

础仅仅是南博迪里教授的几个基本卡塔卡利动作和雕刻在埃洛拉墙壁上的雕像，它具有一种深刻的精神性，这在以前的香卡舞蹈中是找不到的。"① 因此，南博迪里老师第一次观看《卡尔梯基亚》非常感动，就流了眼泪。

四、乌黛·香卡的印度现代舞

泰戈尔一直支持香卡的舞蹈创作，有的学者还认为香卡继承了泰戈尔对印度现代舞蹈的早期探索。萨卡尔·蒙西这样总结泰戈尔对印度现代舞蹈的奠基性贡献："罗宾德拉纳特·泰戈尔对各种舞蹈形式的制度化教学和实验的贡献，以及他在现代教育方面的创举，使人们意识到印度和其他南亚及东南亚国家存在着多种形式的舞蹈实践。他尝试以芭蕾舞的方式表现他的文本，并将其命名为'舞剧'，这在历史上是乌黛·香卡后来创作舞蹈的先驱。"② 萨卡尔·蒙西进一步解释："'现代'一词适合泰戈尔和香卡的作品，因为他们的理念和作品中对个人自由的赞美以及他们的创作冲动，都使他们超越了任何单一舞蹈形式的限制。"③

南亚裔英国舞蹈学专家普拉萨纳·普尔卡亚斯塔同样强调泰戈尔对香卡的影响，尤其在教育方面。她写道："泰戈尔在印度孟加拉桑地尼克坦（Shantiniketan）创办的国际大学（Visva Bharati，恩厚之在那里花了大量时间参与农村重建项目）、恩厚之和多萝西·埃尔姆赫斯特的达廷顿以及香卡在印度北部创办的阿尔莫拉中心等机构的创办理念之间存在着明确而重要的联系，尽管它们之间的联系只是偶尔被提及。与桑地尼克坦和达廷顿一样，香卡的中心也是另类教育体系的实验，它将传授艺术知识和关于过去和当代文化的研究。这种教学体系旨在

---

① Abrahams, "Uday Shankar," p.413.
② Sarkar Munsi, *Uday Shankar*, p.9 note 3.
③ Sarkar Munsi, "Boundaries and Beyond," pp.92–93.

鼓励表演艺术方面的创造和创新，同时支持和培养个人才能。"①

据萨卡尔·蒙西和普尔卡亚斯塔的研究，香卡在阿尔莫拉建立的舞蹈教育体系相当开放。每位学员的必修课程包含印度不同地区的古典舞派，即菠萝多、卡塔卡利和曼尼普利（这些课由来自全国各地最顶尖的专家传授），还有一种以走路为主的特殊早操课、香卡式的舞蹈技术课（由沙斯特里女士教的）、艺术与绘画课（由香卡教）和每天晚上极为重要的即兴和编创课（由香卡指导）。②关于晚上的即兴和编创课，萨卡尔·蒙西描述："所有的师生和学员都参加。这时香卡坐在中间打鼓，击出各种节奏，学员们要即兴。"③技术课融合了舞蹈和音乐的内容，还有理论课融合了美学、心理学和文学内容。萨卡尔·蒙西还补充说："这种训练的基本目的在于教学生如何形成自己的身体动作体系并发展自己的舞蹈美学，而不是为了教他们完整的舞蹈。每月底学生表演二十到二十五个节目。"④普尔卡亚斯塔和萨卡尔·蒙西还强调在编创教育中，学员要学会感受、记忆、专心、观察、想象等能力。普尔卡亚斯塔这样总结："回忆成为了编舞的第一步，然后对现实生活的记忆和观察成为了新形式的抽象动作的必要成分。"⑤

香卡舞团1957年在中国演出的《劳力与机器》就在阿尔莫拉创造。⑥乌黛·香卡1948年自导自演的歌舞电影《幻想》（Kalpana）记载了舞蹈作品《劳力与机器》的修改版本。⑦整部电影力图使用香卡的舞蹈艺术来反映和批判当时印度的社会问题。⑧关于电影里所展现的《劳力与机器》舞，普尔卡亚斯塔描述"《劳力与机器》的场景让人很吃

---

① Purkayastha, *Indian Modern Dance*, p.61.
② Ibid., pp.63-64.
③ Sarkar Munsi, "Boundaries and Beyond," pp.89-90.
④ Ibid., p.90.
⑤ Purkayastha, *Indian Modern Dance*, p.65.
⑥ Ibid., p.67.
⑦ Urmimala Sarkar Munsi, "Imag (in) ing the Nation: Uday Shankar's Kalpana," in *Traversing Tradition: Celebrating Dance in India* (New Delhi: Routledge India, 2011), p.137.
⑧ Purkayastha, *Indian Modern Dance*, p.72.

惊，因为它们暴露香卡实现了一种非编纂、非古典的编舞但恰恰基于相当国内的剥削性工业劳动"①。萨卡尔·蒙西更加直接地解释："比舞美和内容更值得关注的是动作的丰富性，这些动作是为了表现机器与劳动者整个场景创造的，并不来源于任何现有的舞蹈语汇，反而专门为了演出这个场景的具体目的而创造出来的。"萨卡尔·蒙西分析这部舞蹈的时候还强调在《劳力与机器》中，香卡把日常生活的动作与不同印度舞蹈系统的技术融合在一起，"从而不仅增强了创造性瞬间，还提供了大量的非语法动作模式，而在此之前，人们从未想过这些动作模式会成为创作舞蹈的素材"②。

除了《劳力与机器》之外，《幻想》还记录了香卡的很多舞蹈，并表达了香卡对当时印度社会的希望、自己个人文化身份的理解以及香卡的艺术追求。在普尔卡亚斯塔看来，电影《幻想》是香卡"舞蹈作品中最具有现代性的"，她进一步解释："这部电影的现代主义脉络就是由这种个人危机和冲突的表达所决定的。《幻想》是一部舞蹈片，展现了全球与本土的复杂交错，超越了纯粹的民族主义关切，转而与国际现代性进行混合对话。它仍然是20世纪印度通过舞蹈媒介展现的另类文化身份形成过程的宝贵记录。"③

与《劳力与机器》和《幻想》一样，香卡的"影子戏"也起源于1940年代的阿尔莫拉时期。1941年香卡创作第一个影子戏《拉姆与莱拉》(《罗摩衍那》中的片段)，是一场充满民间文化气息的室外演出，在山坡上为正在庆祝杜尔加女神节的民众公演的。④据新闻报道，观众接近一万人次，"阿尔莫拉几乎没有一个人留在家里"⑤。一手抓的粮食作为演出门票。萨卡尔·蒙西把这种新做法视为香卡的另一种现代性探索："在我看来，香卡超越舞台空间的举动，是通过与舞蹈相关的工

---

① Purkayastha, *Indian Modern Dance*, pp.73-74.
② Sarkar Munsi, "Imag (in) ing the Nation," p.137.
③ Purkayastha, *Indian Modern Dance*, p.78.
④ Sarkar Munsi, *Uday Shankar*, pp.156-157.
⑤ Ibid., p.184.

具参与公共领域的一种努力，而不是采取安全的方式继续标准的编舞过程。"①关于影子戏的演出形式，萨卡尔·蒙西写道："香卡对阴影媒介的运用超越了舞台上简单的舞蹈创作，进入了借助屏幕创造二维阴影的领域，表演在屏幕后面展开。这挑战了人们对身体范围的想象力，而这些身体现在必须成为图像的代表。"②这种新形式"同时联想到远东的皮影戏传统、包豪斯运动以及《大都会》（1927年）等电影中的革命性技术，许多电影评论者还认为《大都会》是乌黛·香卡的电影《卡尔帕娜》（1948年）的前身"③。《拉姆与莱拉》把新形式和大众娱乐融合在一起，成为了"中心最有名的演出"。④

影子戏《佛陀一生》首演于1953年庆祝佛陀出生2500周年。这时候阿尔莫拉的学校早就关闭，但演出跟以前一样还在室外进行。《佛陀一生》又加了一种新的技术：亚玛娜用手指甲绘画的幻灯片给白布上彩色背景。⑤因此，《佛陀一生》称之为第一部彩色影子戏。香卡后来反思影子戏的两个好处：一是扩大了观众；二是让他更深刻地认识到身体本身的表现力，因为影子里看不到脸部表情。香卡曾记录他在马拉巴尔和印尼观看过影子戏，深受启发。1992年，亚玛娜在加尔各答又演出了一部以佛陀人生为题材的室外影子戏，这时候香卡早已逝世。萨卡尔·蒙西亲自参与了此演出，后在2022年出版的著作中分享了她的经历，她写道："这部再造作品是亚玛娜·香卡最后扮演的大型演出。"⑥

结　论

乌黛·香卡的跨地区、跨国界、跨文化和跨媒介的舞蹈艺术已经

---

① Sarkar Munsi, *Uday Shankar*, p.180.
② Ibid.
③ Ibid., p.182.
④ Ibid., p.186.
⑤ Ibid., p.189.
⑥ Ibid., p.190.

成为了印度舞蹈史,甚至是全世界舞蹈史的传奇。香卡继承并发展了泰戈尔20世纪初在桑地尼克坦进行的现代印度舞蹈的探索和实践。无论是舞台创作还是舞蹈教育,香卡的大胆创新给印度舞蹈打造了一场探索印度文化现代性和印度舞蹈创新意识的新空间。与此同时,香卡的舞蹈作品和教育体系对印度不同地区的舞蹈文化的融合和互补,为印度创造了一种全国性的"共同体"式的舞蹈形式,与主流的印度古典舞和民间舞以区域为名的地方性派别有所不同。

1957年香卡的访华演出成为了中印舞蹈交流的重要历史事件。这样亚洲国家之间的舞蹈交流值得舞蹈研究者更多关注。不同亚洲国家的现当代舞蹈发展史有许多值得探讨的地方,不仅有真实的交流和互动,也有共同的经历和探索值得我们对比和研究。"亚际"文化研究方法强调把"东西"的跨文化视角转到"东东",这样的方法论有利于我们更好地认识中国与邻居亚洲国家的舞蹈史之间的关系,也有利于我们重新认识世界舞蹈史。

孟加拉本土期刊中想象与现实中的中国（1860年代至1940年代）*

〔印度〕萨尔瓦尼·古普图 撰 李 睿 译

摘 要：本文分析了19—20世纪孟加拉本土文学期刊中的中国形象，探索了那一时期中印两国在文化、思想和历史上的联系。通过考察知名和不知名作家的文章，揭示中国现代化进程对印度知识界的影响，并探讨印度如何通过这些交流重新审视自身文化。强调从狭隘民族主义视角转向全球视野的重要性，呼吁当代印度人从历史中汲取智慧，推动世界和平与文化共荣。

关键词：孟加拉文学 中国形象 中印交流 民族主义

探究和讨论成就中国之伟大的品质和信念的热切冲动，自19世纪下半叶起，一直是印度思想史的重要部分。这与精英阶层中兴起的世界主义和民族主义思想息息相关。孟加拉本土文学期刊中对亚洲及其与世界关系的讨论，旨在教育读者树立世界主义视野，尽管20世纪起民族主义的底色渐显。[①]中国始终处于讨论焦点。作为一个亚洲强国，中国从古至今都与印度维系着精神和物质联系。关于中国的讨论既来自赴华旅行者，也来自依托中国古今相关文献进行虚构写作的作者。这些作者身份多元、关注各异，但存在某些本质的共性，或许触及中印交流的普遍性原则。为了理解罗宾德拉纳特·泰戈尔（রবীন্দ্রনাথ ঠাকুর，

---

* 作者系印度加尔各答内塔吉亚洲研究所亚洲文学与文化研究教授；译者系北京大学南亚学系2022届硕士。

① Sarvani Gooptu, *Knowing Asia, Being Asian: Cosmopolitanism and Nationalism in Bengali Periodicals, 1860-1940* (Delhi: Routledge, 2022).

Rabindranath Tagore，1861—1941）所说的"伟大的东方品质"，笔者从流行的孟加拉文学期刊上大量关于中国的文章中，梳理出基本趋势。这些品质应被所有亚洲人内化，以对抗殖民主义和帝国主义。笔者认为，泰戈尔1924年访华时所表现的思想理念，源自半个多世纪前并延续至今。

在"团结意识觉醒的新亚洲"[1]思想的演变中，泰戈尔主张运用"东方视角"分析亚洲人的品质，尽管他并不认为这些品质只适用于亚洲人。要完善人类的普遍理想，必须保持各国独特性，又承认所有国家都具有伟大品质。[2]但"东方视角"很独特，因为"东方通过感知个体领悟无极"[3]。经由知识分子在本土期刊中的著述可以追溯到：在二十世纪期间，随着视角的变化，两国的差异时而被抹去，时而被强调；然而通过强调对印度人乃至全亚洲同胞来说都很重要的理念和理想，物质和精神上的联系始终得以维持。在孟加拉知识分子和记者的著作中占主导地位的，正是这些共同的理念、从古至今在贸易、宗教和文化上的联系以及一种亚洲命运共同体的概念。

现在提及"亚洲连接"这个概念，很难想象没有中国或日本的积极参与。但在很长的一段时间里，印度人眼中这两国各自独立（甚至连泰戈尔1917年在《民族主义》中也提出东亚"追寻自己的道路，发展自己的文明"[4]），除非刻意冠以"亚洲"之名来彰显与印度的光荣纽带。对中国及其人民的好奇心从孟加拉媒体（报刊）兴起之初就已显现。尽管20世纪初日本的迅速崛起曾激起热潮，但关于中国的文章数量一直稳定不减。这些文章发表在《妇女启蒙》《妇女》《深闺》

---

[1] Rabindranath Tagore, "Appendix", in *Japan Jatri (Traveller to Japan)* (Calcutta: Visva Bharati, 2013), p.174.

[2] Rabindranath Tagore, "To the Indian community in Japan", in *Japan Jatri (Traveller to Japan)*, op. cit., p.117.

[3] Rabindranath Tagore, "Appendix", in *Japan Jatri (Traveller to Japan)*, op.cit., p.175.

[4] Rabindranath Tagore, *Nationalism* (Calcutta: Rupa and Co), 1992 (1917), p.29.

和《孟加拉的拉克希米》①等面向女性读者以及《印度大地》《侨民》和《欢喜市场报》②等面向大众的文学杂志上。大致分为两种。一种是游记，记录赴华者的见闻。另一类本质上是新闻性的，兼具教化意图，在时代背景下剖析构成中国本质的价值观。这些价值观能助力中国应对困境、重振辉煌，也为重建中印联系提供契机。

这些文章赞扬的品质包括纪律和毅力、坚定和自尊、传承传统、孝道以及爱国。这些文章的作者大多通过西方文献了解中国，往往试图发挥想象力吸引读者。然而有趣的是，赴华旅行者们也希望从自身遭遇中验证这些品质。最早的文章从19世纪60年代起刊载于《妇女启蒙》，涉及中印女性异同，有时同情中国女性被传统束缚的困境，但始终强调那些印度人易于采纳的普世优良品质。1867年，一位匿名作者为教育印度女性写道："中国女性总是衣着得体，外表精致。富裕妇女外着绣花丝绸长袍，内着衬裙和类似加格拉③的内裙，脚着鞋履。年轻女性留着长辫，已婚妇女则盘起发髻，用花朵珠宝装点……有些妇女在脸上抹白粉红脂以增姿色。"④

1886年，一篇文章描述了对印度人来说独特的中国孩童养育过程

---

① 《妇女启蒙》(বামাবোধিনী পত্রিকা, Bamabodhini Patrika) 是1863年创立的孟加拉语女性月刊，旨在通过教育提升孟加拉女性的精神和社会地位。《妇女》(মহিলা, Mahila) 是1895年创立的孟加拉语女性月刊。《深闺》(অন্তঃপুর, Antahpur) 是1898年创立的孟加拉语女性月刊。《孟加拉的拉克希米》(বঙ্গলক্ষ্মী, Bangalakshmi) 是1925年创立的孟加拉语女性月刊。——译者

② 《印度大地》(ভারতবর্ষ, Bharatvarsha) 是1913年创立的孟加拉语月刊，著名剧作家德维金德罗拉尔·罗伊 (দ্বিজেন্দ্রলাল রায়, Dwijaendralal Roy, 1863—1913) 担任首任主编。该杂志内容丰富，对孟加拉语言和文学的发展具有重要贡献。《侨民》(প্রবাসী, Prabashi) 是1901年创立的孟加拉语月刊。泰戈尔自1914年起的许多重要作品经常在《侨民》上首发。该杂志在推广泰戈尔的作品和思想方面发挥了关键作用，因其文学和文化内容，以及支持和宣传孟加拉文艺复兴而享有盛誉，在20世纪初期印度孟加拉语文坛占有重要地位。《欢喜市场报》(আনন্দবাজার পত্রিকা, Ananda Bazar Patrika) 是印度ABP集团旗下的孟加拉语日刊报纸，于1922年出版，在孟加拉语新闻界占有重要地位。——译者

③ 加格拉 (ঘাগরা, ghagra) 是一种非常传统的印度女性裙装，常用于节庆、婚礼等正式场合，主要在北印度地区穿着。它是一种宽松的、通常到脚踝的长裙，通常与短上衣 (চোলি, choli) 搭配穿着。——译者

④ No author, "Chin deshiyo Strijati (Chinese Women)", Bamabodhini Patrika, 3(54), 1867, pp.678-680.

和习俗，比如三分发以及出生和入学时的多重命名仪式。"孩子们被赋予'智者''博学之人'或'大文豪'等含义的名字，因为中国人最重视教育。一旦他们完成学业并结婚，则会再次被命名，这个名字会伴随终生。"[1]

直到20世纪，作者们仍在关注女性生活及其在家庭、社会中的角色，而中国发生的其他事件则往往被忽略或边缘化。1922年，在《侨民》杂志的"妇女角"（মহিলা মজলিস, Mahila Majlis, Women's corner）栏目中，赫蒙托·乔托帕迪亚伊（হেমন্ত চট্টোপাধ্যায়, Hemanta Chattopadhyay）讨论了中国女性在家庭中的封闭生活以及作为"低下和受压迫的……只能通过大声抗议来维持地位"的角色。长篇论述后，他在结尾勉强承认：

> 近来，女性似乎突然觉醒了，渴望突破父权制的枷锁和自身的倦怠，保持与美国女性同等的地位。在北京的大学里男女同校，这是史无前例的。在文化最发达的湖南，女性已获选举权，其他地方也在要求。男性也站出来支持女性争取受教育，很快中国女性就将不再落后于他国女性。[2]

这一时期关于中印联系的讨论，既回应了印度内部的民族主义冲动，例如讨论印度通过佛教影响中国宗教和文化[3]以及印度文学在中国[4]；也对中国遭受西方帝国主义和日本威胁表示同情。对鸦片贸易的

---

[1] No author, "Chindeshe Shishu Palan riti (Child rearing in China)", *Bamabodhini Patrika*, 3(3) (253), 1886, pp.243-244.

[2] Hemanta Chattopadhyay, "Chindesher NAari", "Mahila Majlish", *Prabashi*, 22 (1) (1), 1922, pp.96-102.

[3] Kailash Nath Sinha, "Hiuen Tsang er Bangla Bhraman", *Bharati*, 4 (2), 1880; Ramlal Sarkar, "Chine Dharma Charcha", *Prabashi*, 7 (12), 1905.

[4] Prabhat Kumar Muhopadhyay, "Chine Bharatiya Sahitya (Indian Literature in China)", *Prabashi*, 25 (2) (5), 1930.

控诉从很早就囊括在内,正如1881年《巴罗蒂》①杂志上的《在中国的死亡生意》所示:

> 为了经济利益毒害整个民族,这种盗窃心态闻所未闻……中国痛苦地哭喊不要吸鸦片。但英国商人绑住她的手,用大炮把鸦片灌进口中,还索要报酬。这就是英国人在中国的丰功伟业,尽管这不过是一种冠冕堂皇的说辞,粉饰这场名副其实的抢劫。它使强国沦为弱国。②

声援中国苦难的爆发也显然具有批判英国帝国主义态度的民族主义含义。还有一些文章讨论了为何曾令中国强大的价值观在外敌面前无济于事。1889年,《翁乔利》③杂志上的一篇文章强调了中国过去的伟大,并将其衰落归咎于沉溺昔日辉煌。

> 世界曾长期沉溺于过去。欧洲也曾沉溺昔日辉煌,现在欧洲崛起了,抛弃深沉黑暗的旧根基,迈向新生活、新科学和新文学。宗教、社会和教育都受到了启蒙。那些追随欧洲脚步者同样受益。日本被西方文明的光芒照耀。印度因为英国影响也开始现代化。只有中国仍深陷过去。长久以来,无人知晓中国是醒是睡,是生

---

① 《巴罗蒂》(ভারতী, Bharati)是1877年创办的孟加拉语月刊。泰戈尔的五哥乔蒂林德拉纳特·泰戈尔(জ্যোতিরিন্দ্রনাথ ঠাকুর, Jyotirindranath Tagore, 1849—1925)是创始人,大哥德维金德拉纳特·泰戈尔(দ্বিজেন্দ্রনাথ ঠাকুর, Dwijendranath Tagore, 1840—1926)是首位编辑。该杂志以传播知识和促进教育为目标。"ভারতী"一词既有"言辞"之意,又有"知识"之意,还指"印度的守护女神",译者音译。——译者

② Editorial, "Chine Moroner Byabshay (The Death Business in China)", Bharati, 5 (2), 1881, pp.93-100.

③ 《翁乔利》(অঞ্জলি, Anjali)是1898年创立的孟加拉语月刊,旨在提高青少年教育水平。由于语言复杂和内容不够吸引学生,这本杂志未能长期存续。"অঞ্জলি"一词也具有多层含义,字面意思指的是装满花卉、树叶、檀香等各种供品的手势;又指在供奉文艺女神梭罗室伐蒂期间,献供物放置在神像脚下的手势,这一手势包含了谦逊、虔敬、纯净和谐的要素,象征着尊敬、崇拜者和崇拜对象的合一,翁乔利为译者音译。——译者

是死，是清醒还是混沌……也没有人靠得够近去一探究竟。①

作者将这种封闭性与鸦片瘾联系起来，暴露了他的偏见。他声称印度切断了与背离现代化的"天朝上国"的联系，掩盖了印度自身的殖民地困境。

多数作者对中国没有一手资料，依赖其他杂志或西方游记写作。绍林德罗先生（শ্রীসৌরিন্দ্র, Sri Sourindra，全名未曾透露）的长篇系列文章奇异地揭示了多重微妙之处。他在其中作为音乐旅者，在家庭争吵后离开印度，历经船难辗转抵达中国海岸。②系列开篇描述作者遭到当地人冷遇，却因殖民地臣民身份在一位英国人身上找到了熟悉感。这位英国人给他传递了家乡消息，助其安顿下来。相比于他在"Chua Chu"（他没有明说指的是中国还是一个叫这个名字的地方）遇到的中国人，他与那位英国人更为亲近。他如此描述中国：

> 一个最古老的文明，其人民为了维护古老文化和独立与传统主义和迷信作斗争……但拥有优良品质，工业和农业堪称典范，工作能力堪称传奇，爱国是他们唯一的财富，孝敬是他们唯一的宗教，善行是他们唯一的敬奉。③

在救命恩人家中康复之后，作者通过学语言和中国音乐，开始探索中国文化，以期让孟加拉人也理解。④这部作品看似是真实的游记，但也可能纯属虚构，并且可能出自著名音乐学家绍林德罗·莫汉·泰戈尔（শৌরীন্দ্রমোহন ঠাকুর, Sourindra Mohon Tagore，1840—1914）之手。他热

---

① Anonymous, "Chin-Porachinporotar porinam", *Anjali*, 1 (1), April 1989, pp.40-42.
② Sarvani Gooptu, "Knowing Asia", *Being Asian: Cosmopolitanism and Nationalism in Bengali Periodicals, 1860-1940* (Delhi: Routledge, 2022).
③ Sri Shou., "Sangeet Pathik (Traveller in Music)", *Aryadarshan*, 1(3), 1874, p.140.
④ Details of this in Chapter 4, in Sarvani Gooptu, *Knowing Asia, Being Asian: Cosmopolitanism and Nationalism in Bengali Periodicals, 1860-1940*, op. cit.

衷提供一个背景语境来描述中国音乐的发展、衰落和变迁,其1875年的巨作《不同作者的印度音乐》(*Hindu Music from Various Authors*)根据各国音乐学者的著述,分析了印度音乐与他国音乐的关系,由此掌握了中国音乐及其与印度古典音乐联系的翔实分析。值得一提的是,他还曾获得一等宝星勋章[1]及其他荣誉。

除了在想象中旅行的人,还有一些真实的旅行者,如因杜·马多布·莫利克(ইন্দুমাধব মল্লিক, Indu Madhab Mullick, 1869—1917),他经缅甸、马来亚和新加坡赴华,撰写游记《中国旅行》,叙述所见之人,描绘异于印度的中国风貌。当他在厦门登陆时,震惊于中国人是独立的,而外国人则为附庸,且大多被隔离在远离自由人群的岛上。[2]除了这些家庭富裕的旅行者和因公出差者之外,还有在世纪之交英属印度军队士兵的记述。

义和团运动造成空前惨重的伤亡,不仅预示着清王朝统治终结,也影响了中国与更广阔世界的关系。那些热衷阅读西方报刊的印度人,亲眼目睹了世纪之交在中国发生的事件。他们既同情中国逝去的辉煌,又钦佩日本纪律严明的军事力量,左右为难。所有研究义和团运动的学者都同意这确实是一个非同寻常的事件——因为它不仅影响深远,还是一个"富有人性的故事",许多目击者留下了观点鲜明、充满偏见而又引人入胜的记述。[3]当时,有三名赴华的英属印度军队士兵:凯达尔纳特·邦多帕迪亚伊(কেদারনাথ বন্দ্যোপাধ্যায়,

---

[1] 宝星勋章设立于清末,用于表彰在特定领域有杰出贡献的中外人士。同治二年(1863)首次颁发金宝星和银功牌勋章,颁授给协助镇压太平天国运动的英法等西方国家的雇佣军军官。光绪七年(1881)清政府进一步设立双龙宝星勋章,分为五等。双龙宝星是中国历史上第一套奖励勋章,也是清朝现代意义上的奖励制度的一部分。——译者

[2] Indu Madhab Mullick, *Chin Bhraman* (*Travels in China*) (Calcutta: S. C. Majumdar, 1906).

[3] Diana Preston, op. cit; John Keay, *Empire's end: a history of the Far East from high Colonialism to Hongkong* (New York: Scribner, 1997); Michael Wood, *The Story of China: A portrait of a Civilization and its people* (London: Simon & Schuster, 2020); Gal Gvili, *Imagining India in Modern China: Literary Decolonisation and the Imperial Unconscious 1895-1962* (New York: Columbia University Press, 2022).

Kedarnath Bandopadhyay）、恰鲁·钱德拉·邦多帕迪亚伊（চারুচন্দ্র বন্দ্যোপাধ্যায়, Charu Chandra Bandopadhyay）和阿舒托什·罗伊（আশুতোষ রায়, Ashutosh Roy）。他们对义和团运动的记述不同于通常的士兵故事，他们作为世界主义知识分子的意识盖过了隶属胜利军队的自豪感。

凯达尔纳特·邦多帕迪亚伊在1903年和1904年的《巴罗蒂》杂志上发表了两篇长文，名为《中国旅行者的来信》。[1]奇怪的是，他在文中提到了自己在中国，但没有谈及细节，可能是因为害怕政府报复。直到1933年，他才在《五光十色》[2]杂志上的文章《中国回忆》（Memories of China）中真正填补了这些空白。他在这篇文章中的写作风格相当独特——戏谑且常常带有讽刺意味。"中国战役"（China campaign）[3]已经过去了许多年，国内的反殖民运动已经在很大程度上改变了印度人的忠诚态度。这种改变相对于一战士兵记述中所体现得更为明显。[4]有趣的是，他将两个时期的中日冲突联系起来，表现出对爱国主义理想的模糊感受。这种爱国主义理想是他在日本人身上发现的，然而他的言辞中交织着同情和担忧：

> 1900年2月，我们抵达中国北方的天津。全世界白人都决心对中国开战，因为后者无法忍受外国人在他们国家的存在[5]。中国人对传教士的存在和教义表示反感。这是一个保守的民族，喜欢固守传统，无法忍受外来干涉，因为他们不相信别人能比他们懂

---

[1] Kedarnath Bandopadhyay, "Chin Prabashir Patra (Letters from a traveller in China)", *Bharati*, 27(12), 1903, pp.1186-1193, 28(1); 1904, pp.46-61.

[2] 《五光十色》（বিচিত্রা, Bichitra）是1915年创立的孟加拉语月刊，是当时孟加拉文学和文化的重要平台之一，以多样性和广泛性为特点。——译者

[3] 指1900年发生的"八国联军侵华战争"。——译者

[4] Sarvani Gooptu, *At the Warfront during the Mesopotamia Campaign in 1924-1918: Soldiers' Reminiscences in Bengali periodicals*, vol XXXIX(Jan 2021-Dec 2021), no. 1&2 (online version).

[5] 凯达尔纳特在此处用了一个孟加拉语的谚语，意思是"无法忍受气味"。

得更多……但他们没有意识到，对所谓"伟人"①来说，传播知识和驱除黑暗是势在必行的。患者何曾自愿接受手术？为了改善病情，必须强迫他接受手术。由于无法阻止干预，"恶人"②只好诉诸暴力。为了报复，所有白种人都怒不可遏，并发动了一场针对中国的战争进行手术。在那种背景下，像我们这样的好人也受到了召唤。

当他的团被派往那里时，他继续写道：

> 大量的中国人已被送往天国，因此行动大体已经完成……接下来只是讨论策略和政策来相互争功。③那些仓皇而逃的中国人遗弃了富丽堂皇的房屋，我们进去了，安卧于他们舒适的床榻之上。

这种说法显示出他对系统性亵渎中国"封闭的神圣空间"的敏感性，后来的历史学家如朱莉娅·洛弗尔（Julia Lovell）谈到了这一点。洛弗尔写道："士兵们在王朝最隐秘的庙宇周围打曲棍球，搜掠皇帝皇后的私邸，在皇位上闲坐。他们这些亵渎行为被捕捉在柯达胶卷相机上，震撼了祖国的观众。"④

这种"震撼"至少在凯达尔纳特的笔下确实带有一丝悲哀。他本人作为其中一员，用一种遗憾的讽刺笔调描写了这些"外国士兵"和"帝国官员"的不当行为。凯达尔纳特在其1903年和1933年的文章中都认为，日本的爱国主义是其在20世纪取得成功的重要原因，而他将中国和印度归为一类，认为它们需要从中汲取教训。

另一位士兵，恰鲁·钱德拉·邦多帕迪亚伊，在1905年同一期的

---

① 讽刺地指派派来"治疗"中国敌对情绪的外国军队。
② 西方人这样称呼义和团革命者，而凯达尔纳特却避免辱骂他们，尽管作为一个殖民地臣民，他被迫成为英属印度军队的一员。
③ Kedarnath Bandopadhyay, "Chiner Smriti (Memories of China)", *Bichitra*, 6 (2) (6), 1933, p.732.
④ Julia Lovell, *The Opium War: Drugs, Dreams and the Making of China* (London: Picador), 2011, p.279.

《巴罗蒂》杂志中发表的《在中国》一文中，流露出对中国的同情。[1]他写到自己如何作为军需部高级文员随英军前往中国："当东西方各国出于作为文明国家的骄傲吹响对华战鼓时……我很高兴，我，一个足不出户的孟加拉人，得到了机会花别人的钱拜访异国他乡，并目睹一场战争。"

这次旅行对他来说非常重要，因为这不仅是一种游历异国（由他人出资）的途径，更是一种反对英国帝国主义政策给孟加拉人贴上缺乏勇气和尚武精神标签的个人抗议。"不幸的是，英国政府剥夺了孟加拉人参战的权利，并且百年来不断在我们耳边灌输懦弱的污蔑，使我们自我否定。我通过直面战场来反复自我考验，并确信，尽管战雷滚滚让我焦虑，但我的心保持平静。"

恰鲁虽属英军，但正因英方阴谋而被迫"远离"战场，这反而给了他一种探索中国和中国人的自由感。"我唯一的同伴是一个叫梁福[2]的中国人，英国人雇他来当间谍。自从我知道了他的真实身份，我就对他出卖自己国家机密给外国的背叛行径感到恼火。"恰鲁尽量避免与这位间谍为伍，因为他感觉梁福与他攀谈只是为了套取机密。他注意到梁福每天都会在房间里用中文写一些东西，然后烧掉纸张。这让他怀疑梁福的去向和背后的原因，但梁福总是巧妙地甩掉他。一天晚上，他发现梁福把文件落在了桌上。凭借有限的中文知识，他能够辨认出一些词，比如"笛诗"[3]"爱"和"中秋节"。他心生困惑，但是确信有异。战争结束后，俄国人占领了满洲，其他外国列强宣布和平，营地还在，但外出行动变得更容易了。正值恰鲁思乡欲归之际，他收到一封家书，得知年轻的妻子已经染疫去世。无处诉说悲伤他开始在镇上漫步，游历佛寺。一次，他偶然遇到了一群中国人和欧洲人之间的骚乱，一位中国少女收留了他，把他从欧洲人的怒火中救了出来。问

---

[1] Charu Chandra Bandopadhyay, "Chin Deshe (In China)", *Bharati*, pp.310-316.
[2] 原文 "Liang Fu"，译者音译。——译者
[3] 原文 "Tish"，后文显示是梁福妹妹的名字，译者音译。——译者

及姓名，她回答说叫"笛诗"，他才发现她是梁福之妹。笛诗劝他在中秋节庆期间远离营地。困惑不解的恰鲁回到了营地，决心查个究竟。节日那天破晓，他正在犹豫是否要去找营地军官，让他调查梁福，竟发现笛诗在营地里鬼鬼祟祟地走动。问她在做什么，她坦言，因为自己已经爱上了他，所以特来提醒他，梁福和她是爱国者，密谋炸毁营地，已在各房安置炸药，准备同归于尽。恰鲁不让她这么做，从她手中夺走了火柴，使她免受指挥官的怒火。这篇文章最不寻常的地方是，他在结尾写道，自己娶了笛诗并把她带回了印度。①

恰鲁所写的故事可能有虚有实，但抓住了义和团运动的本质。它还追踪了作者心态的转变，最初是一个利用军职渴望在异国冒险的青年，到后来却同情为了摆脱"洋鬼子"而战的中国兄妹的爱国情怀。他也无意中唤起了两个被压迫民族——印度人和中国人之间的共鸣，尽管他属于前来营救被囚禁西方人的队伍，却最终选择站在了囚禁者一边。他几乎对自己对长官的所谓背叛毫无愧疚，因为他们是外国人，而他却与笛诗一见如故，甚至要将她娶进门。他对这位中国女性怀有敬意，因为她有勇气公开表达自己的爱国之情，而他却做不到。整个故事围绕着最初的主线展开，即他作为一支强大军队的一员，去解救八个被义和团包围在使馆区内的强国，那里共有十一个国家（美国、奥匈帝国、比利时、大英帝国、法国、德国、荷兰、意大利、日本、俄国和西班牙）被围困。对恰鲁来说，印度士兵作为八国联军的一部分成功解围这一事实，最终并没有那么重要。相比之下，他更看重的是表达与中国起义者，或至少与其中一人的亚洲团结精神。

第三位士兵阿舒托什·罗伊于1910年在英语期刊《现代评论》（*Modern Review*）上写道，他与另外两位同伴S. C. 博塔恰里利（S. C. Bhattacharya）和A. D. 查特吉（A. D. Chatterjee）一起前往"镇压义和团起义，这一宗派起义最终演变为一场民族起义，而中国人民顽强地

---

① Charu Chandra Bandopadhyay, "Chin Deshe (In China)", *Bharati*, pp.310-316.

抗击了世界七大强国。"①罗伊曾在华北居住了三年，他在同时期的孟加拉语杂志《侨民》中写到中国人的某些品质，是这些品质使之成为一个伟大的民族。"中国人对国家的热爱至高无上。尽管内部纷争，但面对外敌，他们总是团结一致。他们憎恨所有外族，称所有外国人为'鬼子'。"

但在罗伊看来，这种对外来新事物不分好歹的排斥，最终导致了中国在现代世界中的落后。他指出，中国必须像日本一样，适应世界流行的科学变革，才能取得成功。"中国人勤劳、聪明、富于创新……非常宽容，且文化先进……中国人之所以精神强大，是因为社会没有阶级歧视。"②

农业和工业的自给自足是中国人的另一所长。据罗伊所说，中国人的自尊心使他们在各个必要的方面都自我鞭策，以求上进。"几乎所有的中国人都受过教育，至少是受过基本教育，文盲罕见。"罗伊对他们坚韧的品格感到惊讶，正是这种性格让他们坚忍且勤劳。关键在于，在这两篇文章中，罗伊并没有写他们的军事行动或政治阴谋，而是向读者介绍了这里的风土人情。他的在华身份并不是敌方战斗人员，而是一个有着佛教渊源、友好亲近的旅客（作为来自佛陀出生地的印度人，而非天生的佛教徒），由此建立起一种与西方国家之间并不存在的纽带。

中国从二十世纪初开始发生的政治和文化动荡，在身居中国以及远方的孟加拉人的写作中都有所反映。拉姆拉尔·索尔卡尔（রামলাল সরকার, Ramlal Sarkar）是一位在北京定居了十多年的孟加拉牙医，他的家人住在缅甸。他从1905年起就开始连载关于中国生活各个方面的文章。1911—1912年，索尔卡尔医生在《侨民》上发表了一个12期的

---

① Ashutosh Roy, "China and its people", *The Modern Review*, 8(4) 1910, pp.427-433; "General aspects and natural resources of China", *The Modern Review*, 8(5), 1910, pp.528-530; "The people of the Celestial Empire and their characteristics", *The Modern Review*, 8(6), 1910, pp.601-604.

② Ashutosh Roy, "Amar Chin-Prabash (Domiciled in China)", *Prabashi*, 10 (2) (4), 1910, p.459.

系列文章《中国的政治革命》，试图分析那里的政治变局。他写道，自己已经在中国生活了一段时间，1911年决定把家人从缅甸接过来，但一些当地朋友劝他不要这样做，说局势正在变得不安稳。据索尔卡尔说，由于对政府和皇室的普遍不满，这个国家在如此短的时间内从君主制转变为共和国，这或许是史无前例的，但也显示了人民的决心。他的文章极具重要性和趣味性，因为它们逐个地区、逐个区域地讨论了共和国如何在如此短的时间内建立并展示国家的"生命力"。[1]索尔卡尔特别强调，他与中国当地人产生了深厚的共鸣，这与"Tengiye"（可能是天津）的英国领事馆官员形成鲜明对比，他的医院和住所在那里。这些官员一看到革命者就逃跑了。这位仁医留了下来，给予了许多害怕革命势力的当地中国人勇气和庇护。因为，如他自己所说，"我不得不打消在袭击当晚逃跑的一切念头，因为没有人会给我辩解的机会，毕竟印度人，特别是孟加拉人，一向以懦弱和胆小闻名"。[2]他写道，就像在改革时期兴办男女学校一样，革命党人也利用与当地民众的联系，组织了游行和集会，鼓舞人心的演讲有助于"在稚嫩的心灵中播下共和理想的种子"。[3]当英国专员霍威尔（Howell）坚持要求他陪同自己与弗雷泽（Frazer）牧师还有领事馆工作人员戴路信[4]前往八莫[5]时，索尔卡尔妥协了。他们的团队中加入了大量被革命者所散布的谣言吓坏的中国人。谣言说，中国人在西藏边境被戴头巾的印度士兵和克钦部落成员袭击了。在索尔卡尔离开天津之前，他写了一份关于革命党人袭击该市的完整报告，并向八莫发送电报，因为有关中国事件的任何消息都不允许发布。巧合的是，当他和同伴抵达中缅边境时，那份电报也送到了宪兵首脑手中。随后，奥蒙德上尉（Captain

---

[1] Ramlal Sarkar, "Chine Rashtrabiplab (Political revolution in China)", *Prabashi*, 9 issues between (12 (1) (2)-12 (2)(6), 1912. pp.155, 289, 366, 491, 590/12, 259, 251, 364.

[2] Ramlal Sarkar, "Chine Rashtra Biplab", *Prabashi*, 12 (1) (2), p.163.

[3] Ramlal Sarkar, *op. cit.*, 12 (1) (2), p.157.

[4] 原文"Tai Lu Sin"，译者音译。——译者

[5] 八莫（Bhamo）：缅甸北部克钦邦的重要贸易城市，缅北华人称新街，地处旧中印公路。——译者

Ormond）在西姆拉（Simla）点头批准在《仰光公报》（*Rangoon Gazette*）上发表这则消息，这为索尔卡尔带来了声誉和一些酬金。领事返回天津后，索尔卡尔也想回中国，尽管朋友和家人恳求他留在八莫工作。他想要追踪中国的政治巨变，并在孟加拉报纸上进行报道。在八莫时，一个广东代表团从上海带来消息，说清朝皇帝已逃离北京，整个国家落入革命党人手中。居住在八莫和曼德勒①的华人，升起了国旗，焚烧旧物，剪去辫子。很多华人志愿者从仰光和曼德勒赶来，索尔卡尔也随他们一起前往天津。在过境时，他注意到当地人立竿见影的态度变化。过去他们对外国人一直非常恭敬，但现在明显流露出攻击性。据他所言，许多以前无足轻重的人如今在革命政府中被委以重任。

懒汉、流浪汉和鸦片瘾君子现在纷纷入伍，每月领取6分钱或13卢比的薪水。现在很难找到劳工、仆人和马车夫了……许多乡绅被军队、警察或司法部门雇佣，甚至有人靠瓜分政府机构和法庭赃款发了财……天津的革命党领袖张文光②甚至下令外表也要改变。最初几个月，共和国的士兵和公务员都戴着蓝色头巾，但在一个月内，就改为日式帽子、翻领短衣和宽松裤子。所有舰艇和海军人员都穿着带有黄铜大纽扣的大衣。

索尔卡尔详细列举了不同类型士兵的服装。他们的服装颜色每三个月更换一次——二月到四月为黄色，五月到七月为白色，八月到十月为蓝色，十一月到次年一月为蓝色的厚羊毛制服。不同于以往高等军官乘轿，由随行执旗护送出行，现在各级士兵都骑马出行。在宗教领域，索尔卡尔注意到了一种变化，他说这是新政府的鞭策带来的，但在他

---

① 曼德勒（Mandalay）：缅甸第二大城市，因背靠曼德勒山而得名。又因缅甸古都阿瓦在其近郊，旅缅华侨称其为瓦城。曼德勒是缅甸华人主要聚居地，所以也称华城。——译者

② 原文 Chang Weng Kwang，译者音译。——译者

看来这是有益的、现代化的。印度可以从这种铲除庙宇中各种神祇崇拜文化的做法中学到很多。他感叹道：

> 在中国，寺庙中用稻草和竹子制成的神像被移除，取而代之的是造福人民的纺车……为什么我们不能也去除所有无用的宗教装饰，净化印度教呢？这将使我们在所有文明社会中受到尊敬，而不是被称为"异教徒"和"偶像崇拜者"。

关于新共和国的行政实践，索尔卡尔医生当时的描述与后来学者们的结论不谋而合，即弱国之祸在于军阀和地方势力的威胁。这种威胁"将共和国变成了专制独裁的统治，也可以称为戒严。"[1]他提供了生动的细节和实例，证明了许多人在新政权手中受尽折磨。

比诺伊·库马尔·索尔卡尔（বিনয় কুমার সরকার, Benoy Kumar Sarkar，1887—1949），印度博学家、杰出的国际关系分析家，于1915年在《侨民》上撰写了一篇题为《关于中国自治的未来》的文章，依据"英文报纸文章"写作。文章分析了当时在中国盛行的三股不同政治势力——一是"企图恢复清朝统治"的君主派；二是自称共和派的袁世凯，但在索尔卡尔看来，他真正觊觎的是其追随者所拥护的最高统治者之位；三是孙中山领导的"极端共和派"，力图推翻袁世凯。[2]有趣的是，索尔卡尔并不满足于仅仅引用英文报纸，而是通过巧妙的分析表明"盘踞在中国领土上的外国势力希望内乱持续，并且实际上希望复辟软弱的君主制，尽管他们嘴上声称支持共和国。难怪他们一边假装是新郎的姑妈，一边又假装是新娘的姨妈。"[3]他所担心的是，若非欧洲正在爆发世界大战，德、法、俄、日、英等列强早已在中国的

---

[1] Ramlal Sarkar, *op. cit.*, 12 (1) (3), p.377.

[2] Benoy Kumar Sarkar, "Cheena Swarajer Bhabishyat (The future of the Political Revolution of China)", *Prabashi*, 15 (2) (5), 1915, pp.499-504.

[3] Ibid., p.500.

港口为了领土和经济特权而相互争斗，但同时又害怕中国的虚弱会导致日本实力的增强。1916年，索尔卡尔在上海，他描述了第三次国家革命，袁世凯宣布自己为"名义上的皇帝"，而"中华民国已经在纸面上告终"。用索尔卡尔的话来说，"12月15日是新帝国的第一天"，但"登基仪式将按照历法举行"。袁世凯随即收到一封信，来自以日本为首的世界主要列强，劝告他不要登基称帝。根据索尔卡尔的说法，这并不是说这些欧洲列强与日本联合起来了，事实上，他们对日本的鲁莽冒失颇感恼火，却被硝烟四起的世界大战掣肘。索尔卡尔将袁世凯比作莎士比亚戏剧中与内心双重自我斗争的角色，并引用袁世凯的宣言，称他将在未来的活动中"如拱北辰"，但"到了三月，他不得不放弃称帝之梦"。实际上索尔卡尔认为，云南宣布抵制袁世凯的决定是"中国内部尚有生机"的迹象。①

  1919年5月4日的反帝国主义抗议运动不仅对中国青年而且对亚洲所有反帝运动都具有深远的社会和文化影响。20世纪20年代和30年代的许多文章讨论了中国的新觉醒及其如何激励印度人。普罗富尔·钱德拉·罗伊（প্রফুল্ল চন্দ্র রায়, Prafulla Chandra Roy, 1861—1944）的《新中国与孟加拉》指明，正是如下这些价值观帮助中国冲破了数百年迷信的桎梏，并从上个世纪末西化的日本带来的屈辱失败中逐渐恢复。首先是宗教宽容。"过去三千年来，中国历史上没有导致社会分裂的种姓制度或歧视。过去两千年来，最高行政职位皆由公开考试选贤举能。不论出身，只论才干，普通人也能做官。"②其次，中国的宗教从未导致任何暴力或宗教偏狭。"自古以来，他们就明白宗教的外在习俗和内在精神信仰无关。所以他们的宗教观念非常宽容……即便是文明的欧洲也无法在这方面与中国相比。"

  他随后讨论了新文化运动，以及学生在大众教育传播中的角色，

---

① Benoy Kumar Sarkar, "Chin Swarajer Bhabishyat", *op. cit.*.
② Prafulla Chandra Roy, "Navya Chin O Bangala (New China and Bengal)", *Prabashi*, 29 (2) (1), 1929, p.81.

包括通过直接互动、讲座、办立成人夜校以及将古籍译为白话文等方式。"中国的这场青年运动使得近400种期刊焕发生机。这些期刊不谈政治或宗教,只讨论如何改善国家状况、扫除文盲……目前孟加拉也不乏此类期刊,但它们只关心政治和青年事务,远不及中国期刊对国家发展规划的关切。"[1]在他来看,这种对国家进步的关注还得益于另外两点。首先,那些出国深造的中国人,不会像印度人那样,回国后便看低同胞;其次,他们不认为任何工作有损尊严。他总结道:"与我们国家不同,中国青年中的文化复兴运动不仅仅是空洞的口号,他们的青年也不像我们那样,沉溺于西方带到印度的个人主义享乐和轻松的消费主义。我恳请印度人向中国青年学习,遵循中国人所珍视的价值观,实现国家发展和民生改善。"[2]

1935年,克希蒂什·钱德拉·班纳吉(ক্ষিতীশ চন্দ্র ব্যানার্জী,Kshitish Chandra Banerjee)骑自行车游历中国等地,并在广州讨论了中国的政治局势,称广州是"孙中山先生播下革命种子的地方,现为华南政务委员会的所在地。该委员会独立管理南方的五个大省,尽管它们形式上仍效忠于中央政府"。[3]他还写到了在中国青年团会议上遇到的大学生,他们渴望了解印度及其民族主义运动。他认为,中国普通民众对印度的不信任,是缘于那些"外表邋遢,行为粗鲁"的锡克教警察和看守。据他所说,令人遗憾的是,从印度传到中国的唯一新闻是关于印度教徒和穆斯林骚乱的,他呼吁在华的印度有识之士应该努力消除普遍存在的错误印象。

罗宾德拉纳特·泰戈尔就像古代的朝圣者一样,通过旅行探索东西方之间的联系。他向东游历东亚和东南亚,后来追随他脚步的人众多。他的许多旅程都被记录在当时的文学期刊中。从1923年起,《欢

---

[1] Prafulla Chandra Roy, "Navya Chin O Bangala (New China and Bengal)", *Prabashi*, 29 (2) (1), 1929, pp.83-84.

[2] Ibid., pp.90-91.

[3] KShitish Chandra Banerjee Globe Trotter, *My Travels in the East* (Calcutta: Chatterjee and Sons), 1936, pp.57-58.

喜市场报》便详尽追踪泰戈尔在国内外的访问。1923年至1924年泰戈尔访问中国、日本和东南亚期间,《欢喜市场报》评论说,他在对中国学生的演讲中强调了所有种族的团结和人类的兄弟情谊,他说:"我们正在开辟道路——不是为了任何自我扩张或者权力,只是为了兄弟情谊。现今通讯便捷我们得以相会,但我们的灵魂仍然孤立。尽管中印团结之路障碍重重,但一定会走出一条路来。"①

那次访问之后,《欢喜市场报》表示,泰戈尔曾表达过这样的想法:"亚洲的理想与西方的物质主义理想不同。亚洲各地逐渐觉醒,不久将会有一股新的生命力量从亚洲古老的传统中诞生。"②

泰戈尔的那次访问在华受到热烈欢迎,这一点从《欢喜市场报》引用各大中国报纸的报道可见一斑:《北京导报》《华北正报》《北京日报》《东方时报》③等。泰戈尔在1924年发表于《印度大地》杂志的一篇文章中,将这种欢迎比作"婚礼上新郎派对的欢迎"。④然而他也坦言,有些人反对一位印度诗人的到来,因为他宣扬的是受佛教启发的精神非物质主义,可能会动摇他们刚建立起来的信心。泰戈尔声称他们是少数派,是共产主义者,而且他们也并未对他出言不逊。同年,《侨民》杂志发表了《中日旅行记》,泰戈尔在其中写道,这些旅行并

---

① Chittaranjan Bandopadhyay, compiler, "Chine Rabindranath, Bideshi Tar", *Anandabazar Patrika* (henceforth ABP), 11 June 1924, in *Rabindra Prasanga: Anandabazar Patrika I* (Calcutta: Ananda Publishers), 1993, p.499.

② Rangoon e Rabindranath, ABP, 15 July, 1924, *op. cit.*, p.500.

③ 《北京导报》(*Peking Leader*)是1918年美国人在北京创办的英文报纸,旨在报道中国的政治、社会、经济和文化新闻,主要面向外国读者,特别是驻华的西方外交官、商人和其他外籍人士。《华北正报》(*North China Standard*)是日本人在中国出版的第一家英文报纸。1919年在北京创刊,由日本记者鹫泽吉创办并主持社务。曾和《北京导报》进行激烈的竞争和争论。以在华的西方外交人士和商人为主要发行对象,积极为日本帝国主义侵略政策辩护。北洋军阀政府垮台后,因中国政治中心南移,销售发行日渐困难,于1930年3月26日停刊。《北京日报》(*Peking Daily News*)是英国人1903年在北京创办的英文报纸。《东方时报》(*Far Eastern Times*)是中国国民党奉系军阀创办的报刊。1923年创刊于北京。用中英两种文字出版。张作霖的顾问、英国记者辛博森(Lenox Simp-son)为创办人。——译者

④ Rabindra Nath Tagore, "Chin O Japan", *Bharatbarsha*, 12 (1) (3) (1924: 425).

非出于任何宣传目的,而是为了实现长期以来想要了解古老文明生命力的梦想。尽管几个世纪以来,中国经历了革命、侵略、内战等风风雨雨,但庞大人口的内在力量丝毫未减。人们应该像朝圣一样来到这个国家,向它致敬。①

泰戈尔的访问促成了大量旅行者前往中国。1924年至1947年间,除前述文章外,还有拉姆纳特·比什瓦什(রামনাথ বিশ্বাস, Ramnath Biswas, 1894—1955)和比默尔·穆克吉(বিমল মুখোপাধ্যায়, Bimal Mukherjee, 1903—1996)的游记。印度独立后,更多旅行者前往中国,无论是作为文化代表团还是个人旅行,都留下了他们的记录,如吉塔·邦多帕迪亚伊(গীতা বন্দ্যোপাধ্যায়, Gita Bandopadhyay)、莫诺杰·巴苏(মনোজ বসু, Manoj Basu, 1901—1987)、克希蒂什·巴苏(ক্ষিতীশ বসু, Kshitish Basu)、绍钦德罗纳特·申古普托(শচীন্দ্রনাথ সেনগুপ্ত, Sachindranath Sengupta, 1891—1961)、德布布罗托·比什瓦什(দেবব্রত বিশ্বাস, Debabrata Biswas, 1911—1980)、比琼拉杰·乔托帕迪亚伊(বিজনরাজ চট্টোপাধ্যায়, Bijonraj Chattopadhyay)和黑曼戈·比什瓦什(হেমাঙ্গ বিশ্বাস, Hemango Biswas, 1912—1987)②。从而证明了在整个20世纪,"新中国"吸引了许多人的兴趣,这得益于印度政府官方推动的良好关系。《阿姆利德市场报》③提到莫诺杰·巴苏的《我眼中的中国》(চীন দেখে এলাম, China through my eyes)时,称其是"对新中国的真实写照,并融合了八卦和幽默",还断言该书一定会"消除对新中国的误解和疑虑",并且"加强这两个伟大国家之间的文化纽带"。④

语言学家、作家舒尼蒂·库马尔·乔托帕迪亚伊(সুনীতি কুমার

---

① Rabindranath Tagore, "Chin O Japaner Bhraman Bibaran", *Prabashi*, 24 (2) (1), 1924, pp.89-90.
② Barnali Chanda, "Travel as a metaphor: A short introduction to the travelogues on China written in Bengali", *Analysis* (Delhi: Indian Instititute of Chinese studies), no 77, April 2019, pp.1-5.
③ 《阿姆利德市场报》(অমৃতবাজার পত্রিকা, *Amrita Bazar Patrika*)是印度最古老的日报之一,创刊于1868年,最初以孟加拉语出版,后来演变为英语版。该报在印度新闻业的发展和成长中发挥了重要作用,并为印度独立运动做出了突出贡献。——译者
④ Manoj Basu, *Chin Dekhe Elam* (Kolkata: Bengal Publishers), 1955, back cover.

চট্টোপাধ্যায়, Suniti Kumar Chattopadhyay, 1890—1977）很好地总结道："中印两个伟大国家之间的紧密关系虽经历了疏远和遗忘，但总是能重拾记忆，重建物质和精神上的联系。"[1]

今天需要强调的是，从狭隘的民族主义视角回归到世界主义的互联互通视角，来解读一个国家对另一个国家的影响。我试图通过研读知名和非知名作家在本土文学期刊中发表的文章，强调要从过去的思想传统中发掘可以替代当前沙文主义话语的观点，让今天的印度人能够"重拾旧友谊，觅得通往永恒真理的古老路径"[2]，以实现世界和平和全人类的福祉。

---

[1] Suniti Kumar Chattopadhyay, "Chin O Bharat: Bharater opor Prachin Chiner Prabhab(India and China: The influence of ancient China over India)", Baridbaran Ghosh ed. *Ogranthito Suniti Kumar (Unpublished Suniti Kumar)* (Calcutta: Deep Prakashan), 2009, pp.717-730.

[2] Ibid.

重思泰戈尔翻译的"忠实性"问题*

〔印度〕马蒂蕊 撰　林俊涛 译

摘　要：长期以来，特别是在中国的翻译理论中，"忠实于原作"的观念一直是翻译的一种标准。然而在泰戈尔那里，这一原则变得复杂了。本文探讨了"忠实"的观念如何在泰戈尔诗歌悠久的翻译历史中运作，并聚焦于两个关键时刻：第一，泰戈尔将自己的诗歌翻译成英文以及这些英文诗歌在西方的接受情况；第二，冯唐在2015年翻译泰戈尔诗歌的相关讨论。将这两个时刻放在一起阅读可以表明，比起狭隘、准宗教式地遵循"忠实性"的翻译规范，更具创造性的试验作为一种翻译策略，实际上使泰戈尔的诗歌具备了"超强可译性"，从而获得在世界文学的地位。因此，一种广泛、实验性和动态的对"信"的理解——即一种复杂化了单一、稳定和权威性"原作"的观念——可能对阅读中国的泰戈尔至关重要。

关键词：泰戈尔　吉檀迦利　翻译　忠实性　冯唐

当印度诗人拉宾德拉纳特·泰戈尔（Rabindranath Tagore，1861—1941）在20世纪10年代在国际上迅速成名时，全球的读者都赋予了他一个神圣的形象。在西方，泰戈尔被介绍为"东方圣人"或"先知"。相同的是，在泰戈尔于1924年展开的，为期四十九天著名的中国之行中，中国的报纸和期刊也宣布了"印度诗圣泰戈尔"的到来，赋予了泰戈尔"诗圣"的称号——这是一个传统上与唐代诗人杜甫（712—770）相关的称号，同时包含了"诗"和"神圣"的伟大。在中国，正

---

* 作者系美国纽约大学比较文学系助理教授，译者系美国纽约大学比较文学系博士生。

如在西方一样，泰戈尔的名字和形象迅速与"东方精神性"这一概念紧密相连，这是一种东方主义的观念，但泰戈尔和他的中国读者仍然利用它来表达他们自身的哲学和政治目的。① 与西方还类似的是，中国对泰戈尔的神圣化培养了一种人们对他诗歌的虔诚式的参与，其中既有热切吸取并传播其教义的追随者（如冰心和徐志摩），也有强烈的反对者和怀疑者。

然而，具有讽刺意味的是，泰戈尔在国际上的这种虔诚的被接受——人们将他视为信仰的支柱——实际上是由他在将其诗歌从孟加拉语翻译成英语时表现出的显著"不忠实"风格所推动的。众所周知，泰戈尔在其首部英文诗集《吉檀迦利》（于1912年出版，为他赢得了1913年的诺贝尔文学奖）中，以及在随后的几本英文诗集中（包括在中国最受欢迎的、于1916年出版的《飞鸟集》）都运用了大量的翻译自由。此外，在不少情况下，泰戈尔的英文诗歌并不直接对应他的孟加拉语诗歌，然而，海外读者对英文诗歌背后存在孟加拉语"原作"的想象，却进一步推动了他作为东方圣人形象的形成。

尽管泰戈尔在翻译自己的作品时采取了"自由"的做法，但他形象和作品的广泛、持续的神圣化，随着时间的推移，已经固化出了一种"忠实"美学和伦理，类似于翻译话语中的"信"。这影响了后来的读者和译者如何对待他的诗歌。当小说家冯唐在2015年出版了《飞鸟集》的译本时，关于"忠实性"的争论成为了焦点。读者批评冯唐在翻译泰戈尔的诗歌时自由度过大，认为他违背了对"原作"的"忠实"翻译原则。然而，泰戈尔自己的英文翻译（即冯唐依赖的英文版本）本身就远非"忠实"——实际上，泰戈尔的英文诗歌本身就模糊了单一、权威的"原作"观念，即翻译必须忠实于原作。对于那些批评冯唐译作的读者来说，这一事实似乎对他们毫无影响，他们不仅认为冯唐的《飞鸟集》违背了翻译的基本原则，甚至视之为对泰戈尔这一神

---

① Gal Gvili, *Imagining India in Modern China: Literary Decolonization and the Imperial Unconscious, 1895-1962* (New York: Columbia University Press, 2022), pp.61-88.

圣人物的亵渎。

因此，泰戈尔诗歌的翻译史提供了一个重新审视"忠实"翻译原则的机会。泰戈尔的神圣化现象突显了翻译话语中广泛存在的"原作"观念，即原作作为权威而几乎神圣的文本，翻译则被视为次要的、派生的、低于原作的，其成功不可避免地要以"忠实"作为衡量标准。如本文第一部分所讨论的那样，这种对原作与翻译之关系的二元化是可以理解的，因为"信"这一概念在圣经翻译和佛教传播的历史中具有双重起源。然而，泰戈尔的翻译方法则引导我们突破这种二元模式。第二部分回顾了泰戈尔在将自己的诗歌翻译成英文时所进行的内容、形式和风格上的实验，这种方法将"原作"去中心化，重新构建了翻译的地位。接下来的部分探讨了围绕冯唐译本的批评话语中对"信"这一概念的重新关注。本文通过将泰戈尔的翻译策略与冯唐的翻译进行对比，主张不应狭隘地、准宗教式地坚持翻译中"忠实"的规范，而是应当鼓励创造性的实验，这实际上使泰戈尔的诗歌具备了超越语言边界的"超强可译性"(hyper-translatability)，从而获得了世界文学的地位。

一、翻译话语中的"忠实性"

在讨论泰戈尔诗歌的翻译史之前，有必要简要回顾一下"忠实"这一概念在西方和中国翻译话语中的内涵。在西方，"忠实"这一概念的起源自然与《圣经》的翻译历程息息相关。[①]公元一千年左右的早期翻译话语强调，神圣的文本"必须以极致的忠实来翻译，早期对这种忠实的理想形态是在逐行翻译（interlinear translation）中体现的，即

---

① George Steiner, *After Babel: Aspects of Language and Translation* (New York: Oxford University Press, 1975).

每个词要与原文中的一个词相匹配"[1]，就像词典一样。虽然这种忠实的理想形态在实践中被证明不易实现，但确保了《圣经》在任何语境中依然保持其神圣性，"作为超越时间、不可更改的文本"[2]。因此，翻译实践圣经起源不仅在某种静态的语言等价观念中固定了忠实性，还赋予了"原作"以神圣的权威地位，使翻译必然居于次要和从属的地位。这些价值观随后也影响了超出宗教领域的文本翻译方法。从圣经背景衍生出的忠实观念至今仍在许多主流和实际的翻译话语中占据主导地位，它往往赋予原作一种"神圣不可侵犯的光环"，使得所有的翻译尝试"至多被判定为相对忠实，最糟的情况则被视为彻底的亵渎"。[3]

"忠实–自由"二分法是翻译思想中最古老的观念之一，其屡次被摒弃或许仅仅表明这种观念在理解翻译时的不可或缺。早在1923年的《译者的任务》一文中，瓦尔特·本雅明就对这些术语在"任何有关翻译的讨论"中所占据的中心地位表示疲惫："忠实与自由——在意义表达上的自由，并在为这种自由之服务中对词语的忠实——是所有翻译讨论中陈旧、传统的概念。然而，若是某种理论在译作中寻找的不是再创造的意义，而是别的什么东西，那么这些观念就已不再适用。传统上，忠实与自由这两个概念始终被视为处于不可调和的冲突之中。"[4]在过去至少一个世纪里，拒绝借由"忠实与自由"——因而将此两者对立于"不可调和的冲突"中——来理解翻译，已经成为翻译理论的主要支柱。然而，这些术语依然在主流的翻译参与和评估中发挥着关键作用。

在1990年，由苏珊·巴斯内特（Susan Bassnett）和安德烈·勒

---

[1] André Lefevere and Susan Bassnett, "Introduction: Where are we in Translation Studies?" in *Constructing Cultures: Essays on Literary Translation*, ed. Susan Bassnett and André Lefevere (Clevedon: Multilingual Matters, 1998), p.2.

[2] Ibid.

[3] Theo Hermans, "Introduction: Translation Studies and a New Paradigm," *The Manipulation of Literature: Studies in Literary Translation*, ed. Theo Hermans (London: Croom Helm, 1985), pp.7-8.

[4] Walter Benjamin, "The Translator's Task," *TTR: traduction, terminologie, redaction*, vol. 10, no. 2 (1997), p.160. 原注此段基于张旭东的中文译本重译，译文有所调整。——译者

菲弗（André Lefevere）引领的翻译研究的"文化转向"（cultural turn）运动中，其目标之一正是要解除"忠实"对翻译观念和标准的束缚。摆脱"日益空洞的'忠实／自由'的对立"，需要认识到在不同的情境下，"忠实"可能会因译者所面临的各种动机和压力而具有不同的含义。① 通过拒绝"好坏""忠实与不忠实翻译"的"旧评判标准"②，文化转向的倡导者试图将注意力重新聚焦于"文本在其两种语境中的相对功能"，意识到"翻译从来不是在真空中产生的，也从来不是在真空中被接受的"③。鉴于文化转向的广泛影响，以忠实为中心的假设以及建立在这种假设之上的语言间等价观念，已从大部分欧美翻译研究中逐渐消退。

同样地，翻译在中国的概念也与宗教实践紧密相连，尤其是在佛教从南亚向中亚和东亚传播的历史中。在中国的文献记录中，关于翻译实践的记载早于佛经翻译时期（始于公元2世纪中期），然而中文中沿用至今的"翻译"一词依然带有明显的佛教渊源。表示"翻译"或"解释"的"译"字可以追溯到《礼记》，但"翻"与"译"结合构成"翻译"一词，最初是专门用来指佛经的翻译。佛教僧人赞宁（919—1001）在其著作中对"翻译"一词有早期的解释："翻也者，如翻锦绮，背面皆花，但其花有左右不同耳。"④ 通过将翻译比作"翻过来的锦绣"，赞宁运用"审美愉悦的……生动的刺绣意象"，试图"将佛经翻译与外交翻译区分开来"（即"译"字的早期用途）并"提升佛经翻译

---

① André Lefevere and Susan Bassnett, "Introduction: Where are we in Translation Studies?" in *Constructing Cultures: Essays on Literary Translation*, ed. Susan Bassnett and André Lefevere, p.2.

② Bassnett, Susan and André Lefevere, "Proust's Grandmother and the Thousand and One Nights: The 'Cultural Turn' in Translation Studies" in *Translation, History and Culture*, ed. by Susan Bassnett and André Lefevere (London: Cassell, 1990), 11.

③ André Lefevere and Susan Bassnett, "Introduction: Where are we in Translation Studies?" in *Constructing Cultures: Essays on Literary Translation*, ed. Susan Bassnett and André Lefevere, p.3.

④ Martha P.Y. Cheung, "'To Translate' Means 'To Exchange'? A New Interpretation of the Earliest Chinese Attempts to Define Translation ('fanyi')," *Target*, vol. 17, no. 1 (2005), p.35.

至文学文本的地位，因而将翻译的佛经经典化"。[1]与《圣经》原文优于其译文的观念不同，赞宁的锦绣隐喻暗示了一种将经文翻译提高至经文本身的地位的努力，因而赋予翻译其权威性和正统性。

"翻译"一词不仅将佛教翻译与其他较为世俗的翻译实践区分开来，也逐渐给从事这类崇高翻译任务的译者带来了高度的责任和地位的要求。佛教僧人彦琮（557—610）的"八备"就明确体现了翻译实践如何将语言与学术的严格要求同佛教中的虔诚与德行理念结合起来。彦琮对译者的要求从对梵语和古代汉文的深厚知识，到致力于向他人传播佛教信仰和智慧以及戒律的修行。[2]换句话说，僧人越虔诚，其翻译就越忠实。尽管"忠实"作为翻译先决条件的概念在后来的世俗翻译话语中逐渐淡化，但它作为翻译标准的功能仍然延续到19世纪末和20世纪初中国文学翻译活动的鼎盛时期。1898年，著名学者兼译者严复（1854—1921）提出了著名的"翻译三难"——"信、达、雅"，这一标准至今仍具影响力。可以说，严复对"忠实"的重视在某种程度上可以追溯到佛教对"翻译"一词所蕴含的对佛法忠诚的渊源。

西方与中国对忠实的不同概念和态度，在泰戈尔的作品从孟加拉语到英语、从英语再到中文的传递过程中碰撞并交织在一起。与其按照"文化转向"的倡导者所主张的那样摒弃"忠实－自由"的框架，泰戈尔的案例恰恰需要我们重新关注忠实与自由如何协同促进其作品的传播。一方面，这位"诗圣"的作品以忠实之名在翻译中传播，尤其因为泰戈尔亲自将作品译成英语——即在这种情况下，作者与译者之间不存在距离——他的英文作品便被视为忠实的翻译，消除了通常与翻译有关的那种怀疑和低劣感。然而，另一方面，泰戈尔采取了一种显著的"自由"翻译方法，将作品译为英文，反而通过一种翻译上

---

[1] Martha P. Y. Cheung, "'To Translate' Means 'To Exchange'? A New Interpretation of the Earliest Chinese Attempts to Define Translation ('fanyi')," *Target*, vol. 17, no. 1 (2005), p.35.

[2] Martha P. Y. Cheung, ed., *An Anthology of Chinese Discourse on Translation: Volume 1 From Earliest Times to the Buddhist Project* (Oxon and New York: Routledge, 2014), p.142.

的"亵渎"进一步推动了自己形象的神圣化。泰戈尔的翻译策略（如以下部分所述）显示出这位诗人在通向世界文学殿堂的过程中，敏锐地在忠实与自由的潮流中游刃有余地行走。

二、泰戈尔的自我翻译策略

1912年，泰戈尔的首部英文诗集《吉檀迦利》在伦敦出版，书名页上标注了如下说明："由作者根据孟加拉语原作翻译成的诗集"[①]。读者理所当然地会认为这本英文的散文-诗[②]集翻译自1910年出版的同名孟加拉文诗集。然而，众所周知，英文版的《吉檀迦利》与孟加拉语原版有很大不同，因为"英文《吉檀迦利》仅与孟加拉语的《吉檀迦利》有勉强过半的重合：103首诗中有53首来自孟加拉文的《吉檀迦利》，其余的诗则选自其他10本书，其中并非所有都属于'吉檀迦利时期'"[③]。泰戈尔在英文《吉檀迦利》中选入的"其他10本书"包括《Naibedya》(1901)、《Kheyā》(1906)以及《Gītimālya》，后者在英文《吉檀迦利》两年后，即1914年出版。因此，部分出现在《吉檀迦利》中的诗作先以英文面世，后才在孟加拉语中出版。由此可见，这部为泰戈尔赢得诺贝尔奖的著名"原创"文本，从一开始就动摇了"原作"作为唯一且先于译本的概念。

泰戈尔的《飞鸟集》于1916年以英文出版。实际上并不存在一个可以视为《飞鸟集》作为翻译所根据的孟加拉语版本。相反，《飞鸟集》除了一些诗歌的英文版本，这些诗最早发表于泰戈尔的孟加拉文诗集《Kanikā》(1899)，还包括了专门为《飞鸟集》创作的英文原创

[①] Rabindranath Tagore, *Gitanjali (Song Offerings)*, (kondon: Chiswick Press for the India Society, 1912).
[②] 根据本文作者，《吉檀迦利》的出版史体现了复杂的文体问题，因此译者在此使用"散文-诗"以提醒读者此处文体的复杂性。——译者
[③] William Radice, "Painting the Dust and the Sunlight: Rabindranath Tagore and the Two Gitanjalis," in *Gitanjali Reborn: William Radice's Writings on Rabindranath Tagore*, ed. Martin Kämpchen (Oxon and New York: Routledge, 2018), p.61.

作品。此外，该书与其他作品有着复杂的文本互涉关系，包括双语诗集《Lekhan》(1927，以孟加拉语和英文出版，涵盖了从1912年起创作的十年间的诗作)、原作为英文的《Fireflies》(1928)，以及泰戈尔去世后出版的《Sphulinga》(1945)。因此，泰戈尔的《飞鸟集》复杂的出版历史和文本互涉网络，实际上进一步质疑了"原作"及"原意"的观念。当人们越是试图界定一个原作，文本就越是逃脱这一界定，进而否定这一尝试。

泰戈尔在自我翻译时的择取过程，表明了他对作品即将进入的英文市场以及西方读者对"东方"诗歌的期待有着敏锐的理解。从他写给朋友、出版商和读者的信件中可以看出，尽管泰戈尔对他们的品位有所批判，但他明确地试图触及并满足这一新兴读者群体。关于作品的翻译，泰戈尔在1922年一封信中写道：

> 我认为在英语版本中，有些部分[……]可以省略掉，这样比较好，因为我发现英语读者对他们不熟悉的场景和情感几乎没有耐心；他们对不理解的东西感到一种抱怨——他们不想去理解任何与他们熟悉的世界不同的东西。①

泰戈尔准确预见到西方读者会欣赏一位"东方圣人"所写的虔诚和灵性诗歌，因此他特意在英文《吉檀迦利》中选择了符合这一特征的诗篇，正如森（Nabaneeta Sen）所言："与泰戈尔用孟加拉语创作的庞大作品相比，他特意为西方读者挑选的内容非常有限。这些作品……是精心挑选的，旨在用灵性和平静洗涤欧洲。"② 通过这种方式，可以说泰戈尔迎合了西方读者对东方神秘主义者的旺盛需求，这一策略使他在英语世界中既新鲜又熟悉。

---

① Mahasweta Sengupta, *Colonial Poetics: Rabindranath Tagore in Two Worlds*, PhD diss., pp.132-133.
② Nabaneeta Sen, "The 'Foreign Reincarnation' of Rabindranath Tagore," *The Journal of Asian Studies*, vol. 25, no. 2 (1966), p.283.

除了对所翻译诗歌的择取策略外,泰戈尔在自我翻译中还展现了他对形式的精心处理。事实上,泰戈尔的英文翻译在形式上与孟加拉语原作的差异最为显著。一些学者认为,泰戈尔在将每首孟加拉语诗作译成英语时都采取了极大的自由度,以至于这些诗往往被"重写"而不仅仅是被"翻译"①。考虑到泰戈尔的形式翻译策略,有必要重温英文《吉檀迦利》书名页上的描述,即将"歌"(song)翻译为"散文诗"(prose)。泰戈尔最初创作的孟加拉语"颂歌"至今仍广泛传唱于全球孟加拉语社区,他在创作时特别考虑了歌曲的吟唱性。而在他的英文翻译中,泰戈尔却将这些"歌曲"以散文形式呈现,去除了它们的音韵特征,而着重传达诗歌的整体含义。例如,孟加拉文《吉檀迦利》中第151首诗的首句是:

প্রেমের হাতে ধরা দেব
তাই রয়েছি বসে;
অনেক দেরী হয়ে গেল
দোষী অনেক দোষে।②

在泰戈尔自己翻译的英文里,这一句是:

I am only waiting for love to give myself up at last into his hands. That is why it is so late and why I have been guilty of such omissions.③
我只在等候着爱,要最终把我交在他手里。这是我迟误的原因,我对这延误负咎。(冰心 译)

---

① Sujit Mukherjee, *Translation as Discovery and Other Essays on Indian Literature in English Translation*, p.103.
② Rabindranath Tagore, *Gītāñjali* (গীতাঞ্জলি), 3rd ed. (Allahabad: Indian Press, 1913), p.172.
③ Rabindranath Tagore, *Gitanjali (Song Offerings)*.

而在威廉·拉迪斯（William Radice）努力再现孟加拉语诗歌形式的翻译中，这句诗如下：

> I'm waiting to hand myself over
> to Love.
> It's late in the day, and I know all the faults
> I have.[①]

在《飞鸟集》中，那些从孟加拉语诗集《Kanikā》翻译过来的诗有时几乎难以辨认；泰戈尔甚至形容他的孟加拉语诗与其英文版本之间存在"巨大的差异。除非我告诉你是哪首诗，否则你甚至无法辨认出来"[②]。事实上，《飞鸟集》中的英文"箴言"大多是对孟加拉语诗进行大幅删减后的散文翻译，有时甚至是"原作的部分翻译"，或者是"将同一首诗的不同部分分开，用于创作两首独立的译诗"，或者是这些策略的组合。[③]例如，《飞鸟集》第71首诗在泰戈尔自己翻译的完整版本中是这样的：

> The woodcutter's axe begged for its handle from the tree.
> The tree gave it.[④]
> 樵夫的斧头，问树要斧柄。
> 树便给了他。（郑振铎 译）

[①] Rabindranath Tagore, *Gitanjali: Song Offerings*, trans. William Radice (London: Penguin Books, 2011). p.49.
[②] Mahasweta Sengupta, *Colonial Poetics: Rabindranath Tagore in Two Worlds*, PhD diss., (University of Massachusetts, 1990), p.137.
[③] Sujit Mukherjee, *Translation as Discovery and Other Essays on Indian Literature in English Translation* (New Delhi: Allied Publishers, 1981), p.103.
[④] Rabindranath Tagore, *Stray Birds* (London: Macmillan and Co., Limited, 1917).

这首诗源自于《Kanikā》的第十三首诗，在威廉·拉迪斯的翻译里是这样的：

Politics
Said the axe to the sal-tree, 'Do me a favour:
I have no shaft – please give me some timber!'
At once a shaft was made from a bough.
Did the axe have to act the beggar now?
He struck at the trunk with wild aggression.
The tree, poor thing, met total destruction!①

政治
斧头对沙罗树说："帮帮我吧！
我没有斧柄——请给我一些木料！"
很快，一根树枝被制成了斧柄。
现在斧头还需要装成乞丐吗？
它疯狂地砍向树干，
可怜的树，最终被彻底摧毁！（译者自译）

在孟加拉语原文中，这首诗讲述了一棵树发了慈悲，借给斧头一根树枝作为斧柄，结果这棵树却被斧头无情地砍倒。1922年，郑振铎首次将《飞鸟集》译成中文（至今仍被认为是权威译本），忠实地遵循了泰戈尔的英文版本，因此省略了诗中暴力的结局，以及未被提及的标题"政治"（rāśtranīti）。在孟加拉语中，这一标题将诗歌转化为对政治残酷性的评论，而泰戈尔使用rāśtranīti一词（意为"国家政治"，不同于更常用的rājnīti）暗示对某种自我毁灭式的民族主义的批判。这种

---

① Rabindranath Tagore, *Particles, Jottings, Sparks: The Collected Brief Poems*, trans. William Radice (London: Angel Books, 2001), p.42.

细微差别，在英文及后来的中文译本中不可避免地消失了，使得泰戈尔在海外呈现出一种超然于政治之外的形象，这又进而强化了他的精神象征形象。

在风格方面，泰戈尔对英国浪漫主义诗人的欣赏——其中包括济慈、拜伦、雪莱和华兹华斯——深深影响了他将作品自译为英文的方式，以至于"当他用英文写作时，亦模仿了浪漫主义的表达方式"[①]。在英文版《吉檀迦利》中，泰戈尔使用了浪漫主义风格的古典英语表达，正如他在自我翻译中的一段所呈现的那样：

> I know not how thou singest, my master! I ever listen in silent amazement.
>
> The light of thy music illuminates the world. The life breath of thy music runs from sky to sky.[②]

> 我不知道你怎样地唱，我的主人！我总在惊奇地静听。
>
> 你的音乐的光辉照亮了世界。你的音乐的气息透彻诸天。（冰心译）

相比之下，森古普塔（Sengupta）对这段孟加拉语诗句的英文翻译则是：

> How do you sing genius
>
> I am amazed to hear and hear.
>
> The light of your music fills the world,
>
> The wind of your melody fills the sky.[③]

---

① Mahasweta Sengupta, *Colonial Poetics: Rabindranath Tagore in Two Worlds*, PhD diss., p.139.
② Rabindranath Tagore, *Gitanjali* (*Song Offerings*).
③ Mahasweta Sengupta, *Colonial Poetics: Rabindranath Tagore in Two Worlds*, PhD diss., p.140.

在泰戈尔的英文中，thou、thy、singest以及I ever listen这样的词句将他的诗置于早期的诗歌传统之中，而非更符合现代主义文学语言的表达方式——而后者，才更接近1912年英文版《吉檀迦利》发表时的文学潮流。对于威廉·巴特勒·叶芝和埃兹拉·庞德而言——他们都是泰戈尔在西方的早期读者——会认为，这种带有时代错位的风格强化了东方主义中的观念，即东方是一个恒久的古老智慧之源。的确，叶芝和庞德都曾以这种方式在西方推广泰戈尔的诗歌。

这样看来，泰戈尔在作品选择、形式和风格上的自我翻译策略共同形成了一种"带有圣经韵味的散文-诗（prose-poetry），极易被翻译成其他语言，因为它不受任何特定诗歌形式"，甚至不受文化背景的束缚。[1]作为一种在翻译中进行创造性自由处理的极端个案，许多人认为泰戈尔的英文自我翻译"按照今天的标准难以被辩护"[2]。事实上，在讨论泰戈尔的中文翻译时，学者们很少将他的英文诗歌视为真正的翻译，更多地倾向于将英文视为独立的原创作品。将泰戈尔的英文称为"原作"而与孟加拉语割裂，似乎在最初是一个无可厚非且便捷的选择。毕竟，泰戈尔是自己翻译自己作品的人，这样做的好处是似乎早已赋予了自己的翻译先天的合法性。随后的一波译者也是通过英文接触他的作品，把英文诗歌当作原作来进行他们的翻译。

重新审视泰戈尔的英文"原作"概念，可能会有所帮助。首先，泰戈尔的国际声誉不仅仅源于他的诗作可以通过英语被更多人接触到这一事实，更重要的是他有意识地运用了特定的翻译策略，精心塑造了一个既符合西方审美又富有吸引力的东方化形象。其次，泰戈尔在中国的受欢迎程度正是基于他非西方的身份，即作为一位同为亚洲的诗人。1924年，梁启超在介绍泰戈尔的演讲中很好地体现了这一点。

---

[1] Susan Bassnett, "The Self-Translator as Rewriter," *Self-Translation: Brokering Originality in Hybrid Culture* (London: Bloomsbury Academic, 2013), p.22.

[2] Aarthi Vadde, "Putting Foreignness to the Test: Rabindranath Tagore's Babu English," *Comparative Literature*, vol. 65, no. 1 (2013), p.18.

他劝勉中国观众不要像"欧美社会"那样"无意识崇拜偶像"泰戈尔，而是因为"他从我们最亲爱的兄弟之邦——印度来"①。虽然中国诗人因无法阅读孟加拉文而只能通过英文接触泰戈尔的作品，但他们对泰戈尔的兴趣却来源于他的亚洲身份以及非英语的原作，而英文便为他们提供了接触这一原作的途径。

如前文所述，泰戈尔的英文诗歌并未模糊或彻底脱离其孟加拉语作品，反而凸显了它与孟加拉语创作之间的紧张关系。因此，泰戈尔的案例展示了如何能够动摇"作者/译者""原作/翻译""忠实/自由"等在世界文学和翻译研究中的固有二元对立。

三、冯唐的《飞鸟集》

小说家冯唐于2015年推出的《飞鸟集》译本，再次引发了对翻译忠实性问题的关注。冯唐的译本并非《飞鸟集》的第一个中文译本，也从未宣称自己是权威译本，却引发了一桩国际丑闻。该译本于2015年7月问世，至12月已成为中国的热门争议话题，先是在网络上引发讨论，随后蔓延至出版界。月底，出版社决定下架该书，并撤回所有线上和线下的销售，理由是遭到了读者的强烈不满和抗议。②随着2016年1月新德里世界书展的临近，此次争议也逐渐在印度媒体中引发关注。中国是此次书展的"主宾国"，原定冯唐在书展上就他的《飞鸟集》译本发表演讲，但最终因中方合作伙伴的要求被迫取消。③

冯唐并非第一次卷入争议，他在2000年代初进入中国文坛时便因其大胆露骨的写作风格而引起关注。大部分对他《飞鸟集》译本的批评也集中在这一特点，即读者认为他在翻译中融入了他标志性的性化

---

① 梁启超：《印度与中国文化之亲属的关系》，《晨报副刊》1924年5月3日第1版。
② 罗昕：《冯唐回应译本〈飞鸟集〉被下架召回》，《澎湃新闻》2015年12月28日。https://www.thepaper.cn/newsDetail_forward_1414024, [2024-07-13].
③ Ananth Krishnan, "Lost in Translation," *India Today*, 2016-01-18, [2024-07-13].

风格。批评者指责冯唐使用过度性化的语言和俚语，使泰戈尔的诗歌变得"低俗"，既亵渎了泰戈尔，也糊了诗作的原意。批评者经常引用的一句争议性译文是泰戈尔原作中的"the world puts off its mask of vastness to its lover"，而冯唐的译文则为"大千世界在情人面前解开裤裆"。正如评论家周黎明所言："在给作品加上独特个性与哗众取宠之间，有一条微妙的界限。而当冯唐把泰戈尔的平静诗句变成了荷尔蒙浸透的低俗的自我写照时，他显然越过了这条界限。"[①]

冯唐所谓的"翻译罪行"之所以显得更加严重，是因为在中国文学界，泰戈尔享有崇高的地位。中国作家和读者对泰戈尔的敬仰固然深厚，但与他在印度，尤其在孟加拉文学界所占据的至尊地位相比，尚有所不及。因此，当2015年的翻译争议爆发后，印度媒体和批评者将此事视作"对他们文化大使的亵渎"[②]。亵渎一词突显了泰戈尔在印度文化中的神圣地位，这不仅源于他在文化界的卓越地位，也与他自我塑造为圣人般的形象以及这一形象在国外的接受度密切相关。历史学家沈丹森（Tansen Sen）指责冯唐漠视了泰戈尔作品的历史和意义："很明显的，他对印度人（还有中国人）对泰戈尔和其作品的尊敬，没有任何敏感度。"[③]

通过性化的语言翻译这位"诗圣"，冯唐因此被指控"亵渎"了一位神圣的文学人物，仅仅因为与这种低俗的性表达和网络俚语产生关联，便被视为对泰戈尔及其所象征的圣洁的一种冒犯。这样的道德失范也被视为翻译上的错误，因为批评者认为，泰戈尔所唤起的虔诚之心应当对应于翻译中的忠实之道，用以评估冯唐的《飞鸟集》。例如，《人民日报》的文章开篇便援引严复的"信达雅"三难作为评价标

---

① Raymond Zhou, "Lust in Translation," *China Daily*, 2015-12-21, https://usa.chinadaily.com.cn/epaper/2015-12/21/content_22763870.htm, [2024-07-13].

② 罗皓菱:《冯唐谈〈飞鸟集〉》,《北京青年报》2016年1月22日。https://www.chinanews.com.cn/m/cul/2016/01-22/7727834.shtml, [2024-07-13].

③ 沈丹森:《亵渎泰戈尔的译本》,《联合早报》2016年1月16日。https://www.zaobao.com.sg/forum/views/opinion/story20160116-571604, [2024-07-13].

准。文章指出冯唐最大的失败在于"信"的方面，认为他"违背了原作的原意"，将个人风格凌驾于原作之上，甚至"不惜……扭曲原文之意"[1]。沈丹森的评论同样将翻译视为一种忠实的实践："所有翻译，即便并非逐字逐句，也至少应传达原作的精髓。"[2]他认为，冯唐的《飞鸟集》"显然不算翻译，无论是逐字逐句的意义的转换还是作为一种诗意的诠释"[3]。面对争议，冯唐发表了一封致泰戈尔的公开信，呼吁从"忠实"的束缚中获得"自由"："我想追求的是用自己的方式诠释你的诗的自由，以及在翻译中表达自己解读的自由……我希望保留自己使用，甚至创造属于我自己的中文系统的自由。"[4]

对冯唐的批评揭示了一个事实，即他的译本在被认为破坏泰戈尔神圣形象的同时，也被视为对翻译忠实性原则的攻击——这一原则随后又作为评判翻译的标准而被引述。冯唐的批评者不该被责怪，因为他们未能将冯唐视为泰戈尔诗歌"自由"译者序列中的最新一员，这反映出泰戈尔神圣化形象在其读者心中所具有的强大影响力。泰戈尔的个案提醒我们，有必要将自由与忠实的观念结合起来，形成一种辩证的而非相互对立的关系。

结　论

本文并非为了重新评判冯唐翻译的优劣，而是为了探究这场争议所揭示的翻译观念和标准。与其简单地评判"好"或"坏"的翻译，

---

[1]《莫借"翻译"行"篡改"》，《人民日报》2015年12月24日。https://www.chinanews.com.cn/m/cul/2015/12-24/7685442.shtml，[2024-07-13]．

[2] Tansen Sen, "The Belittling of Tagore by Chinese Novelist". *The Times of India*, 2016-01-24 https://timesofindia.indiatimes.com/blogs/china-man/the-belittling-of-tagore-by-chinese-novelist/, [2024-07-13].

[3] 同上。

[4] Feng Tang, "My 'Vulgar' Tagore Translation has been Suppressed—But I Should have the Freedom to Use Language as I Wish". *The Guardian*, 2016-01-15. https://www.theguardian.com/books/2016/jan/15/my-vulgar-tagore-translation-has-been-suppressed-but-i-should-have-the-freedom-to-use-language-as-i-wish, [2024-07-11].

更有意义的是，将关注点放在翻译过程中如何促进文本走向"国际化之路"上，正如冯唐曾调侃地描述此事件那样。①作为"走向国际"的典型案例，泰戈尔的声誉无疑受到他神圣化的形象和作品精神性的推动，从而在读者和译者对待其作品的方式上，形成了一种忠实性的美学。这种神圣化的文本与忠实性翻译标准的结合，可追溯到宗教文本翻译的历史，而正是这一背景催生了大量翻译理论的来源，如前文所述。

然而，泰戈尔诗歌持续激起的那些关于忠实性的话语，恰恰是基于泰戈尔本人在将孟加拉语作品翻译成英语时，对"忠实"这一概念的明显忽视。泰戈尔在自我翻译中表现出的显著的自由，使得将其英文诗歌视为稳定且权威的"原作"显得颇具讽刺意味。将泰戈尔的英文诗歌视为翻译作品——即视之为泰戈尔精心设计和慎重考量的翻译成果——可以帮助我们去理解后续的译者如何追随泰戈尔的步伐，在狭隘和简单地追求不同语言间的对等之外，重新定义"忠实"，并将"忠实"与"自由"密不可分地联系在一起。

因此，本文重申了近年来翻译理论的许多观点，这些理论质疑了"作者"对文本拥有译者不可企及的独特权威，以及"原作"作为一种稳定、单一且权威文本的观念。这种观念认为"原作"天生优于译本。本文质疑将泰戈尔的英文作品视为唯一稳定的"原作"，并要求后续所有译本都忠实于此的普遍观念，同时建议对泰戈尔的译本（包括他自译的和他人翻译的）进行一种更为广阔、动态的对"信"的理解。泰戈尔的文本在翻译旅程中反复表明，是"自由"孕育了"忠实"，反之亦然，"忠实"为"自由"的实践创造了必要条件。因此，本文呼吁在翻译理论中重新定义"信"，使其反映出"忠实"与"自由"之间持久而活跃的辩证关系，这种关系必然贯穿于每一次翻译之中。

---

① 罗皓菱：《冯唐谈〈飞鸟集〉》，《北京青年报》2016年1月22日。https://www.chinanews.com.cn/m/cul/2016/01-22/7727834.shtml, [2024-07-13].

论稿

Articles

《水浒传》及其故事在越南的传播及影响*

刘志强

摘　要：《水浒传》及其故事至迟在18世纪便传至越南。由于描写的是"官逼民反"的内容，且与越南后黎朝和阮朝独尊儒术的意识形态相左，《水浒传》及其故事在越南没有获得官方和士大夫的认可，传播和影响极其有限。20世纪初，随着拉丁化越南文学习和推广的需求，翻译和改编《水浒传》故事的民间戏剧逐渐增多，影响也较大。《水浒传》在这一时期获得越南名儒的关注和积极评价也增多，间接催生了一些译本，包括1926年由陈俊凯翻译的全译本，这一译本促进了20世纪《水浒传》及其故事在越南的传播和影响。

关键词：水浒传　越南　传播　影响

相对而言，过去四十余年，学界对《水浒传》在越南的传播及影响的关注并不多，尽管也有一些研究成果。[①]但由于历史上越南文字的变迁和图籍保存的有限等诸多原因，对于早期《水浒传》在越南传播的情况尚未有足够探讨，尤其是《水浒传》在越南获得的戏剧形式的改编，拉丁化越南文的译介等诸多情况，仍缺乏更多的考据。有鉴于

---

* 本文为教育部哲学社会科学研究重大课题攻关项目"'中国故事'在世界文学中的征引阐释及启示研究"（20JZD046）阶段性成果。作者系广东外语外贸大学东南亚学院（东南亚研究院）教授，博士生导师，北京大学东方文学研究中心兼职研究员。

① 1997年，马祖毅、任荣珍《汉籍外译史》（湖北教育出版社，2003年再版），其中有论及《水浒传》在越南的译介情况，但相关信息考据略少。2013年，越南留学生黎亭卿的博士论文《中国古代小说在越南——以〈三国演义〉〈水浒传〉〈西游记〉为中心》关于《水浒传》在越南传播的叙述，篇幅较少。同年，阮芳草在越南社科院文学研究院主办的刊物《文学研究》上发表了《从20世纪初相关研究成果考察越南对〈水浒传〉的接触》，该文从较为宏观的角度对20世纪初越南学界对《水浒传》的相关评论进行研究，但考据较少。

此，本文主要利用文献的证据，结合历史、政治等诸因素，试图勾勒出《水浒传》在越南传播和影响更为全面的传播图像。

一、早期的文献记载

早在2013年，越南留学生黎亭卿在其博士论文《中国古代小说在越南——以〈三国演义〉〈水浒传〉〈西游记〉为中心》里说，在进行考察研究过程中，尚未找到19世纪末以前《水浒传》传播至越南的相关资料。[1]其实不然，事实上，根据文献记载，《水浒传》传播至越南至迟可以追溯至18世纪。越南后黎朝大儒黎贵惇（1726—1784）在其所著《芸台类语》说道：

> 《委巷丛谈》[2]录云："钱塘罗贯中，名本。南宋诗人，撰小说数十种，如《水浒传》，序宋江等事，奸盗脱漏，机巧甚详，然变诈百端，坏人心术，其后子孙三代皆哑，天道好还之报如此。按《三国演义》亦贯中作也。依傍正史，捏造空说，多不近理也。儒不信陈寿书而信此，已无真见。且里谈乡谚，原非作文正法，乃有用其语，而托以为新奇，洋洋自得，不知悟者。"[3]

由此而知，士大夫黎贵惇并不认可《水浒传》《三国演义》之类小说，同时也劝诫士人多读信史，以免误入歧途。但相信黎贵惇已经意识到了，即使他劝诫，仍有不少士人迷上了《水浒传》。19世纪上半叶，枚吉甫在评论《桃花梦记——续断肠新声》时，以《水浒传》相对比，其曰：

---

[1] 〔越南〕黎亭卿：《中国古代小说在越南——以〈三国演义〉〈水浒传〉〈西游记〉为中心》，华东师范大学2013年博士学位论文，第50页。

[2] 明人田汝成所撰笔记作品。

[3] 〔越南〕黎贵惇：《芸台类语》卷七，书籍，越南汉喃研究院藏书，原书编号：4229。

因者何？根在此也。下笔者先究其根其因，而后其事其人，始有条绪。若写其人其事，无有所因，则事不几为无根之事，人不几为无根之人乎？如《桃花源记》写寻源之客，必先写其见沿溪的桃花，则前来之为植桃树，其根可见。又如《水浒》欲写群贼，先说"洪太尉误走妖魔"以为之因，则天罡地煞之降生，不为无据，《桃花梦》写兰娘再世之缘，而先以叹花泣《传》为之因，其有得于《桃源》《水浒》二记之笔意乎？①

不难看出，枚吉甫认为越南汉文小说《桃花梦记》受到《水浒传》等中国文学作品写作手法的影响。他在《桃花梦记》中提及《水浒传》并不意味着其认可作品反映的官逼民反的主旨，其主要从创作手法考察。

二、越南阮朝官方和民间的态度

《水浒传》的主旨是"官逼民反"，自然与儒家教化相左。《诗经》言："溥天之下，莫非王土；率土之滨，莫非王臣。"越南后黎朝《黎朝教化条律》第一条即言：

为人臣当尽忠效力。文则履公奉正，恪勤职业。其议事则献可替否，使皆中理，不可雷同缄默，无所建明。其勘讼则分别善恶，使各伸情，不可偏为财义，树恩结党。武则卫内悍外，叶心同力。其治兵则讲时练法，使悉精锐，不可废弛教习，不明行伍。其该民则宽征舒力，使能被泽，不可威胁诈力，务行苛虐。务尽为臣之道。②

---

① 〔越南〕阮登选：《桃花梦记——续断肠新声》，孙逊、郑克孟、陈益源主编：《越南汉文小说集成》第5册，上海：上海古籍出版社，2011年，第224页。
② 〔越南〕《黎朝教化条律四十七条》第一条，《儒藏》（越南之部），北京：北京大学出版社，2013年，第1009页。

第三十五条又曰："凡经、史、子、集及文章有裨于世教者，方可刊板通行。"[1]及至阮朝，官方的《皇朝圣谕训迪十条》之厚风俗条云：

> 夫风俗所关非细，风醇俗美则刑措兵寝，四海之内有太平音。朕愿尔士庶军人等，相观为善，偕之大道，有恩意以厚宗族，有信顺以睦乡党，有礼让以和上下。毋以富侵贫，毋以贵骄贱，毋以智欺愚，毋以强凌弱。居平则相保爱，有事则相赒恤。勿积仇怨以构争端，勿好健讼以妨生理。联守望以弭盗贼，诫逆逃以免株连。有廉耻忠信之习，无浮伪险诈之风。为士者必知处心纯厚，立操恬静。农圃则勿越畔以求益，勿曲妨以害人。工贾则勿射利而交争，勿眩货而求售。《书》曰："凡阙庶民，无有淫朋，人无有比德。"尔等宜喻此意，于以尽革浇风，咸臻美俗，永迓和平之福，聿跻大顺之庥。尔等其勉旃哉！[2]

若考察阮朝《皇越律例》，谋反属于大逆：

> 凡谋反（不利于国，谓谋危社稷）及大逆（不利于君，谓谋毁宗庙、山陵及宫阙）。但共谋者不分首从（已未行），皆凌迟处死。正犯之祖父、父、子、孙、兄、弟及同居之人（如本族无服亲属及外祖父、妻、父、女婿之类），不分异性及正犯之期亲、伯、叔父，兄弟之子不限籍之异同，男年十六以上不论笃疾废疾皆斩。其男十五以下，及正犯之母女、妻妾、姊妹若子之妻妾给付功臣之家为奴。正犯财产入官。若女兼姊妹，许嫁已定，归其夫。正犯子孙过房与人。及正犯之聘妻未成者，俱不追坐。上止坐正犯，兄弟之子不及其孙，余律文不载，并不得株连。知情故

---

[1] 〔越南〕《黎朝教化条律四十七条》第一条，《儒藏》（越南之部），北京：北京大学出版社，2013年，第1017页。

[2] 〔越南〕《（阮朝）皇朝圣谕训迪十条》第一条，《儒藏》（越南之部），第1031—1032页。

纵隐藏者斩。有能捕获正犯者，民授以民官，官军授予军职（量功授职）。仍将犯人财产全给充赏。知而首告官，为捕获者，止给财产，虽无故纵，但不首者，杖一百，流三千里。①

由此而知，越南封建王朝官方对于《水浒传》之类宣扬"官逼民反"主旨的小说，是难以接受的。我们在越南汉喃研究院现存文献目录中，还找不到《水浒传》的任何汉字本或喃字改写本。

但在实际历史中，官方与民间往往很难达成一致。《水浒传》尽管塑造了一批反英雄的形象，其在明清两朝却没有被禁毁，反而得到迅速而广泛的传播。因为《水浒传》用忠义思想掩护了它。事实上，明末崇祯十五年（1642）和清乾隆十九年（1754），中国官方对《水浒传》都有禁令，但皆是"雷声大，雨点小"。②《水浒传》在越南没有被官方明令禁止，实际上更多是由于法国殖民统治带来的非封建统治的阅读空间。20世纪初，这一情况开始有了变化，尽管1906年至1910年已经出现《水浒演义》的拉丁化译本，但作为小说译本的流传似乎并不广泛，这主要是因为这一时期无论是法文、汉文还是拉丁化越南文的普及率都较低，越南普通民众的阅读力有限，不过其民间戏剧改写本则具有较大的民间读者群。

我们在越南国家图书馆还查到1925年出版的拉丁化版本的《荡寇志》③，这说明道光年间俞万春所撰的这部《水浒传》续书也传到了越南，且被翻译为拉丁化越南文。但纵观越南国家图书馆所藏，《荡寇志》在越南的传播实际上极其有限，远不如《水浒传》。20世纪上半叶，《水浒传》在越南传播最广的是其改良戏《武松杀嫂》，越南国家

---

① 〔越南〕《（阮朝）皇越律例》卷之十二"刑律·盗贼上·谋反大逆"，《域外汉籍珍本文库》（史部）第29册，西南师范大学出版社／人民出版社，2012年，第259页。
② 余大平：《序》，〔明〕施耐庵：《水浒传》，陕西新华出版传媒集团／陕西人民教育出版社，2016年，第6—7页。
③ Đăng khấu chí: Tiếp theo bộ Thuỷ hử,Thông tin xuất bản: H.: Thanh niên, 1925.

图书馆现存最早的改良戏剧本《武松杀嫂》是1927年版。① 越南国家图书馆所藏1927年版的《武松杀嫂》多无封面，剧本有长有短。从越南国家图书馆藏书观之，《水浒传》改良戏最多的也是《武松杀嫂》，一共有12个版本。值得一提的是，《武松杀嫂》是我们迄今能看到的《水浒传》在越南唯一改良戏剧本。

表1　越南国家图书馆藏《武松杀嫂》改良戏剧本表

序号	作者	版本（出版社/者）	出版时间（年）	备注
1	—	保存印刷厂（Impr. Bảo Tồn）	1927	改良剧（Tuồng hát cải lương）；根据《宋江水浒》（Tống giang Thuỷ hử）改编
2	—	信德书社（Nhà in Tín đức Thư xã）	1927	改良剧；根据《水浒传》（truyện Thuỷ Hử）改编
3	—	保存（印刷厂）（Bảo Tồn）	1927	根据《宋江水浒》改编；文本编号：V6（1）-6/V400T
4	吴永康（Ngô Vĩnh Khang）	古今出版社（Nhà in Xưa Nay）	1928	根据《宋江水浒》故事改编
5	吴永康	古今出版社	1929	改良剧；根据《宋江水浒》传改编
6	吴永康	古今出版社	1929	根据《宋江水浒》传"武大郎卖豆腐"（Võ Đại Lang bán đậu hũ）到"武松杀嫂"（Võ Tòng sát tẩu）部分改编
7	吴永康	范文盛（Phạm Văn Thịnh）	1931	根据《宋江水浒》改编；文本编号：V6（1）-6/V400T
8	寇武辉（Khấu Võ Huy）	古今出版社	1935	源自《宋江水浒》故事

① Võ Tòng Sát Tẩu: Diễn theo Tống gian Thuỷ hử: Tuồng hát cải lương Thông tin xuất bản: S.: Impr. Boả tồn, 1927. Võ tòng sát tẩu: Diễn theo truyện Thuỷ Hử: Tuồng cải lương Thông tin xuất bản: S.: Nhà in Tín đức Thư xã, 1927.

续表

序号	作者	版本（出版社/者）	出版时间（年）	备注
9	寇武仪	古今出版社	1938	源自《宋江-水浒》故事；文本编号：V6（1）-5 / V400T
10	寇武仪	阮浩永（Nguyễn Háo Vĩnh）	1938	源自《宋江水浒》故事
11	寇武仪	古今印刷厂（Impr. Xua Nay）	1939	源自《宋江水浒》故事；文本编号：V6(1)-5 / V400T
12	寇武仪	阮浩永	1939	源自《宋江水浒》故事

注：此表为笔者根据越南国家图书馆藏书情况自制。

庆幸的是，我们从法国国家图书馆获得了一部1933年发行的较为完整的《武松煞嫂书》。①20世纪上半叶《武松杀嫂》改良戏在民间影响较大的原因，是其主旨符合儒家思想中的三纲五常伦理。改良戏剧本开篇即云：

> Lấy trong nhân đạo suy ra, điều cần nhứt phải biết là nhân luân, dầu nam tử, dẩu phu nhân, đứng trong trời đất, có thân có phần, vơi vơi biển ái nguồn ân, tuy gần chớ để sảy chân lụy mình, nữ nhi cốt ở chữ trinh, may trong ruổi đục cũng gìn một câu, Trung ngay nghĩa vụ mày râu, giữ lòng chánh trực làm đầu mới hay.②

（译文：从仁道考量，最应守住的是人伦，无论男子还是妇人。夫人之立于天地，有身有份，恩爱虽少，亲近但不失足作孽，女子贞洁惟上，行于浊世，亦应恪守"须眉需秉忠义，心持正直才是"。）

---

① 《武松煞嫂书》为喃字撰写拉丁化越南语名称——Võ Tòng Sát Tẩu, 汉语即《武松杀嫂》。
② Võ Tòng Sát Tẩu, người xuất bản, Nguyễn Quới Loan, Nhà in Xưa nay, Sài Gòn, 1933. Tr.3.

1933年版《武松杀嫂》剧本篇幅并不长,仅18页而已。其剧末体现出儒家的劝世良言：

> Làm người phải trọng nhân luân, Tam tùng tứ đức đều cần đầu tiên, oan oan tương báo nhãn tiền, chạy đâu cho khỏi hoàng thiên công binh. Kẻ gian lấy đó răn mình, Võ Tòng trả hận hành hình chẳng oan. Dầu cho Hoàng Đế dâm loàn, thạnh cường bốn biển thân vàng khó yên. Bởi Tây Môn Khánh chẳng hiền, cho nên thác chẳng vẹn tuyền châu thân. Mai - nhân bày việc ác nhân, chặt đầu cúng tế tội cân công bằng. Kim Liên lòng thú dạ lang, dầu cho lóc thịt xé gan cũng đành! Tích xưa chép lại đành ràng, răn mình tráng rữ gần lành mới an, phải gìn phong hóa vẹn toàn, cùng là tứ tức, tam cang, ngũ thường. Làm người giữ người giữ vẹn mọi đường, còn hơn những bực đế vương lăng loàn.[①]
>
> （译文：为人要重人伦，首重三纲五常，冤冤相报眼前，公平皇天何曾饶谁？奸者自警，武松报仇何曾有冤？若皇帝淫乱，四海盛强亦难安。西门庆非贤，身不能免。媒人恶贯满盈，斩头贡祭，罪有应得。金莲狼子野心，千刀万剐，难快人心！前事朗朗可鉴，警世人远恶近善方可平安，须秉全风化，最重四德三纲五常。做人为人保全各路，胜过不伦不类帝王。）

越南改良戏《武松杀嫂》为民间青睐,剧本所宣扬的宗旨乃守人伦, 这与《水浒传》第二十六回"郓哥大闹授官厅 武松斗杀西门庆"开篇之诗相符：

> 参透风流二字禅，好因缘是恶因缘。

---

① Võ Tòng Sát Tẩu, người xuất bản, Nguyễn Quới Loan, Tr.18.

痴心做处人人爱，冷眼观时个个嫌。
野草闲花休采折，贞姿劲质自安然。
山妻稚子家常饭，不害相思不损钱。①

阮朝政令对于女子守节突出者，朝廷要加以表彰的。如《明命政要》有载：

节妇以名闻。至是，谕侍臣曰："天下治乱，系风俗之美恶，人主能崇尚节义，表正风俗，则可培养国脉，长治久安之基，其在是矣。朕初诏中外，察有孝顺节义者，奏请旌赏，所以励风化也，而今未有应举者，其何以负朕化民成俗之至意乎？复命诸地方察访以闻，后有平定女阮氏漂、京北女何氏边皆不污强暴，所在以奏，帝命各赐金匾以旌之。"②

尽管《水浒传》写的是"官逼民反"，但也能被越南官方和民间的接受找到契合点——即官方需要的教化良民和民间想守住的人伦道德。这一点与儒家的思想存在一定的共情度。

三、20世纪初至1945年越南知识分子的评价

自20世纪初至1945年以前，越南知识分子对《水浒传》的评价，其共情点与阮朝官方和民间有一些差异。

1997年，马祖毅先生谓，同日本、朝鲜相比，《水浒传》传入越南的时间似乎晚了一些。但《水浒传》的越译早于《三国演义》《西游记》和《红楼梦》的翻译。1906年至1910年，西贡出版了《水浒演

---

① ［明］施耐庵：《水浒传》，第231页。
② ［越南］阮朝国史馆：《明命政要》卷十二"教化条"，南越教育文化与青年部出版，1972年版，第3a—3b页。

《水浒传》及其故事在越南的传播及影响　　261

义》的译本,译者是阮安姜(Nguyễn An Khương)。稍后,又有阮政瑟(Nguyễn Chánh Sát)、阮杜牧、武明智(Võ Minh Trí)的译本在西贡和河内两地问世。1960年,罗辰翻译的七十回本,由河内明日出版社推出,全书分三卷,附插图,译文实际上是六十九回。译者在序言中说:"《水浒》在中国古典文学宝库中占有重要地位,被列为四部杰出著作之一。此书在中国社会广泛流传。美国作家赛珍珠将它译成英文,使之进入世界文学名著之林,因而为千百万读者所熟知。《水浒》是中国古典文学中具有现实意义的作品,它歌颂了正直人的自强自立,不甘受朝廷束缚,不愿做昏庸君主奴仆的精神。它像一颗珍珠,不仅是中国人民的骄傲,也是亚洲人民的骄傲。"①

实际上,如果我们回到20世纪初,情况似乎又显得更复杂些。法国为了在文化上殖民越南,切断中越传统文化联系,并不推崇中国小说。但由于需要推广拉丁化越南文的缘故,殖民者对《水浒传》等中国小说拉丁化译本的传播采取了默许的态度。

1906年之后,越南的拉丁化越南文报纸有《东洋杂志》(*Đông Dương Tạp Chí*)、《南圻旬报》(*Nam Kỳ Tuần Báo*)、《清议报》(*Thanh Nghị*)。这些报纸纷纷刊载一些对《水浒传》的评价,其中具有代表性的文章是1937年3月15日竹亭(Trúc Đình)②所撰《中国最著名的四部小说》。尽管文章不长,但作者对《水浒传》在越南传播的评价颇高。他说:"读《水浒传》,我们可以了解到中国的一些残酷的社会现象,如囚禁妇女、贩卖子女、血债血偿、活人祭祀等。总之,这些在我们国家发生的事情也可以在中国的报纸中读到。"③竹亭认为,中国的封建社会图像,如酒馆、茶楼、江湖武者,在施耐庵笔下显现得清晰、饱满和生动。通过阅读《水浒传》,一方面,越南的读者可以增长见识和生活经验,同时,作者也可以在作品中找到与自己经历相近之处。

---

① 马祖毅、任荣珍:《汉籍外译史》,武汉:湖北教育出版社,2003年,第616—617页。
② 阮芳草在《文学研究》(越南社科院文学院刊)撰文笔误为Trúc Đuỳnh。
③ Trúc Đình: "Bốn pho tiểu thuyết Tàu hay nhất", *Đông Dương Tạp Chí*, số 1, 1937, tr.16.

1942年，越南著名学者陈文玶（1898—1973）在《清议》上发表《中国小说略考——附论越南旧小说》一文。陈文玶一文对水浒尽管评价不多，但认为"《水浒传》是一部很有价值的小说，相信大家都有了解"①，他还肯定《水浒传》是一部"大才笔"②之作。陈文玶在越南近现代学界中是权威人士，他对《水浒传》的评价是能让人信服的。这说明越南学界对《水浒传》的积极评价占据了主流。

1943年，越南南方《南圻旬报》刊登了署名梦仙的《施耐庵为何会写〈水浒传〉？》一文。梦仙评价说："没有任何一部小说像《水浒传》这样具有如此魔力。"③他甚至认为："大家应该公认，无需争论地承认，没有哪一部小说能让越南、中国，甚至西欧如此废寝忘食地雅俗共赏。"④梦仙还评论说，《水浒传》在中国的接受和传播也经历了曲折的过程，也有被批判，甚至被禁止的阶段。明代中国人也很喜欢读《水浒传》，谁没读过这部小说的话，会被认为读书少。中国学者胡适对《水浒传》的评价也颇高。⑤梦仙认为《三国演义》在文采上当属第一，但论及小说内容的结构布局，《水浒传》要更胜一筹。⑥

1944年，越南学者黎廷真（Lê Đình Chân）选译了美国著名作家赛珍珠（Pearl S. Buck）的《赛珍珠论中国小说》（Pearl S. Buck on the Chinese Novel）中对《水浒传》积极评价的部分内容，发表在《清议》⑦周报上。赛珍珠认为，《水浒传》不仅仅在中国、越南和日本著

---

① Thúc Ngọc Trần Văn Giáp:"Lược khảo về tiểu thuyết Tàu—phụ thêm tiểu thuyết Việt Nam xưa", *Tạp chí Thanh Nghị*, số 8,1942, tr.13-14.
② 同上书，第13页。
③ Mộng Tiên: "Vì sao Thi Nại Am Viết truyện Thủy Hử", *Nam Kỳ Tuần Báo*, số 61, 1943, tr.3.
④ 同上。
⑤ Nguyễn Phương Thảo: Tiếp nhận Thủy Hử qua các công trình nghiên cứu giai đoạn nửa đầu thế kỷ XX ở Việt Nam, Nghiên cứu Văn học, tháng 5 năm 2013.
⑥ Mộng Tiên: "Vì sao Thi Nại Am Viết truyện Thủy Hử", *Nam Kỳ Tuần Báo*, số 62, 1943,tr.4.
⑦ 《清议报》是法国殖民者控制下每周六发行的报纸，由越南人武婷嚛（Vũ Đình Hòe）担任编辑部主任，有三大主题：议论、文学、考据。此类报纸发行较大，在越南全境以及柬埔寨、老挝都发行。

名,在全世界诸多地方都有很多人喜爱。《水浒传》把中国生活的景象通过生动的文学画面展现出来,通过作者丰富的想象力,各路英雄好汉的形象得以生动塑造出来,小说中有些人物是历史上真实存在的,这些人物在作品中被描绘得很细腻,《水浒传》中反映出的中国人民的生活场景,确实是存在的。①

总体而言,20世纪上半叶,越南对《水浒传》的评价以积极为主。但也有对《水浒传》持批评态度的,如《三国演义》的越译者、越南著名汉学家潘继柄评价《水浒传》是"幼稚、荒唐的,作者胡编乱造出那些不合情理的事,貌似使人觉得痛快,实际上却毁人心术,让那些愚昧者胡思乱想。其文笔幼稚、粗糙,似非出自名家之手"②。尽管潘继柄对《水浒传》提出尖锐的批评,但知识分子和民间对《水浒传》持肯定的意见依然较多。

四、《水浒传》在越南的翻译和影响

我们未能查到越南汉喃研究院藏有汉文文本的《水浒传》。当然,可以理解的是,在封建社会时期,越南的汉字识字率是较低的,因此,《水浒传》在越南的传播是较为有限的。1919年,越南废除科举后,拉丁化越南语逐渐在越南得到推广。法国殖民者直接推广法语,又会受到各种制约。推广拉丁化越南文具有一定的基础,一方面有利于"去中国化",另一方面,又有利于"就地取材",翻译中国的著名小说,以推广拉丁化越南文。1945年,越南民主共和国成立,拉丁化越南文成为北越的官方文字。尽管南北依然在举行抗法战争,但是拉丁化越南文经过法国前期殖民的推广,已经逐步具有普遍性。因此,拉丁化越南语的译本成为现当代《水浒传》在越南传播的主要形式,直至中国电视连续剧《水浒传》在越南热映。

---

① Pearl S.Buck: "tiểu Thuyết Tàu" (Lê Đình Chân Dịch), Tạp chí Thanh Nghị, số 85, 1944, tr.13.
② Phan Kế Bính: Tác giả, tác phẩm, Nxb Thanh Niên, 2004, tr.666.

《水浒传》首部拉丁化的越南文译本问世于1906年，译者是阮安姜。[1] 遗憾的是这个译本尚未找到。就越南官方和社会公认的最好译本是陈俊凯[2]于1926年出版的译本，也是目前越南各大出版社再版最多的版本。

　　此外，我们从越南国家图书馆又查到自1988年至2022年各类《水浒传》的儿童插图读物共计102册。可见，越南在革新开放后，《水浒传》在越南又具有了广泛的儿童读者。

　　我们尚未找到陈俊凯先生1926年出版的译本，但我们找到了越南文学出版社于1983年和2018年再版的译本。根据一些资料提供的信息，1926年，陈俊凯的《水浒传》译本一问世，便得到了学界、青年和流亡海外革命者来信来函购买，这让陈俊凯先生名噪一时。不仅如此，越南各地的报业同行、作家均高度认可，如阮文咏（Nguyễn Văn Vĩnh）、阮文论（Nguyễn Văn Luận）、范辉陆（Phạm Huy Lục）、陈仲金（Trần Trọng Kim）、阮文玉（Nguyễn Văn Ngọc）、阮霸仄（Nguyễn Bá Trắc）、范琼（Phạm Quỳnh）等名儒，再如大商人黎文福（Lê Văn Phúc）、裴春（Bùi Xuân），官宦人士亲重晖(Thân Trọng Huề)、黎忠玉（Lê Trung Ngọc）和都统杜廷述（Đỗ Đình Thuật）等都争相结交。[3]

　　陈俊凯不仅出身儒家，结交各路名儒，对《水浒传》的翻译尤其情有独钟。1924年，他在翻译《水浒传》时，作有《水浒题词》一首[4]，影响颇大，各家出版社出版其《水浒传》译本时，均刊登在书前。

---

[1] Thi Nại Am, Thủy Hử, Nhà xuất bản Văn học & Công ty Cổ phần Văn hóa Đông A, 2018,Lời nói đâu,tr.5.

[2] Trần Tuấn Khải（1895—1983），曾翻译《水浒传》《红楼梦》和《东周列国志》等名著，是越南著名文化名人，2018年，越南文化体育与旅游部曾举行研讨会纪念他。

[3] Lan Linh Trần Thị Lan biên soạn, Kim Sinh Lụy Á Nam Trần Tuấn Khải—Tác Phẩm, Nhận Định và Tư Liệu, Nhà Xuất Bản Văn Hóa-Văn Nghệ TP.HCM,2015,tr.5.

[4] 陈俊凯撰《水浒题词》用的是"七言六八体"诗式，即每阕8行诗，首4句为七言律诗，后4句为6，8，6，8句式，这种诗式越南语称为"Thất Ngôn xen Lục Bát"（七言六八），这是一种中越诗式高度融合的诗体。

THỦY HỬ ĐỀ TỪ 水浒题词[①]

Tai, Mắt, tim, gan đứng cõi đời,	耳眼心肝立于世，
Không duyên cũng nợ núi sông chơi.	无缘也欠山水游。
Còn vầng máu đỏ còn nhân loại,	热血依然人仍在，
Đâu đã khoanh tay chịu mặc trời?	岂能袖手命由天？
Mở gương thiên cổ mà coi:	试展千古镜子鉴：
Anh hùng, hiệp nữ những ai đó mà.	英雄侠女历在目。
Đòi phen gió táp mưa sa,	多少风吹雨打去，
Cỏ cây ai chuyển, sơn hà ai xoay?	草木山河几度更？
Chén rượu thanh gươm thích tháng ngày,	酒杯宝剑伴日月，
Việc đời như trở một bàn tay.	世事无常如反手。
Công danh phú quý cơn mơ mộng,	功名富贵如一梦，
Vũ trụ thăng trầm cuộc tỉnh say.	宇宙沉浮一醉醒。
Vẫy vùng Nam, Bắc, Đông Tây,	纵横南北西又东，
Lưng bầu nhiệt huyết dễ ngày nào vơi.	热血颠沛何曾易。
Phá toang trần lụy trên đời,	打破尘世累人生，
Mở tung lạc cảnh cho người bước qua.	境遇展示为前人。
Bốn bể anh em họp một nhà,	四海一家皆兄弟，
Hào phong tung động khắp gần xa.	豪风震动连远近。
Chí hăng đạp phẳng mười phương đất;	志气直奔至四方，
Lặn lội chông gai mấy cũng là.	披荆斩棘常作乐。
Đã Liều gánh vác xông pha,	闯荡江湖何所惧，
Buồm gan để mấy phong ba mà chùng?	有勇何怕历风波？
Kiếp người ai chẳng kiếp chung,	谁人一生不了终，

[①] Thi Nại Am, Thủy Hử, Nhà xuất bản Văn học & Công ty Cổ phần Văn hóa Đông A, 2018, Lời nói đầu, tr.23-24.

Có chăng một tiếng anh hùng hơn nhau.	何曾英雄胜英雄。
Chết đi còn để tiếng thơm lâu,	留取丹心照汗青，
Phảng phất nghìn thu gọi lũ sau.	千秋万世得后名。
Thời buổi hoàng kim nay đa chán,	黄金岁月今已厌，
Hỏi hồn nghĩa hiệp ở đâu đâu?	问魂侠义在何处？
Xót đời chìm đắm đã lâu,	可悲沉寂已多年，
Lấy ai mở mặt đỡ đầu cho ai?	谁可扬眉为谁扬？
Thương thôi nghĩ cũng nực cười,	可堪沉思亦可笑，
Cúi luồn phỏng thẹn với người xưa không?	有何颜面见古人？
Ngang dọc nào ai chắc thỏa lòng?	横竖舒心有几人？
Việc đời nhìn khổ phải ra công.	人生实苦须勤勉。
Hỏi chi thành bại xưa nay nhỉ,	何问古今成败事，
Kìa cái Dã Tràng tát bể Đông.	野长① 亦可掀东海。
Nhờ ai nhắn ngọn đông phong.	靠谁寄语付东风，
Triệu hồn nghĩa hiệp về cùng nước non.	还照侠义回家国。
Bâng khuâng người mất truyện còn,	人已逝去事仍传，
Nhớ ai thêm thẹn thêm buồn cho ai?	常忆古人意能平？

（作者自译）

陈俊凯译完《水浒传》，又有感而发，用越南本土唱诗形式——歌筹创作了一首《水浒咏》：

水浒咏（VỊNH THỦY HỬ）②

顶天立地于世，尘世英雄皆鬓霜。青山依旧在，知音少，心

---

① Dã Tràng 是越南民间故事《野长搬东海之沙》的主角。
② Lan Linh Trần Thị Lan biên soạn, Kim Sinh Lụy Á Nam Trần Tuấn Khải – Tác Phẩm, Nhận Định và Tư Liệu, Nhà Xuất bản Văn Hóa-Văn Nghệ TP. HCM, 2015, tr.193.

事有谁问？

　　有热血方称好汉，无弓剑英雄何面？即为人而立山河，大义报忠乃必然。才智亦可惊宇宙，功名何惧遇羁縻？一入江湖附相知，四海之内皆豪侠。沉浮风尘命蹉跎，生死出入要勇敢。血炉千忠铸一团，天崩地裂又何妨。英雄儿女尽皆然，自由权利不可让。梁山一百单八才，侠义精神千秋耀。举杯开卷读古书，览江山突想旧人。百年似曾有相似？（作者自译）

越南著名文人潘佩（Phan Khôi）在读完陈俊凯的译本后，感慨译笔精妙，曾作诗一首赠译者：

读《水浒》译本——寄译者[①]

　　乱世帝弱官杀民，神仙法律皆无用。天生割铁冒出血，洪水不仁泄在头。

　　一百单八全英豪，地躺酒肉枕伤心。古今闹事皆此辈，秀士王伦均是也。

　　巾服香花敬武松，诛人如他方英雄。一夜斩去十五命，血溅上墙滴鲜红。

　　武艺纵常豪气长，远近追随黑三郎。风云之中谁又知，气量谁大谁主张。

　　梁山泊此今何处？数千芦苇遮眼隐。掩卷高歌为君唱，我与歌妓徒感慨……（作者自译）

这充分说明陈俊凯译本在那个时代具有强大的吸引力和较为广泛的知识分子读者群。

---

① Thi Nại Am, Thủy Hử, Nhà xuất bản Văn học & Công ty Cổ phần Văn hóa Đông A, 2018, Lời nói đâu, tr.27.

余 论

《水浒传》至迟自18世纪便传至越南。在封建社会时期，知识分子是有机会读到这部名著的，但由于其塑造的是官逼民反的造反英雄，难为崇儒的越南封建社会官方所认可。尽管后黎朝大儒黎贵惇有过激的批判言论，我们也尚未发现有明令禁止的证据。20世纪初，法国殖民统治者对中国小说翻译成拉丁化越南文的宽松政策和越南民族主义者急切希望开启民智的愿望，让《水浒传》在越南的传播得到了更为适应的时代土壤。这一时期，不仅《水浒传》改良戏获得普通民众的青睐，作为小说的翻译本也获得知识分子的好评。

1986年，越南革新开放以来，越南对《水浒传》的接受还得以普及至少儿读物。这充分说明儒家思想底色的越南读者依然占有相当的规模。这让两国对于东方文学名著具有更为广泛的共情度。

佛教宇宙观的跨文化传译与构建*
——以泰国佛教文学经典《三界论》为个案的考察

熊 燃

摘 要：《三界论》，又称《帕銮三界》，是约成书于14世纪的一部佛教宇宙观著作，被奉为泰国民族文学经典，也是佛教文献从巴利语向东南亚语言转化与传译的重要代表。泰文《三界论》并非由某一部具体的巴利语佛典翻译而成，而是源自印度的宇宙论思想经历漫长的岁月，在东南亚佛教社会被不断整合和重构的结果，也是佛教思想在跨文化传播中不断发生变异、融合与再生的生动体现。

关键词：佛教宇宙观 《三界论》 泰国 上座部佛教 东南亚

《三界论》，又称《帕銮三界》，一般认为是由素可泰的立泰国王（Phraya Lithai，1354—1376年在位）创作于他登基之前的1345年。作为泰语创作的第一部佛教思想著作，《三界论》不仅在泰国文学史上占有重要地位，也受到泰国及东南亚佛教史专家的重视。法语[1]和英语译本[2]先后于1973年和1982年出版。

《三界论》以《摄阿毗达磨义论》等三十多部佛经及注疏典籍为基础，系统讲述了宇宙起源、世界结构及众生轮回方式的佛教宇宙学思

---

* 本文为国家社会科学基金一般项目"泰国文学经典《三界论》译注与研究"（编号：21BWW029）的阶段性研究成果。作者系北京大学东方文学研究中心、北京大学外国语学院助理教授。

[1] 1917—1929年，著名法国东方学学家乔治·赛代斯（1886—1969）受丹隆亲王邀请在瓦栖腊炎图书馆（泰国国家图书馆前身）任馆长，推进泰国全境碑铭的整理和翻译工作。其间，他完成了对《三界论》年代和作者信息的重要考证，任期结束后继续对该文本进行了整理和翻译。在他逝世后，查尔斯·阿尚博（Charles Archaimbault）于1973年将遗稿整理出版。

[2] 《三界论》的英语译本由美国芝加哥大学著名的上座部佛教专家弗兰克·E·雷诺兹（Frank E. Reynolds，1930—2019）及其夫人玛妮·雷诺兹合作完成，1982年在加州出版。

想。这一思想源自印度,是上座部佛教在东南亚宗教实践的重要组成部分,在泰国及东南亚大陆留下了多种形式的物证。作为其文字形态的产物,《三界论》不仅展示了泰国佛教如何向信众阐释这套根本的义理学说,也反映了佛教思想通过语言与文字媒介向当地文化渗透、转化与重构的隐性过程。

一、《三界论》的内容来源及相关文献传统

"三界"一词,来源于印度古老的三位一体宇宙论模型,但在不同的宗教语境下具有不同的意涵指向。在东南亚各国的语言中,广泛存在着源自梵语或巴利语、表示"三界"或"三世"含义的词汇,例如缅语中的tiloka,泰语中的trailoka、trailokaya、traiphop[①],柬埔寨语中的traibhob,印尼语中的tridatu,等等。除了直接借自梵巴语的词语外,还有本地化的巴利语造词[②]如tebhūmi,或梵巴混合词如traiphum(该词由梵语中表示数字"三"的前缀"tri"变形后,与借自梵语或巴利语的阴性名词bhūmi结合而得)。在意义指向上,这些词汇有的指称佛教中的欲、色和无色界,有的则指称"天神世界、人类世界和地下世界"[③]。词汇形态的多元,一定程度上暗示了这些概念在宗教和文化源头上的复杂性。

《三界论》贝叶本的经名由tebhūmi和kathā两个巴利语词构成,直译是"关于三界的论说"。最初的原本已失传,在存世的抄本中,年代最早的是1778年由河口寺(即今北榄府的中心寺)僧人摩诃萃依照一

---

① 本文中的泰文转写主要参照泰国皇家学术院的泰文拉丁字母转写标准。凡属巴利语借词的泰文词汇,则按照A. K. Warder 的 *Introduction to Pali* 附录中的泰文-拉丁字母转写表进行转写。参见 Anthony Kennedy Warder, *Introduction to Pali*, 3rd ed. (Oxford: Pali Text Society, 2001), p.475。
② 所谓本地化的巴利语造词,指构成词语的基本单词都为巴利语,但在巴利三藏中并不见此组合法或用词习惯,只出现在东南亚本地僧人的注疏传统中。
③ 在泰语里带有此意向的词语有trailoka、trailokaya、traiphop、triloka、triphop,大多出现在文学作品里。参见《泰国皇家学术院辞典》在线版 https://dictionary.orst.go.th/。

部来自佛丕府的抄本抄刻完成。1912年，由拉玛五世下令设立并负责搜集整理国境内所有古籍抄本的瓦栖腊炎图书馆，依据河口寺发现的贝叶经抄本（下简称1778年抄本）出版了首部《三界论》的印刷本，但是书名被丹隆亲王改为《帕銮三界》[①]，以突出其与素可泰历史的密切关联。这也是《三界论》现代名称的由来。原始的贝叶抄本使用的是泰国中部地区通行的经书文字——高棉文，经文内容由巴利语与泰语交替使用，总共10册，每册24页贝叶。经首附有一段巴利语偈颂和两段泰语序言，介绍了创作者信息、创作时间、目的及内容来源：

此《三界论》作于何时？作于萨迦历[②]二十三年，鸡年四月望木曜日。太阳王系兰甘亨王之孙昭帕雅立泰统治希萨查纳莱城的第六年作此《三界论》。因何而作？一者，为解释阿毗达摩法并说与母亲闻听；二者，为弘扬佛法。此《三界论》缘据何经典而作？有源自《四阿含义注》（*Aṭṭhakathācaturāgama*）[③]者，有源自《〈入阿毗达摩论〉义注》（*Aṭṭhakathāḍīkā Abhidhammāvatāra*）者，有源自《摄阿毗达磨义论》，有源自《吉祥妙义》者，有源自《破除疑障》者，有源自《显扬心义》者，有源自《满足希求》者，有源自《隐义显示》者，有源自《律藏义注》（*Aṭṭhakathāḍīkāvinaya*）者，有源自《法句经》者，有源自《大品》者，有源自《法大义注》（*Dhammamahākathā*）者，有源自《显明妙义》者，有源自《本生论》者，有源自《胜者庄严》者，有源自《心义灯》者，有源自《佛种姓经》者，有源自《心义摄要》者，有源自《弥兰陀王所问经》者，有源自《大缘经》者，有源自《未来种姓》者，

---

① 泰语名称是 Traiphum Phra Ruang，Phra Ruang 是对素可泰历代国王的通称。
② 根据泰语 sakarat 音译，关于此历法的确切信息尚存在不少疑点，由于其与目前已知所有泰国古代历法都无法对应，猜测可能是一种在素可泰短期使用过的纪年方式。
③ 序言中所列经名，有少数几个从未出现在其他地区的巴利语典籍目录中，在泰国也无存本。凡是未出现在其他巴利语典籍目录中的序言经名，本文皆按原文字面义翻译，同时加括注附上巴利语原词的拉丁字母转写。

有源自《行藏》者，有源自《世间施舍论》者，有源自《大劫》者，有源自《阿如纳瓦底》者，有源自《善见律毗婆沙》者，有源自《清净道论》者，有源自《舍利子辨》者，有源自《世间典要》者。凡此一切诸经，各摘取些许，汇编成篇，立书名为《三界论》。[1]

以上序言提到的年代作者信息是目前关于《三界论》成书背景的唯一记录。除此之外，再没有其他文献提到过这部作品。1917年，赛代斯在《法国远东学院学报》上发表《有关素可泰王朝的文献》（Documents sur la dynastie de Sukhodaya）一文，利用对碑铭材料的释读，重建了有关立泰王（碑铭中的称号是"摩诃达摩罗阇提勒"）的重要历史，强调了他在护持佛教及推动佛教传播和实践方面的重要功绩，以及国王个人在佛学知识方面的精深造诣。虽然碑铭中并没有任何文字直接提到立泰王创作了《三界论》，但赛代斯指出了这种可能性和合理性：由于他精通佛典和天文学知识，"因此编写这样一部宇宙论作品并不令人惊讶"。他还同时指出，《三界论》不仅是宗教经典，也是理解当时社会和文化的重要资料。[2] 尽管一部分审慎的现代学者认为，现存证据尚不足以将《三界论》成书时间追溯到立泰王时期。[3] 不过，碑铭及其他方面的物证可以说明：一套佛教宇宙观的大致轮廓已经在14世纪的泰境王国中普遍存在，并参与着统治者的政治宗教实践。在成文历史不晚于1350年的一篇宫廷誓水仪式咒辞[4]中，不仅出现了一系

---

[1] 引文译自1992年泰国教育部出版的《三界论》印刷本，该版本最大程度保留了1778年贝叶本的结构布局。本文中出现的译文，若无特殊说明，皆为作者本人翻译。

[2] George Cœdès, "Documents sur la dynastie de Sukhodaya," *Bulletin de l'École française d'Extrême-Orient*, 17 (1917), pp.1-47.

[3] 参见 Craig J. Reynolds, "Buddhist Cosmography in Thai History, with Special Reference to Nineteenth-Century Culture Change," *Journal of Asian Studies*, 35 (February 1976), pp. 203-220; Michael Vickery, "A Note on the Date of the Traibhūmikathā," *Journal of the Siam Society*, 62 (1974), pp. 275-284. "On Traibhūmikathā," *Journal of the Siam Society*, 79 (1991), pp.24-36.

[4] 誓水仪式是今天泰国宫廷中依然在举行的重要皇家仪式，来源于吴哥宫廷，其目的是召集文武官员和附属国国君对国王宣誓效忠。公元1350年乌通王建立阿瑜陀耶王朝时沿用下来，并且下令创作了泰语咒辞，用来在仪式中念诵。根据集·普米萨在《〈水咒辞〉与湄南河流域泰人历史新探》一书中的考证，泰文《水咒辞》的写成年代应该早于1350年。

列指称佛教宇宙观概念的词汇，如铁围世界、劫波、四恶趣、忉利天、七个太阳、七条大鱼、净居天、三灾、四大部洲等，而且以高度凝练的方式叙述了整个宇宙毁灭与诞生、人类的出现以及王权诞生的过程。誓水仪式的参与者包括国王、文武官员及附属国国主，其持久的政治实践及相应文本的流传足以说明一套以佛教宇宙观为核心的王权神话体系已经建立。

在相近时期，东南亚巴利语文献传统内也发展起一套被今天的佛教史专家称为"世学"（loka-śāstra）的注疏系统。这些著作有韵文体，也有散文体，都是以对更早期文献进行摘取、概括或注解的方式写成的，其中能推知大致年代或作者的有：

1.《世间施舍论》（*Lokapaññatti*）。与真谛（499—569）所译的《佛说立世阿毗昙》内容上有一定对应关系，诺曼（K. R. Norman）推测可能写于12世纪的缅甸，流传于泰国，所参考的底本应该就是梵文的同名论典，相对应的还有一部藏译本（Jig rten gzhag pa）。①

2.《世灯精要》（*Lokadīpakasāra*）。约14世纪左右，由缅甸勃固的一位孟族比丘慧行（Medhaṅkāra）创作。慧行曾在锡兰大寺受戒，通晓巴利语三藏，后来从缅甸来到素可泰，成为林栖派（音译阿兰若派，araññavāsī）教团僧王，驻于芒果林寺。据称，立泰国王就是这位慧行比丘的弟子。②

3.《铁围山灯义》（*Cakkavāḷadīpanī*）。作者为泰北清迈僧人妙吉祥（Sirimaṅggala），创作于1520年。妙吉祥生活在泰北佛教史上的黄金时代（1442—1526）。在著名佛教护法国王三界王（1441—1487年在位）的推动下，清迈兴起佛法学习和巴利语创作的高峰，1477年举行了泰国历史上第一次三藏结集，出现了多位精通巴利语的僧侣和巴利语著

---

① 蒲成中：《汉语巴利〈四大天王经〉对比研究》，《宗教学研究》2016年第1期，第99页。
② Phra Sangkharat Methangkara, *Lokadīpakasāra* (Bangkok: National Library-Fine Arts Department, 2006), p.4.

作。①除了《铁围山灯义》之外，妙吉祥还著有《吉祥灯义》《须大拏经灯义》等。②

此外，根据彼特·斯基林（Peter Skilling）和讪迪·帕底坎（Santi Pakdeekham）的整理，还有以下几部作者未知的宇宙学著作曾在泰国地区流传：《五趣灯义》（*Pañcagatidīpanī*）、《复注-五趣》（*Ṭikā-pañcagati*）、《六趣灯义》（*Chagatidīpanī*）、《器世间灯义》（*Okāsalokadīpanī*）、《日月行方灯义》（*Candasuriyagatidīpanī*）、《世间典要》（*Lokuppatti*）、《世相光明宝结》（*Lokasaṇṭhānajotaratanagaṇṭhī*）、《大劫波世相》（*Mahākappalokasaṇṭhān*）、《〈阿如纳瓦底经〉复注》（*Aruṇavatīsūtra+ṭīkā*）。③

巴利语注疏（aṭṭhakathā）和复注（ṭīkā）文献几乎构成东南亚上座部佛教僧人学习佛法的主要参考典籍。"世学"注疏文献在泰国及周边地区的流传，不仅说明宇宙学知识是当地僧人圣教学习的重要内容之一，还反映出这些文献在泰国佛教教育体系中的重要地位。上引《三界论》的序言说明，其内容也是源自于上座部佛教的巴利语注疏传统的，所列经名皆为律藏、经藏和论藏中的注疏经典，以及巴利语藏外义注及复注，呈现出佛教教义由藏内向藏外不断衍生并向流传地区语言渗透转化的过程。《三界论》既源出于上座部巴利语的注疏传统，也是这一传统向圣典以外语言衍生的重要产物。它将巴利语宇宙学知识以泰语和本土化的方式重新诠释，既保留了一部分重要的巴利语语句或段落，又添加了大段的泰语解释、说明或描写，在文体上既延续了注疏文献的传统，又不可避免地带有跨语际实践的文本特征，是一种介于注释体与翻译体之间的"中间态"文本。

---

① 参见饶睿颖《泰北佛教史》，北京：社会科学文献出版社，2021年，第105页。
② Phra Sirimangalacharya, *Cakkavāḷadīpanī* (Bangkok: National Library-Fine Arts Department, 2005), p.5.
③ Peter Skilling, "Cosmology at the Crossroads: The Harvard Traibhumi Manuscript", in *The Renaissance Princess Lectures: In Honour of Her Royal Highness Princess Maha Chakri Sirindhorn on Her Fifth Cycle Anniversary*(Bangkok: Siam Society under Royal Patronage, 2018), p.203.

二、《三界论》的宇宙观主题及其编排方式

《三界论》主体内容由引论和十一品（章）构成。依次如表1：

表1 《三界论》各章内容简表

引论	简述三界三十一层境地的构成及各界有情的结生方式。
第一品：地狱道分	地狱有情的结生方式、所依缘的色法与心所；详述八大地狱及十六小地狱的位置结构及每层地狱有情生前所造恶业及受罚方式。
第二品：畜生道分	畜生道有情的结生方式、外形及物种分类，详述各物种（鱼、狮、牛、象、金翅鸟、那迦龙）在神话中的种类名称。
第三品：饿鬼道分	饿鬼的结生方式，详述各种饿鬼的外形和受苦方式。
第四品：阿修罗道分	阿修罗的结生方式，介绍阿修罗城的位置及各阿修罗王的姓名，讲述了罗睺罗与佛陀的因缘故事。
第五品：人道分	讲述人的结生方式，入胎与出生过程；人的分类和四大部洲的位置、形状及各自居民的外貌、果报及寿命；详述大转轮王的降世及七宝，阿育王与善无续的护法故事，树提伽（Jotika）富翁与频毗娑罗及阿阇世王的故事。最后以人的出生与死亡过程结束。
第六品：六欲天分	依次介绍四天王天、忉利天、夜摩天、兜率天、化乐天和他化自在天的善果境地、天人果报及寿元。
第七品：色界分	依次介绍十六层禅天的名称，及各层禅天中梵摩的果位境地和寿元。
第八品：无色界分	依次介绍四层无色界天的名称及进入该层天的禅修果位，详细描述佛陀六色宝光的构成及其在佛陀显示神变时照射到三界各个角落的时刻。
第九品：不离色分	总结三界有情不断轮回的无常相，介绍山川、日月星辰、阎浮提洲大雪山林等无情物质的位置和形态，以及构成它们的八不离色，最后总结所有有情与无情都在不断地生灭和流转。
第十品：大劫波分	讲述世界的毁灭与重生，不断在成住坏空间循环，再次强调世间无常。
第十一品：说涅槃分	讲述一种涅槃、两种涅槃和三种涅槃，及能够达至涅槃的修行方式。

《三界论》以简明而生动的方式，自下而上地展现了佛教宇宙观中的万物图景。在占据主要篇幅的前八品中，从地狱界开始依次描述了到非想非非想处天为止的三界三十一层世界，勾勒出一个铁围世界的完整轮廓。这样的展现顺序并不是随意的，而是贯通着苦集灭道的根本圣谛。在接下来的三品，作者进一步展现了世界的存在本身是周而复始、生灭往复的，并最终指出只有涅槃才能出离三界轮回，获得解脱——这也是上座部佛教的最高理想。由此，整部作品构成了一个逻辑严密且精心安排的说理结构。此外，将业行导致的果报境地以由低至高的顺序讲述，使恶行恶果境地与善行善果境地形成对照，唤起受众去恶向善和离苦得乐的愿望，体现了作品的伦理训导目的。

在教义思想层面的阐释上，作品仅仅用摘录式的巴利语概念辅以简单的泰语解释来完成，通常都是置于每一品的开始和结束段落。这些摘录语句大部分都可以在上座部阿毗达摩典籍中找到对应段落。在每品的开头，这些阿毗达摩概念被用作解释有情的出生方式和过程，但仅仅停留于对概念的直接引用并辅以浅显易懂的泰语解释，并没有继续深及义理或哲学层面的思想。大部分的段落则是围绕每一层有情的位置处所、生存环境（每层世界的状貌）、生存状态或条件（遭受苦刑或是享受安乐）及死亡方式展开叙述，只是各有侧重点。并且，每一品所占的篇幅也各不相同。在整个三界中，占据篇幅最长的是人道品，约占五分之二，占据"欲界"篇幅的三分之二，其次是地狱道品。以地狱品为例，其开篇部分如下：

> 投生于地狱道的有情经由化生而来，是由顷刻间所存有的二十八种色而来。这二十八色有哪些？有地、水、火、风、眼、耳、鼻、舌、身、意、色、声、香、味、触、女根、男根、心、命根、食、限界、身表、语表、轻快性、适业性、色积集、色相续、色老性。地色，即指骨与皮；水色，即指身体中流动的液体；火色，即指体内燃烧着的、并且变为血液的热火；风色，即指使

得肉身活动的全部气团；眼色，即指用来视物的眼睛；耳色，即指用来听闻的耳朵；鼻色，指用来嗅各种气味的鼻子；舌色，指用来识别酸、涩等诸种味的舌头；身色，即指能感知被触碰后的疼痛之色；色色，即指眼睛之所见；声色，即指耳朵之所听；香色，即指各种气味和芳香；味色，即味道；触色，即所触碰之色；女色，即为女人；男色，即为男人；心色，是内部各种色的源头之色；命根色，即居于各种色中的生命；食色，即食物的滋养；限界色，即连接边际的色；身表色，即由身体所知之色；语表色，即由口唇所知之色；色轻快性，即色的快速特性；色柔软性，即色的柔软特性；色适业性，即色与色的相适；色积集，即色的不断生现；色相续，即色的不断接续更替，一如昼夜之不断更替；色老性，即色的成熟与衰老；色无常性，即色的即将灭尽。这二十八种色，都为地狱有情所有。①

接下来的四个段落也是以巴利语概念加泰语解释的方式叙述地狱有情的十二种不善心、造恶的三种缘由（贪嗔痴）、十种造恶的情况，以及与造恶相应的二十七种心所。之后，则进入主体部分的描述，解释地狱所在的位置、八大地狱的名称、位置和形态，其间引入了关于阎罗王城及阎罗王审判的描述。与八大地狱相比，十六个小地狱的描写更加细致，而且将每层小地狱有情生前犯下的恶行都一一予以介绍（见表2）。在十六小地狱之后，又特别描写了世隙地狱（lokantara narok）和无间地狱。这些描写与《世记经》《大楼炭经》《小缘经》等汉译佛经中的地狱道情节呈现出不少差异，添加了很多细节上的描写（例如关于铁木棉树或剑树的段落），一方面说明了《三界论》内容来源的多元，另一方面也反映了编撰者根据特定的社会语境和宗教实践目的而进行过整合与再创作。

---

① Phya Lithai, *Traibhūmikathā or Traibhūmi Phra Ruang* (Bangkok: Kurusapha, 1992), p.11.

表2　十六小狱有情的生前罪行

灰河地狱	生前是富豪，却抢劫他人财产。
巨犬地狱	生前咒骂修行者、父母和师长。
燃烧地狱	生前咒骂行为端正的持戒修行者。
火坑地狱	生前拿别人的钱财行善，把功德积到自己身上。
铁锅地狱	虐待过动物、持戒僧和师长。
铁浆地狱	生前用绳子把动物勒死。
稻壳地狱	生前把稻壳、糠、稻草混在稻米里卖。
长矛地狱	生前偷盗并栽赃他人，将他人财物占为己有。
肉片地狱	生前把鱼杀了拿到市场卖。
粪便地狱	生前不按国王谕令向老百姓收税。
血脓地狱	生前伤害父母、僧人、恩人、持戒者。
铁钩地狱	生前买他人的商品却不付钱。
杀戮地狱	生前强奸他人妻子的男人，及对丈夫不忠的女人。
倒吊地狱	生前与他人妻子有染的男人，及与丈夫以外男人有染的女人。
铁木棉地狱	生前与他人妻子通奸的男子，及与丈夫以外男人通奸的女人。
邪见地狱	生前存有两种邪见：否认因、否认果。

资料来源：Phya Lithai, *Traibhūmikathā or Traibhūmi Phra Ruang*, pp.22-23.

《三界论》在内容编排上的另一个特征是，将源自佛传、本生经或神话故事里的内容插入对相应有情境地的描述中。例如在描述地狱世界时，插入了对阎摩（yama）的描写；在介绍十六小狱时提到了摩多利驾车带尼弥王游地狱的本生经故事；在描写畜生界时，插入了一系列神话动物和那迦女龙王的故事；在讲到阿修罗界时，则提到佛陀从罗睺罗手里救下日神和月神的故事；在讲到欲界最高天时，提到阻碍佛陀觉悟成道的摩罗王（作为欲望与邪恶化身的天神），等等。值得注意的是，在人道品中插入的三篇故事占据了整品篇幅的三分之二，其中又以"大转轮王"征服四大部洲的篇幅最长。三个故事各有侧重，第一个故事着力渲染"大转轮王"作为佛教护持者的巨大威德和理想君主形象；第二个故事是关于佛教历史上的重要护法王阿育王的（在《三界论》中被称为"小转轮王"），却是一段在其他经典中鲜有述及的王后善无续及其劝说阿育王勤修佛法的故事。第三个故事讲述了佛陀弟子树提伽长老（Jotika）皈依佛门前与阿阇世王之间的一段故事，表现了阿阇世王的无道和佛法对虔诚者的加持。三个故事都以"王道"与佛法的关系展开，是东南亚上座部佛教的社会政治实践在文本中的曲折反映。这些已广为当地信众熟知的佛教人物与传说，不仅缓释了作品的说理色彩，也为抽象的空间存在置入具体的指代事物，从而将概念中的三界空间，与业已存续于当地社会认知体系内的万物图景统合起来。

因此，《三界论》并不是在纯粹的教义学说体系内对佛教宇宙学思想的哲学辨析或演绎，而是在一套基本的佛教宇宙结构框架下将当地各种关于世界的知识、神话、传说以及历史统摄为一个整体的万物百科。

三、佛教宇宙观的传译及其在《三界论》中的"在地化"呈现

《三界论》不仅承载了上座部佛教的核心教义，还融入了本地文化的历史记忆和宗教实践。这种"在地化"的过程，不仅包括对巴利语经典核心思想的翻译与重构，还通过语言、文体和叙事方式将泰国文化特有的价值观与社会结构嵌入其中，为佛教宇宙观赋予了独特的地方性特征。通过对《三界论》的通篇细读，笔者发现以下几个值得注意和进一步考察的地方。

（一）巴利语与梵语宇宙观词汇在文本内的共存

印度教和佛教的宇宙观大约于公元前后传入东南亚，在与当地语言和文化漫长的交织融合过程中，形成了一套当地特有的指称宇宙观概念的词汇系统。《三界论》的成书年代虽然已经是上座部佛教占

据统治地位的时期，但是书中用来指称各级有情境地的词汇并不完全是巴利语词。例如，整个地狱品中都用梵语naraka，而不是巴利语niraya来指称"地狱"；指称地狱"狱卒"的词汇也不是巴利语中常见的nirayapāla，而是yamapāla；因陀罗所在的三十三天用的是梵语词trayastriṃsa，而不是巴利语词tāvatiṃsa。巴利语词汇和梵语词汇在同一个文本中共存一直是泰国古代文学一以贯之的特征。这些源自梵语的宇宙观词汇在《三界论》中并没有用巴利语来替换，说明其目标受众早已从更早的其他传统中（印度教或大乘佛教）接受了这部分概念并极可能十分熟悉。这种语言选择一方面反映了一个多层次的文化语境，另一方面也暗示着该文本试图将源自不同传统的宇宙观予以整合，以构筑起一个上座部佛教理论体系摄下的宇宙观文本。

（二）"尼萨耶"释经体在《三界论》中的呈现

《三界论》的叙述语言中保留了一种广泛存在于上座部佛教学习和教学实践中的释经文体——"尼萨耶"（nissaya）。尼萨耶在巴利语中的原意是依、依止、所依、解说。根据麦克丹尼尔（Justin Thomas McDaniel）的研究，这种文体的核心特征是通过翻译和解释使巴利圣典语言与本地语言结合，其产生和发展反映了东南亚佛教文化对经典巴利文献的重释过程，使宗教教义更容易为非巴利语背景的信众所理解。[①]

《三界论》中的"尼萨耶"主要出现在引用并解释巴利语概念的段落，如以下引文：

ฝูนสัตว์ทั้งหลายอันได้กระทำบาป(ด้วยกาย) ด้วยปากด้วยใจ ดังกล่าวมานี้แล้วย่อมได้ไปเกิดในจตุราบายมีอาทิคือนรกใหญ่ ๘ อัน
สณุชีโว กาฬสุตุโต จ   สงฺฆาโต โรรุโว ตถา
มหาโรรุวตาโป จ   มหาตาโปรีจินิรโย

译文：以身、口、意造以上诸恶之有情，必将堕入四恶趣中的八处大地狱：

[①] Justin Thomas McDaniel, *Gathering Leaves and Lifting Words: Histories of Buddhist Monastic Education in Laos and Thailand* (Seattle: University of Washington Press, 2008), pp.131-146。

> 等活、黑绳、众合、叫唤，
> 大叫、炎热、大热及无间。

引文中粗体文字为巴利语。在巴利语后，原文紧接着附上一段泰文进行解释，中文译文如下：

> 一曰等活地狱、一曰黑绳地狱、一曰众合地狱、一曰叫唤地狱、一曰大叫唤地狱、一曰炎热地狱、一曰大炎热地狱、一曰大无间地狱。

这种一段巴利语附以一段泰文解释的释经文体，不仅在贝叶本的《三界论》中反复使用，在缅甸和泰国的古代宇宙论插图本（泰国称为《三界图绘》）的经文中也广为使用[1]，反映了佛教文本向东南亚当地文化传播与适应的动态过程和独特方式。

（三）宇宙层级与封建王权体系的互为表里

《三界论》不仅是佛教宇宙观的经典文本，也深刻体现了宗教与封建王权体系的密切联系，是在东南亚上座部佛教文化圈的宗教政治语境中孕育而出的。通过对宇宙层级的描绘，以及按照业报功德的多寡将众生"安置"在不同的层级中，它为世俗的等级社会提供合法性依据，以"护法之王"的名义为统治者的权力和政治行为赋予合理性，并通过王权神话将其置于宇宙秩序的中心，同时对企图颠覆现有秩序的非法行为予以警告。

这种政治色彩通过对特殊情节的插入、对特定有情境地的强调和渲染等文本手段在《三界论》中得以直接或间接地呈现。首先，对业报和功德的介绍贯穿在每一层有情境地的描写中，用来解释该地有情所获生存境况和寿命长短的原因。其次，对地狱中的酷刑场景予以了

---

[1] 熊燃：《东南亚上座部佛教国家的古代文学插图本》，《文学与图像》第八卷，上海：中西书局，2024年，第5—6页。

详细的描述，并且与特定的恶行一一对应，体现了对世俗恶行的警告目的。最后，在人道品中不仅插入了大段与转轮王相关的故事情节，而且用业报功德说为各色人等所拥有的财富、容貌、权力、健康等世俗"财富"提供解释，为既存的社会等级和社会财富分配提供道德和宗教上的合理性。

（四）来源待考的本地化情节

佛教宇宙观广泛地分布在各地区流传的经义系统中，在汉译佛经里也有以之为主题的文献。但是通过初步比较后发现，《三界论》所呈现的铁围世界全貌包含了一些在其他地区典籍中鲜有出现的内容。例如，在地狱品中详细描述了一个位于三个铁围世界之轮夹缝中的地狱，名为"世隙地狱"。

> 世隙地狱位于世界之墙以外，因此无有亮光可以照及。但当以下五种情况发生时，世隙地狱将出现光照。一者，菩萨投胎转世时；二者，菩萨降生时；三者，菩萨成正觉时；四者，佛陀（初次）讲法时；五者，佛陀涅槃时。当世隙地狱之有情看见彼此之前，皆以为独自身处此地，不知此恐怖地狱竟布满如此众多的有情。但此处有情能相互看见的时间极短，不过弹指间，雷鸣间，以至于刚开口发出"什么？"的感叹声，光亮就消失无影，重又陷入黑暗之中。光亮在此地停留时间最长的时刻，是佛陀初转法轮时。严重伤害父母、出家人、师长、持戒修行者，煽动僧团分裂者，死后将堕世隙地狱。

此外，地狱品中对铁木棉树（汉译称"剑树"）的描绘，人道品中对北俱芦洲神鸟的描写、六欲天品中对因陀罗林苑的描绘，也与汉译佛典中的描写有所不同，显现出鲜明的本地特色及文献源头的多样，有待通过更多的文本对照来溯源。

结　论

本文通过对《三界论》的文本考察，探讨佛教宇宙观如何在东南亚文化语境中通过语言、文本与文化的多重转化与再生实现跨语际传播与跨文化构建。

《三界论》是巴利语"世学"注疏传统向东南亚本地语言传播和重构的产物。它虽然只是众多部在泰国流传和生成的佛教宇宙观文献中的一部，却是佛教义理学说在不同语言中翻译和传播的具体表现和结果，集中体现了佛教宇宙观学说在泰国的文献来源、传播方式和具体内容，是佛教宇宙观跨文化传译的生动例证，展现了印度的宇宙论思想在东南亚多元文化土壤中的再创造过程。

《三界论》不仅是佛教教义的传递工具，也是泰国社会宗教与文化的历史镜像，其内容编排和内部逻辑体现了上座部佛教在向东南亚当地社会传播的过程中同封建王权建立起的密切联系，体现了佛教宇宙观主题在特定的宗教社会语境下的调适和整合。在至少400年的时间里，以《三界论》为文本代表的佛教宇宙论思想一直被暹罗统治阶级用作巩固王权的工具，在当地文化中留下了多种形式的物证。

雷诺兹根据约阿希姆·瓦赫（Joachim Wach）关于世界性宗教发展方式的论述，将上座部佛教的教理学说体系划分为三股传统：1.围绕释迦牟尼的出生和传教事业而发展出的以佛传、本生、佛足迹和舍利崇拜、菩萨信仰等为表现方式和载体的文化传统，主要信徒为社会大众；2.关于宇宙的结构及居住其间众生的相关学说和信仰传统，在宫廷中占据显要位置；3.阐释关于世界的本源、轮回实相及究竟涅槃之道的理论传统，在僧侣知识分子中最具吸引力。三股传统之间环环相扣，相互依存，不过它们各自发展出了其特有的诉求，并在其支持者中发挥了重要影响。①

按照雷诺兹的上述归纳,《三界论》虽然代表了以国王为代表的宫廷文化最为重视的宇宙论传统,但是其生成语境和文本特征恰好体现出三股传统在东南亚当地社会相互影响、融合相续的发展特征。

---

① Frank E. Reynolds & Mani B. Reynolds, *Three Worlds According to King Ruang: A Thai Buddhist Cosmology* (Berkeley: University of California Press, 1982), pp.11-18.

"万国之子"*
——普拉姆迪亚民族主义思想的多源兼收与开放包容

邵莉莎

摘　要： 普拉姆迪亚·阿南达·杜尔是印度尼西亚现当代文学史上最具有影响力的作家，他的一生创作了50多部优秀文学作品，已被译成40余种外国文字。民族主义是普拉姆迪亚一生的主导思想和作家本人的创作灵魂，他的民族主义思想源于他生活的时代背景与他的人生经历，既受到来自民族文化的影响，也受到来自新中国的启发。普拉姆迪亚不是狭隘的民族主义者，他希望被压迫民族互相同情，互相支持，并肩战斗；他的民族主义思想在探索与反思中不断丰富和发展，成为开放包容的思想体系。

关键词： 普拉姆迪亚　印度尼西亚　民族主义思想　万国之子

普拉姆迪亚·阿南达·杜尔（Pramoedya Ananta Toer，1925—2006，以下简称普拉姆迪亚）是印度尼西亚现当代文学史上最具有影响力的文学家，也是印度尼西亚最具传奇经历的小说家。他的一生创作了50多部优秀文学作品，他的作品不仅深刻影响了印度尼西亚文学，在亚洲乃至整个世界文坛都曾引发重大反响。综观普拉姆迪亚的人生经历和文学作品，不难看出，民族主义理想既是他一生为之奋斗的目标，也成为他文学作品的灵魂和特色。

普拉姆迪亚出生于1925年的东印度殖民地社会，在1945年印度尼

---

* 本文系2022年度教育部人文社会科学重点研究基地重大项目"东方文学与文明互鉴：以文学的现代化为视角"（项目号：22JJD750003）的阶段性成果。作者系北京大学东方文学研究中心、北京大学外国语学院助理教授。

西亚民族革命期间开启自己的文学创作生涯。彼时，年轻的普拉姆迪亚投身印度尼西亚捍卫民族独立的战争中，奔赴前线从事战地新闻报道。1947年，普拉姆迪亚因散发抗荷传单被荷兰海军陆战队逮捕。虽身陷囹圄且遭受虐待，普拉姆迪亚在狱中依然坚持写作，创作出多部颇具影响力的小说作品。

两年后，普拉姆迪亚出狱，目睹印度尼西亚独立后社会的萧条景象，他感到深深失望。其后他曾赴荷兰留学，也曾至中国访问，在国外的经历与见闻给予普拉姆迪亚诸多启示。20世纪50年代，普拉姆迪亚加入人民文化协会（简称"人民文协"，Lembaga Kebudayaan Rakyat，简称Lekra），积极贯彻"艺术为人民服务"的文艺主张。1960年，普拉姆迪亚因写作《印度尼西亚华侨》（*Hoa Kiau di Indonesia*）一书再次被捕，九个月后获释。

1965年9月30日，印度尼西亚爆发了震惊世界的"九三〇事件"[1]，普拉姆迪亚因受到牵连被捕入狱，并被辗转送往布鲁岛流放，前后长达14余年之久。在艰苦的流放生活中，普拉姆迪亚共创作了11部作品，取得了令人惊叹的文学成就。1979年，普拉姆迪亚获释后，包括著名的"布鲁岛四部曲"（*Tetralogi Buru*）[2]在内的作品相继出版。他的作品在印度尼西亚文坛引发强烈反响，但是很快就遭遇政府禁令，在印度尼西亚国内被禁止出版和传播长达十余年。

"布鲁岛四部曲"是印度尼西亚现当代文学史中最具影响力的史诗级巨著，描绘了印度尼西亚民族觉醒的壮丽画卷。《万国之子》是"布鲁岛四部曲"系列作品中的第二部，讲述的是主人公明克思想觉醒并走上民族主义道路的人生历程。其中明克有一段发自内心的独白："不

---

[1] "九三〇事件"，在印度尼西亚习惯称"Gerakan 30 September"（九三〇运动），实际上是一次军事政变。1965年9月30日发生于首都雅加达。其结局是苏加诺政府被推翻，苏哈托开始掌握政权。

[2] "布鲁岛四部曲"由《人世间》（*Bumi Manusia*）、《万国之子》（*Anak Semua Bangsa*）、《足迹》（*Jejak Langkah*）和《玻璃屋》（*Rumah Kaca*）四部长篇小说组成，由于创作于作者流放布鲁岛期间，因此被合称为"布鲁岛四部曲"。

仅仅是欧洲，我自己的民族、日本、中国、美洲、印度、阿拉伯，当今时代一切民族都用乳汁哺育着我……我谦卑地承认，我是古今一切时代的'万国之子'。"①这是对《万国之子》这一书名深刻的阐释，标志着明克的思想已经成熟，他已经成为与世界上所有被压迫民族同呼吸、共命运的"万国之子"。同时，这也是对普拉姆迪亚思想的真实写照——他的民族主义思想是多源的，不仅来源于印度尼西亚社会文化，也受到中国发展模式的启发；普拉姆迪亚的民族主义思想开放包容，不仅超越了种族的界限，也承载着他对民族独立的向往与对国家和民族发展道路的不懈追求。他主张尊重印度尼西亚社会复杂的社会历史和文化传统，同时从多国的民族解放运动和多种民族主义实践中获取经验和启发，采取开放的方式探索民族主义的发展道路。他的民族主义思想来源多元、博大且深刻，多源兼收与开放包容是普拉姆迪亚民族主义思想体系的显著特征。

一、普拉姆迪亚民族主义思想来源的多样性

普拉姆迪亚生活在印度尼西亚充满变革与挑战的时代，这让他在成长道路上广泛汲取了多种文化的滋养，也使他的民族主义思想呈现出多源性特征。回顾普拉姆迪亚人生经历，可以发现印度尼西亚社会文化与中国发展模式是他民族主义思想最主要的两大来源。通过对这两个方面的分析，读者可以更加深刻地理解普拉姆迪亚民族主义思想的产生与发展。

（一）印度尼西亚社会传统是其民族主义思想的根基

普拉姆迪亚的民族主义思想立足于他成长的印度尼西亚社会。他童年时家庭环境的熏陶与印度尼西亚民族主义先驱的感召，都在一定程度上形塑了他的思想。因此，关注普拉姆迪亚的人生和他所在的社

---

① Pramoedya Ananta Toer, *Anak Semua Bangsa* (Jakarta: Hasta Mitra, 2002), pp.185–186.

会就成为了追寻其思想发展轨迹、理解其文学创作的必要途径。

1. 家庭环境的熏陶

普拉姆迪亚的民族主义思想根源之一就是他的成长历程，家庭环境的熏陶为普拉姆迪亚思想的形成和发展奠定了坚实基础。普拉姆迪亚出生于爪哇小镇布罗拉的一个教师家庭，是家中的长子。他的父亲杜尔（M. Toer）是一名教师，同时也是一位激进的左翼民族主义者。杜尔出生于谏义理（Kediri）县，曾接受西方教育。布罗拉位于中爪哇北部，杜尔当时是布罗拉地区小有名气的人物，曾任布罗拉地区印度尼西亚民族党（PNI，即Partai Nasional Indonesia）主席。该党前身是印度尼西亚民族联盟（Perserikatan Nasional Indonesia），成立于1927年，于次年更名为印度尼西亚民族党，由苏加诺领导，主张"以非暴力不合作的方式合法地向殖民者施压，温和渐进地寻求印尼政治、经济上的独立"[①]。

在普拉姆迪亚出生前后的时代，印度尼西亚依然处于荷兰殖民者的统治之下。从16世纪初欧洲人到达印度尼西亚群岛开始，针对这片富饶土地的掠夺就从未停止过。而印度尼西亚群岛也逐渐走向殖民地社会，原住民的生活由于殖民者的争夺和剥削变得更为困苦。19世纪末20世纪初，在东印度殖民地社会中出现了民族意识的觉醒，1908年5月20日，第一个民族主义团体至善社（Budi Utomo）在中爪哇的日惹成立。普拉姆迪亚的父亲杜尔就曾经在布罗拉至善社学校任教。实际上，杜尔之前曾于中爪哇南旺（Rembang）的荷印中学任教职，由于他不愿与殖民者合作，毅然放弃了荷印学校高薪的职位。但是在殖民政府的压力下，当时的至善社学校愈发难以为继，由于学校未能得到政府承认，许多学生感到前途无望而最终选择退学。来到至善社学校后，杜尔的薪酬只有之前的十分之一，为生活所迫的杜尔不得不又回到荷印中学做替补教师，这种情况让年少的普拉姆迪亚心中感到十

[①] 唐慧、陈扬等编著：《印度尼西亚概论》，广州：世界图书出版公司，2012年，第62页。

分不安，尽管他知道父亲的选择是无奈之举，但是他依然不明白这是否意味着父亲向殖民政府妥协了。[1]

虽然父亲的政治理想受挫后一度消沉，但是可以肯定的是，父亲对于普拉姆迪亚政治思想的影响是深刻的。他目睹了父亲拒绝与殖民者合作的经历，见证了父亲作为一名民族主义者的反抗，这一切都潜移默化地在年幼的普拉姆迪亚心中播撒下种子，渐渐生根发芽。在为一本书撰写的前言中，普拉姆迪亚提到，他的家曾经成为印度尼西亚民族政治团体协商会（Permufakatan Perhimpunan-perhimpunan Politik Kebangsaan Indonesia，简称PPPKI）活动的中心场所。而那些油漆喷在墙上的标语在他童年的记忆中尤为深刻。[2]可以想见，普拉姆迪亚的父亲作为布罗拉地区印度尼西亚民族党的领袖，他与同伴们从事民族运动的勇气和热情在普拉姆迪亚幼小的心灵上打上了深刻的烙印。普拉姆迪亚曾说，"我成长在一个与殖民势力对立的左翼民族主义者家庭，就是在那样的环境中，我成长起来。我们向往一个独立和民主的国家。从我还是个孩子时起，就被告知要去为之奋斗。"[3]

2.民族运动先驱的感召

19世纪和20世纪之交，东印度殖民地出现了最早的民族觉醒运动。印度尼西亚的民族主义文学正是伴随着印度尼西亚的民族觉醒而产生和发展起来的。在当时的殖民地社会中，新一代的知识分子是最早具有民族觉醒意识的阶层。他们有机会接触西方的先进文化，并且被当时国际上轰轰烈烈的民族运动鼓舞，逐步开始进行启发民众、唤起民族意识的活动。民族觉醒先驱的激励和鼓舞是普拉姆迪亚民族主义思想发展和定型的重要推动力，也成为普拉姆迪亚民族主义文学创作的灵感来源之一。

---

[1] Eka Kurniawan, *Pramoedya Ananta Toer dan Sastra Realisme Sosialis* (Yogyakarta: Yayasan Aksara Indonesia, 1999), p.25.

[2] Pramoedya Ananta Toer, *Cerita dari Digul* (Jakarta: P. T. Gramedia, 2001), p.vii.

[3] Andre Vltchek and Rossie Indira, *Exile: Conversations with Pramoedya Ananta Toer* (Chicago: Haymarket Books, 2006), p.51.

卡尔蒂妮（R. A. Kartini, 1879—1904）是印度尼西亚妇女解放运动最著名的先驱，也是印度尼西亚最早萌发民族觉醒意识的知识分子之一。她受到西方人文主义思想的启发，渴望民族解放，并努力为女性争取受教育的权利和应有的地位。卡尔蒂妮长期与荷兰友人保持书信往来。这些书信被汇总整理成集，名为《黑暗终结，光明将至》（*Habis Gelap Terbitlah Terang*）。这部书信集记录了卡尔蒂妮的主要进步思想和言论，也成为了印度尼西亚民族主义文学中的重要组成部分。尽管卡尔蒂妮从12岁起就依照爪哇传统被幽禁闺中，但是她的思想没有被束缚。普拉姆迪亚曾经创作传记文学作品《就叫我卡尔蒂妮吧》（*Panggil Aku Kartini Saja*），这部作品收录了关于卡尔蒂妮的生平、言论、书信以及对她的评论等大量资料，普拉姆迪亚为此曾进行了大量的材料收集和整理工作。传记序言评价说："这是一部关于卡尔蒂妮的宏大而杰出的作品，不仅记述了一名女性在其时代背景下的生活，而且揭示了那个时代的社会、经济、政治和文化。"[1]这部作品不仅可以看作关于卡尔蒂妮的传记作品，更是普拉姆迪亚对卡尔蒂妮进步思想的推崇与致敬。

除了创作《就叫我卡尔蒂妮吧》之外，普拉姆迪亚还在其最重要的历史小说"布鲁岛四部曲"中塑造了卡尔蒂妮这一人物，表达对这位年轻女性的赞赏。第三部作品《足迹》中曾盛赞卡尔蒂妮"不仅仅是在写作，也不仅仅是在讲故事，她已经把她的生活奉献给了某种东西。她写作不是为自己成名。作为穆尔塔图里的精神继承人，她已经用自己的方式争取到了人道主义的胜利，减轻了人类的痛苦"[2]。

除卡尔蒂妮之外，迪尔托（1880—1918）也是对普拉姆迪亚民族主义思想和文学创作产生重要影响的人物之一，迪尔托全名迪尔托·阿迪·苏里约（Tirto Adhi Soerjo），是印度尼西亚民族运动先驱的另一代表。迪尔托出生于爪哇小镇布罗拉，是一名坚定的民族主义者，

---

[1] Pramoedya Ananta Toer, *Panggil Aku Kartini Saja I* (Bukittingi, Djakarta: N. V. Nusantara, 1962), p.VI.
[2] Pramoedya Ananta Toer, *Jejak Langkah* (Jakarta: Lentera Dipantara, 2006), p.42.

也是印度尼西亚民族主义文学的先行者。作为印度尼西亚民族新闻事业的开创者，他是原住民中第一个运用新闻媒体为武器与西方殖民者斗争的人。他使用通俗马来语进行写作，反映殖民地社会民族觉醒初期的面貌，其中比较有影响力的是《拉特纳姨娘的故事》(*Tjerita Nyai Ratna*)和描写自己人生经历的自传式作品《布梭诺》(*Busono*)。迪尔托于1918年去世，他在短暂的一生中致力于民族新闻事业的发展，曾被誉为"印度尼西亚新闻事业之父"。

迪尔托对于普拉姆迪亚思想的影响如此深刻，以至于普拉姆迪亚将他作为其最重要的作品"布鲁岛四部曲"中主人公明克的原型人物。迪尔托与普拉姆迪亚虽从未有直接联系，但他们总被一种无形的纽带紧密地联系在一起。迪尔托1880年出生于布罗拉，45年后普拉姆迪亚同样降生于这个小镇。尽管当时的迪尔托已经英年早逝，但他的言行在诸多方面对普拉姆迪亚产生了深远影响。迪尔托投身民族解放运动，并创作揭露殖民地社会本质的作品，他同情殖民地民众的遭遇，这些都能够使得普拉姆迪亚与其产生强烈的心灵共鸣。普拉姆迪亚敬重迪尔托的胆识与勇气，推崇他的思想和理念，于是在布鲁岛的艰苦岁月中他在心中塑造出了明克这样一个形象——同样出生于布罗拉[①]，同样是坚定的民族主义者。由此看来，折射于明克这一人物形象身上的也许不仅仅是迪尔托的斗争与成就，更有普拉姆迪亚对自己的期许。

（二）两次新中国之行对其民族主义思想的启发

作为一名文学家，普拉姆迪亚投身文学创作的同时，一直心系民族与国家的前途命运。在他生活的年代，印度尼西亚曾面临民族危机和社会转型等重重困境，普拉姆迪亚对不同国家的社会和文化反复进行观察与思考，试图寻找适合印度尼西亚社会发展的道路。在获得文化合作基金赴荷兰留学期间，他也不忘以敏锐的目光去审视荷兰的国

---

① 原文为Kabupaten B，直译为B县，多数学者认为B县其实就是普拉姆迪亚的故乡布罗拉（Kabupaten Blora）。

家建设，思考印度尼西亚是否可以从中汲取经验。在判断荷兰的发展模式并不适合印度尼西亚国情之后，失望的普拉姆迪亚却在对新中国的访问中收获惊喜。普拉姆迪亚于1956年和1958年两次到访中国，新中国欣欣向荣的景象极大地鼓舞了普拉姆迪亚的热情，尤其是中国知识分子的状态给他留下深刻的印象，促使他在回国后呼吁知识分子阶层在国家建设中积极发挥作用。两次中国之行充实了普拉姆迪亚的民族主义思想体系，也成为他政治理念与文学创作思想的转折点。

1. 第一次访华后：积极投身到政治中去

1956年7月，普拉姆迪亚收到来自中国使馆工作人员的邀请信，被邀约参加10月中国作家鲁迅逝世二十周年的纪念活动。[①]彼时的普拉姆迪亚，已经了解鲁迅在中国文坛的地位，也曾阅读过《阿Q正传》的荷兰语译本，还知道鲁迅被称为"中国的高尔基"，但是除此之外对中国文学的了解并不多。由于时间紧张，普拉姆迪亚来不及对鲁迅及相关知识作更多更深入的了解，就怀着忐忑不安的心情踏上了前往中国的行程。那一时期的普拉姆迪亚，一直在苦苦寻求印度尼西亚民族发展的出路，渴望印度尼西亚的知识分子阶层能够在国家建设中发挥更加重要的作用，而此次中国之行的所见所闻无疑为他心中的疑惑提供了近乎完美的回答。他在中国的土地上得到了启发并看到了希望，他曾写道："中国作家享有很高的地位。社会听得到他们的声音；他们与政治家一起组成了精神领导层，在这个时代的国家建设中扮演了重要角色。这足以解释为什么作家广受社会的尊重。"[②]

尽管普拉姆迪亚的第一次中国之行是以参加鲁迅逝世二十周年的纪念活动为契机的，但是此行的收获显然不止于对中国文学的了解，更多的是收获对印度尼西亚国家和社会发展道路的启发。很多学者都注意到了普拉姆迪亚在出访中国前后发生的明显变化，也肯定了访问

---

① Pramoedya Ananta Toer, *Nyanyi Sunyi Seorang Bisu* (Jakatra: Lentera, 1995), p.158.

② Hong Liu, *China and the Shaping of Indonesia, 1949-1965* (Singapore: NUS Press & Kyoto University Press, 2011), p.247.

中国对他的影响。《普拉姆迪亚与社会主义现实主义文学》一书曾提到，"普拉姆迪亚与人民文协起初并无联系，但是在1956年他出访中国之后，他的思想开始与人民文协的路线相吻合"[①]。显而易见的是，中国之行为普拉姆迪亚关于印度尼西亚文学和社会发展的思考提供了全新的视角，开辟了一条崭新的道路。

与其说是中国影响了普拉姆迪亚，不如说是普拉姆迪亚主动选择并接受了中国的影响，他为祖国和民族寻求发展道路的尝试和努力从来没有停止过，而中国发展模式恰恰为他提供了理想的范式。此前的普拉姆迪亚从未表现出用政治手段解决印度尼西亚社会问题的设想，而到了1957年2月，这样的情况发生了改观。他在印度尼西亚日报上发表《吊桥与总统方案》（"Djembatan Gantung dan Konsepsi Presiden"），支持苏加诺的"有领导的民主"（Demokrasi Terpimpin），而这个明确的态度仅仅出现在"有领导的民主"这一概念提出三天之后。《吊桥与总统方案》是普拉姆迪亚的第一篇政治论文，从中可以看出普拉姆迪亚开始尝试用政治的重新建构去解决印度尼西亚的文化困境。梁立基教授认为，这一表态标明他已结束了彷徨时期，在立场和思想上发生了重大转变，不久后他加入人民文协，开始了创作生涯的新一页。[②]

2. 第二次访华后：将文化理念付诸实践

普拉姆迪亚对中国的第二次访问是在率团参加首届亚非作家会议的回程途中，会议的参会经历与访问中国的行程都带给普拉姆迪亚诸多启示。1958年10月7日，第一次亚非作家会议在乌兹别克塔什干隆重开幕，普拉姆迪亚率领印度尼西亚作家代表团参加了这次会议。与会的有来自亚洲阿富汗、缅甸、柬埔寨、锡兰、中国、塞浦路斯、印度、印度尼西亚、伊拉克、日本、约旦、朝鲜、蒙古、尼泊尔、巴基斯坦、菲律宾、泰国、土耳其、越南等国的作家代表，还有来自非洲

[①] Eka Kurniawan, *Pramoedya Ananta Toer dan Sastra Realisme Sosialis*, p.113.
[②] 梁立基：《印度尼西亚文学史》下册，北京：昆仑出版社，2003年，第692页。

等国的作家代表，中国则派出了由茅盾作为团长带领的由21位中国作家组成的代表团与会。此次会议有两个主要议程，分别为"亚非各国文学与文化的发展及其在为人类进步、民族独立的斗争中，在反对殖民主义、保卫自由和世界和平的斗争中的作用"，以及"亚非各国人民文化的相互关系及其与西方文化的联系"。来自40多个国家的作家代表就这两个议程进行发言，共同切磋。

第一次亚非作家会议对于亚洲和非洲各国的作家来说具有开创性和划时代的意义。会议结束后，普拉姆迪亚还曾访问了中国、缅甸等国家。第二次访问中国期间，他先后在北京、武汉、成都和昆明等地停留，与中国作家就几个关心的议题进行了探讨，之后于1958年10月21日回到印度尼西亚。这次参会经历无疑对普拉姆迪亚的政治思想产生了巨大的鼓舞，会后对中国的访问也使他深受触动，这种创作思想的转变体现在他之后一段时期的文学创作之中。

如果说第一次对中国的访问使普拉姆迪亚为新中国的建设和发展而惊叹，那么第二次访问中国则让他收获更多经验与启示，意义更为深刻。他曾经称北京为"亚非的象征"，呼吁以北京为中心建立一个统一阵线，以反抗帝国主义与殖民主义。[1]德欧教授也在其著作《印度尼西亚新文学》(*Sastra Indonesia Baru*)中肯定了中国之行对普拉姆迪亚的影响，他评价说，"很显然，正是从北京回来后，这个充满梦想的年轻人成为了一名有实际行动的社会斗士"[2]。

二、普拉姆迪亚民族主义思想的包容性

普拉姆迪亚的民族主义思想体系是丰富而深刻的，随着时代发展不断丰富与深化，在民族独立前与民族独立后呈现出不同的诉求与目

---

[1] Pramoedya, "Tasjkent-Peking", *Tiongkok Rakyat* 1 (1959): 48-50，转引自 Hong Liu, *China and the Shaping of Indonesia, 1949-1965*, p.251.

[2] A. Teeuw, *Sastra Indonesia Baru I* (Nusa Tenggara Timur: Nusa Indah, 1980), p.226.

标。普拉姆迪亚的民族主义思想从不是封闭的，他广泛吸收来自不同国家与地区发展范式的启发。与此同时，普拉姆迪亚的关注对象，逐渐从身边的弱者扩展至受殖民统治压迫的同胞，并逐步发展为世界各个受压迫的民族，这也使他的民族主义思想升华至崭新的高度。

（一）与时偕行：追求民族独立与探索民族发展道路

随着普拉姆迪亚对社会现实的观察和思考逐渐深入，他的民族主义思想也更加充实与丰富。从时间维度上来看，他的民族主义思想在民族独立前表现为要求政治独立的诉求，而在独立后主要表现为对民族发展道路的追寻。尽管在不同历史时期，普拉姆迪亚的民族主义思想内涵发生一定程度的转变，但是他对国家与民族命运的关注从未改变。他一生的思想和实践始终都是为了谋求印度尼西亚民族的独立、统一和发展，建设一个民主、平等和繁荣富强的国家。

在1947至1949被荷兰殖民政府关押期间，普拉姆迪亚的文学创作未曾间断，这两年多的时间里他的创作思想主要体现出"普遍人道主义"的倾向，对于战争残酷面的暴露较多。1949年底出狱后，他目睹社会的萧条与人民的苦难生活，创作出的文学作品聚焦于当时社会中小人物的悲惨命运，反映处于社会底层民众的苦难生活，揭露社会生活的阴暗面，对小人物寄予同情，同时抒发了对整个社会现状的不满与愤慨。

尽管如此，普拉姆迪亚的思想并没有止步于失望与悲观，而是在困境中奋力探索出路，以积极的心态为新生的印度尼西亚共和国寻求正确的发展方向，并努力去借鉴来自不同国家的发展模式。普拉姆迪亚两次访问中国的见闻，尤其是参加亚非作家会议的经历开阔了他的视野，使他对国家建构和民族发展的理解更为深刻。在1958年10月18日亚非作家会议闭幕之时，各国作家代表共同通过了《亚非作家会议告世界作家书》，其中写道"塔什干会议，着重指出了文学创作同各民族斗争的深刻关系。作为作家，我们充分意识到，只有在自由的条件下，才能从事伟大的、令人愉快的文学创作和文化创造。我们也认识到，我们的生活同我们人民的生活有着不可分割的关系，他们的目标就是我们的目标，他们的斗争就是我们的斗争，我们同他们一道坚决反对殖民主义统治的毒害，反对核武器战争的威胁，争取和平和我们各族人民之间的团结和友谊。"①这次会议与宣言对普拉姆迪亚产生很大触动，以至于那一时期，普拉姆迪亚对于人民的力量以及文学推动社会变革的力量充满信心。1962年，普拉姆迪亚写作的文章连载于《东星报》专栏中，其中一篇文章曾提到人民的重要性，强调在历史长河中，人民才是繁荣的创造者。②

在这一时期，普拉姆迪亚有两部作品颇具代表性，其一是1958年出版的《南万登的故事》(Sekali Peristiwa di Banten Selatan)，描写农民阶层反抗地主的斗争；另外一部是《铁锤大叔》(Paman Martil)，这部作品以一个修鞋工人为主线，艺术性地重现了1926—1927年印度尼西亚第一次民族大起义。《铁锤大叔》是以《新报》在1926—1927年的报道材料和普拉姆迪亚个人进行的专访为素材，经过艺术加工而创作出的第一部正面描写印度尼西亚民族大起义的作品。③这部作品真实再现了第一次民族大起义波澜壮阔的情景，赞扬起义者反抗荷兰殖民者的英勇不屈的斗争精神，也表现出普拉姆迪亚对于工人阶层在反抗殖民统治、争取民族独立的斗争中的重要作用所给予的肯定与赞美。

以上两部小说的选材并不是偶然的，明显地反映出普拉姆迪亚这一时期文学创作思想的转变。不难看出，这两部作品受到当时东方民族主义文学思潮的影响，普拉姆迪亚开始深入群众中去，亲自去万丹体验农村生活，与农民和矿工生活在一起，了解和体验他们的生活和

---

① 世界文学社编：《塔什干精神万岁——中国作家论亚非作家会议》，北京：作家出版社，1959年，第3页。

② Pramoedya Ananta Toer, *Yang Harus Dibabat dan Harus Dibangun*, Kolom "Lentera", *Harian Bintang Timur*, 1962. 转引自 Tofik Pram, *The Wisdom of Pramoedya Ananta Toer* (Depok: Edelweiss, 2014), p.36.

③ 梁立基：《印度尼西亚文学史》下册，第693页。

工作，了解他们的疾苦和真实的诉求。① 以上两部作品政治倾向明显，集中反映了这一时期普拉姆迪亚对工人和农民阶层的关注。可以看出，彼时普拉姆迪亚文学创作的关注点已从社会底层的小人物转移到奋起反抗殖民者和封建主的工农阶层。普拉姆迪亚通过两次访华，以及与亚非各国作家进行交流，收获了全新的视角与思维模式，并将他所获得的灵感与文化理念实践于自己的文学创作中。

（二）博大包容：突破种族界限的视野与胸怀

普拉姆迪亚民族主义思想的开放包容，还体现于他突破种族界限的博大胸怀。他的民族主义思想不仅仅囿于爪哇族或是印度尼西亚，而是将世界上所有受压迫的民族都看作兄弟，这样的胸襟与气度在他的《印度尼西亚华侨》一书中得到集中体现。1959年1月23日，普拉姆迪亚参加了于梭罗（Solo）举行的人民文协第一次全国代表大会（Kongres Nasional I Lekra），并被选入人民文协的中央领导层。然而，正在普拉姆迪亚踌躇满志地开始实践他的文学主张之时，他的人生际遇发生了重大转折。1960年3月，普拉姆迪亚出版《印度尼西亚华侨》一书，以书信集的形式表达了他对于华侨在印度尼西亚经济、文化等方面的巨大贡献的肯定，并且言辞激烈地为华侨所遭受的不公平待遇据理力争。这部书出版后不久便因其中有为华人辩护的成分而被禁止出版，随即普拉姆迪亚被关押9个月。尽管这部书信集给他带来牢狱之灾，但是在多年后的回忆录中，普拉姆迪亚谈到《印度尼西亚华侨》时依然写道："对印度尼西亚来说……我们不需要继续树敌，我们理所应当去赢得与各族的友好关系，发展更为丰富、更为紧密、更为友善的关系。"② 该书表现了普拉姆迪亚对于被压迫民族的同情与对于社会不公的反抗。这种宽广的胸襟与高尚的思想在当时的印度尼西亚社会环境中是难能可贵的，是普拉姆迪亚人性光辉的折射，也正是其人格魅力的闪光。

---

① Hong Liu, *China and the Shaping of Indonesia, 1949-1965*, p.258.
② Pramoedya Ananta Toer, *Nyanyi Sunyi Seorang Bisu*, p.179.

不仅如此，普拉姆迪亚还将他跨越种族界限的民族主义理念融入自己的文学创作，在他的代表作品"布鲁岛四部曲"的第二部《万国之子》中，主人公明克逐步实现了思想觉醒并走向民族运动道路，书中盛赞明克已经成为"万国之子"。其实，"万国之子"更像是对普拉姆迪亚民族主义思想的真实写照，他无私地关怀与同情所有受压迫民族，对他们的境遇流露出真实的关切，这样的感情已经突破了种族的界限，升华至一个新的高度——开放包容的民族主义。

《万国之子》中塑造了一名华人青年形象——许阿仕（Khow Ah Soe），他是一名清末的中国革命志士，虽出场不多，却成为作品中最具感染力的形象之一。他与明克年纪相仿，但具有相当丰富的知识与活跃的思维。明克在几次与他的交谈中收获颇丰，尤其是明克从许阿仕口中第一次听到了菲律宾的民族觉醒。这个情节的设置颇具典型意义，因为在反抗欧洲殖民者的斗争中，中国、印度尼西亚和菲律宾等各民族人民的命运是紧紧联系在一起的。在19世纪与20世纪之交，中国与印度尼西亚同受欧洲殖民者的无情压迫，有识之士奋起反抗，心存星火燎原之念，致力于唤醒民众而置个人安危于不顾。在这个意义上，两国人民的遭遇具有很多共同点。许阿仕这一形象的塑造，以及之后洪山梅的出现，都为普拉姆迪亚开放包容的民族主义思想理念进行了有力代言。

结　语

普拉姆迪亚是印度尼西亚现当代文学史中最为伟大的作家之一，他的思想深刻而丰富，其中的民族主义思想贯穿于他的文学创作生涯，"民族主义作家"也成为了他本人最清晰的标签，多种民族主义思想内涵深深烙印于他各部文学作品的细节之中。普拉姆迪亚的民族主义思想不是他个人的创制，而是立足于印度尼西亚本土社会文化传统的基础之上，充分吸收了那个时代亚非拉民族解放宏大背景中的诸多要素，最终形成了带有印度尼西亚特色的民族主义叙事。民族主义思想是当时印度尼西亚社会中具有代表性的思想，而普拉姆迪亚的民族主义思想超越了狭隘的本土本族，其多源兼收、开放包容的特征决定了他的民族主义思想不囿于对本民族同胞的同情，而扩大至对于不同民族命运的关切。他希望世人都能成为"万国之子"，在他的心目中，人类本质上是可以彼此分享的命运共同体。一个没有剥削和压迫、没有战争和苦难、没有饥饿和贫穷的盛世是他为之终生奋斗的理想。普拉姆迪亚的民族主义思想是理性的、开放的，也是充满理想主义情怀的；他的民族主义思想从不是狂热的、封闭的，不会狭隘地拘泥于只为本土本族思考。多元文化滋养和充实了他的民族主义思想体系，坚定、包容的民族主义立场主导了他一生的文学创作，使他的文学作品展现出立足本土文化、跨越多元文化的博大情怀。

学术信息

Bulletin d'information scientifique

北京大学第八届"文学与图像"学术论坛顺利举办[*]

虞雪健　刘雪璁

2024年9月21日至22日，北京大学第八届"文学与图像"学术论坛在北京大学外国语学院新楼隆重召开。本次论坛由北京大学东方文学研究中心、北京大学外国语学院、北京大学人文学部共同主办，北京大学印度研究中心、中国文化书院跨文化研究分院协办，国家社科基金重大项目"古代东方文学插图本史料集成及其研究"课题组和教育部人文社会科学重点研究基地重大项目"东方文学与文明互鉴：多语种古代东方文学插图本比较研究"课题组承办。来自北京大学、清华大学、南京大学、上海交通大学、南开大学、北京外国语大学，以及法国巴黎高等师范学院、韩国高丽大学、日本大阪大学、新加坡南洋理工大学等海内外三十余所高校、科研机构的近五十位专家和中青年学者齐聚一堂，围绕"后浪奔涌与迭代无限的文学图像"这一主题展开深入探讨。

9月21日上午，论坛开幕式举行。北京大学外国语学院日语系主任丁莉教授主持开幕式。北京大学外国语学院党委书记李淑静教授、北京大学博雅讲席教授王邦维、南京大学中国新文学研究中心赵宪章教授和北京大学历史学系朱青生教授分别致辞。李淑静教授在开幕致辞中热烈欢迎与会专家学者，并指出"文学与图像"学术论坛已成功举办七届，不仅体现了学界对这一领域的持续关注，也展现了跨越传统与现代、文字与视觉的研究趋势。王邦维教授回顾了东方文学研究

---

[*] 撰稿者虞雪健为北京大学东方文学研究中心博雅博士后，刘雪璁为北京外国语大学中国语言文学系助理教授。

中心的发展历程，强调了跨学科研究的重要性。王教授特别提到了人工智能技术在这一领域的应用前景，认为这将为研究带来新的机遇和挑战。赵宪章教授指出，经过十年发展，文学与图像研究的基本观念、方法和路径已经非常清晰。他回顾了十年前文学遭遇"图像时代"时引发的焦虑和思考，强调如今北京大学之所以能在这一领域取得深入发展，在于认识到语言与图像关系的根本性探讨是该领域持续发展的动力之源。朱青生教授幽默地讲述了自己如何"意外"参与到本次论坛中来，并简要介绍了正在进行的埃及图像研究项目，强调图像研究需要多语言、多学科的支持，呼吁加强国际合作。

随后，举行了《文学与图像》（第八卷）新书发布会。江苏第二师范学院文学院赵敬鹏副教授主持发布会，赵宪章教授回顾了丛书的创刊背景和发展过程，强调了这套丛书对推动学术研究的重要作用。北京大学外国语学院院长、北京大学东方文学研究中心主任陈明教授详细介绍了丛书的编撰历程，感谢了各位专家学者的贡献，并对该研究领域的未来发展做出了积极展望。

本届论坛包括主旨发言、主论坛和青年学者分论坛三部分。

主旨发言环节由北京大学外国语学院副院长吴杰伟教授主持。赵宪章教授作"论中国画的'伦理透视'"报告。赵教授在分析中国画的透视特点时，指出使用"焦点透视"和"散点透视"来区分中西绘画是一种误区。他提出，中国画透视的主要特点是透视的伦理化，可称之为"伦理透视"。这种"伦理透视"体现了中国传统文化对绘画艺术的深刻影响，也是中西方艺术观念差异的一个重要体现。

朱青生教授作"图像描述研究"报告，以《汉画总录》的画面描述为中心，深入探讨了语言与图像之间的复杂关系。他分析了科学语言、思想语言和艺术语言在图像描述中的不同功能，并探讨了在当今图像时代，计算机技术如何影响和改变我们对图像的描述和理解方式。

陈明教授作"'大雁衔龟'：一个民间故事图像的亚欧跨文化之旅"报告。陈教授通过全面搜集整理"大雁衔龟"的图像史料，分析了这一民间故事图像在古代亚欧文化交流中的流变过程。他特别关注了故事图像在不同文化背景下呈现的"空间与飞行"和"双重观看"两种特征，探讨了这些特征在审美和叙事方面的重要作用。

主论坛共分五场，第一场主题为"文学与图像、历史与发展"，由北京外国语大学亚洲学院穆宏燕教授主持，杭州师范大学国际教育学院院长、外国语学院欧荣教授评议。西北师范大学王志翔副教授的报告"模拟、标识、转型——中国早期图像的绘制缘起与时代演变"探讨了中国早期图像的发展历程，指出图像经历了从对自然的模仿，到具有神圣性的标识，最后在春秋战国时期转向抽象化和专业化的三阶段演变。浙江树人学院艺术学院李森研究员作"文字书写与图像叙事的兴起——兼论中西方叙事性图像的发展"报告，分析了文字书写对图像叙事的影响，认为文字书写改变了时间与心理感知模式，促进了图像叙事的兴起。南开大学文学院李玉平副教授的报告"文字与图像二元对立之批判分析"批评了传统的文图二元对立观念，主张纯粹的文字或图像并不存在，提出应该用新的符号分类体系来重新审视文字与图像的关系。延安大学鲁迅艺术学院桑盛荣副教授作"图写诗意：中国诗意图界域与模式"报告，提出了"图写诗意"的概念，阐述诗意图不仅是对诗的模仿，更是一种从图到诗的观众接受过程，体现了中国诗歌独特的诗意观照方式。清华大学人文学院张涛副研究员在报告"礼图的媒介转换"中考察了礼图在不同媒介中的变化，阐明从印刷到电影再到数字技术的媒介转换过程如何增强了礼图的审美属性和文化功能。赵敬鹏副教授作"论明清小说叙事与运河空间——基于文学与地图关系视角"报告，探讨了运河空间在明清小说叙事中的作用，阐述运河空间的描写对明清小说的叙事结构和城市形象塑造的重要意义，展示了这一研究视角如何拓展明清小说叙事研究的新维度。

第二场主题为"东方文学与图像阐释"，由北京大学外国语学院熊燃助理教授主持，李森研究员评议。穆宏燕教授的报告"从1370年大不里士《卡里来与笛木乃》插图本看波斯细密画对中国艺术的融会贯通"分析了该插图本中的中国艺术元素,阐述了波斯细密画如何吸收并融合中国绘画技艺,最终形成自身独特的艺术风格。对外经济贸易大学外语学院贾斐副教授作"莫卧儿王朝早期的印伊文化交流——以《卡里来与笛木乃》抄本为例"报告,探讨了《卡里来与笛木乃》在印度的翻译与重书过程,分析了相关抄本插图如何反映了印度对波斯文化的吸收。山东师范大学外国语学院马保全副教授的报告"伊斯兰教中国化视阈下元明阿拉伯文、波斯文碑刻中的图像研究"考察了元明时期阿拉伯文、波斯文碑刻上的图像,揭示了这些图像既反映伊斯兰教艺术特征,又受到中国传统文化影响的双重性。兰州大学敦煌学研究所张丽香教授作"本生源流——以 Śyāma-Jātaka 为例"报告,通过分析《睒子本生》的文本和图像演变,展示了该故事从印度到中亚再到中国的传播过程及其在不同文化语境中的变化。桂林理工大学吴小红讲师的报告"《婆罗多大战记》和爪哇族群政治生成模式"探讨了《婆罗多大战记》在爪哇文学中的接受与改编,分析其如何影响爪哇族群的政治观念形成。

第三场主题为"西方文学与图像阐释",由北京大学艺术学院刘晨研究员主持,朱青生教授评议。澳门科技大学国际学院国墨助理教授的报告"中国明清瓷器上的基督教图像:艺术融合和宗教影响"选取了四件绘有基督教图像的明清瓷器进行分析,探讨了这些图像如何体现了中西文化的交流与融合,以及基督教图像在中国文化语境中获得的新的内涵。合肥师范学院文学院王媛副教授作"论A.S.拜厄特《静物》中的语象叙事"报告,分析了拜厄特如何在小说中运用语象叙事技巧,探讨了这种叙事方式对于展现"凝视"问题和雌雄同体主题的作用。江苏第二师范学院文学院魏丹妮讲师的报告"俄苏先锋主义诗画中的'透视'——以哈尔姆斯对马列维奇的书写为例"探讨了俄苏先锋主义文学与绘画如何打破诗与画的界限,分析了哈尔姆斯如何借鉴马列维奇的"至上主义"艺术理念来重构视觉叙事。北京大学外国语学院王虹元助理教授的报告"新视觉与新现实:俄国白银时代文学中的印象主义"考察了印象主义绘画对俄国白银时代文学的影响，分析了文学印象主义的特征及其对文学表现力的拓展。北京大学外国语学院王彦秋副教授的报告"从列里赫的绘画看《伊戈尔远征记》的现代性"分析了画家列里赫不同时期创作的《伊戈尔远征记》相关绘画作品，探讨这些作品如何赋予古代文学作品以新的现代性，以及如何体现画家对"时间"和"道路"主题的思考。北京大学外国语学院刘洪波教授作"惺惺相惜，互为原型——果戈理与画家伊万诺夫的创作之缘"报告，探讨了作家果戈理与画家伊万诺夫之间的友谊和艺术交流，分析他们如何相互影响，成为彼此创作的原型，体现了文学与绘画之间的亲缘关系。

　　第四场主题为"古代文学与图像阐释"，由上海交通大学人文学院龙其林教授主持，赵宪章教授评议。欧荣教授的报告"诗耶？书耶？——以'烟江叠嶂图诗'为中心的跨媒介和多模态性考察"探讨了《烟江叠嶂图》及其相关诗作如何体现艺术家之间跨时空、跨媒介的传承与创新，运用跨媒介研究理论分析了文学书像作品的多模态特性。河北师范大学学报编辑部黄晋卿编辑作"清代女诗人的肖像题诗"报告，考察了清代女性诗歌中的肖像题诗，分析其独特的创作特点和个性化表达。云南民族大学文学与传媒学院冯秀英副教授的报告"从《明皇击梧图》到'击梧桐'：图像和文学的想象与演化"梳理了《明皇击梧图》的文本系统和流传轨迹，展示了绘画、音乐、文学在同一文本上的集中体现，以及图像和语象的杂糅和转变过程。扬州大学文学院张明明副教授作"从图像到演剧：元杂剧体制与鬼神戏的时空呈现"报告，探讨了元杂剧体制中的"题目正名"和"过场楔子"等结构元素如何影响鬼神戏的时空呈现。通过分析插图、文本和舞台表演之间的关系，揭示了元杂剧中鬼神戏独特的时空转换和叙事特征。国家京剧院陈文静助理研究员的报告"丹青与题咏：论清代课读图文中的母教呈现"通过分析清代课读图及其题咏，揭示了清代士族家庭中母亲在文化传承中的重要作用。江苏第二师范学院文学院张天骐讲师作"《赤壁赋》及其图像与日本风景游观中的赤壁拟想"报告,考察了《赤壁赋》及其图像如何影响日本的风景体验,分析了文图交融的观景方式在异域文化中的传播与接受。

第五场主题为"文学图像的生产与传播",由欧荣教授主持,赵敬鹏副教授评议。深圳大学饶宗颐文化研究院陈雅新副教授的报告"'满服入戏'新考——以图像为中心"从图像角度重新审视了满族服饰进入戏剧的过程,探讨了这一现象对戏剧服饰研究和中国戏曲艺术特征认知的影响。上海外国语大学世界艺术史研究所邱弼君编辑作"希腊瓶画数据库视角下的图文关系——以 Corpus Vasorum Antiquorum 为例"报告,运用语篇语言学的研究方法,分析了希腊瓶画数据库中画面描述文本与陶瓶画面之间的关系。广州大学人文学院陈晓屏副教授的报告"风景的政治:《新小说》风景图像考释与风景观念研究"探讨了《新小说》中的风景图像如何体现了近代中国的现代性图景,分析了这些图像在建构新的想象共同体和理想现代民族国家中的作用。北京印刷学院设计艺术学院龚小凡教授作"1949—1966年红色书籍封面的政治图像学解读"报告,考察了新中国成立初期红色书籍封面的政治符号和视觉表达,分析了这些图像如何反映当时的社会政治生态。海宁市名人研究院、《鹃湖评论》王学海主编的报告"图像转向在叙事隐喻与文学之间——以政治漫画家米谷晚年作品为例"探讨了政治漫画家米谷晚年转向花鸟彩墨和陶瓷造型艺术创作的过程,分析了其作品中的叙事特征与图像重建如何反映时代、政治环境与个人生活的互动。龙其林教授作"中国当代生态文学作品图像叙事中的'中国形象'"报告,考察了当代生态文学作品中的图像如何建构"中国形象",分析了这些图像在反思中国生态问题和展现中国生态保护成就方面的作用。

本届论坛特设青年学者分论坛,分为两场,旨在为新生代学者提供学术交流平台。第一场青年学者论坛以"西方文学与图像阐释"为主题,由王虹元助理教授主持,刘洪波教授担任评议人。中央美术学院美术史系博士研究生韩楠的报告"从谦卑到谦卑圣母——文本与图像的双重视角下'谦卑'形象的演变"探讨了中世纪"谦卑"美德形象的演变过程，指出谦卑形象逐渐与圣母形象融合，形成了独特的谦卑圣母图像志。巴黎高等师范学院博士研究生王缜虹作"画如此，诗亦然——菲利普·雅阁泰风景诗学的图画表达"报告，考察了瑞士籍法语诗人雅阁泰如何在诗歌创作中实践"以景入诗，以诗入画"的理念。同济大学人文学院、巴黎高等研究实践学院博士后王睿琦的报告"罗兰·巴特，绘画的作家"分析了巴特鲜为人知的绘画实践，发现巴特的绘画与其后期符号学理论存在密切联系，展示了巴特在文字和图像之间的创作实践。

第二场青年学者论坛聚焦"东方文学与图像阐释"，由北京大学外国语学院琴知雅长聘副教授主持，丁莉教授担任评议人。北京大学外国语学院王萱博士的报告"刍议古印度插图抄本的文图关系"探讨了佛教和耆那教插图抄本中的文图关系，分析了插图的多重功能。南洋理工大学博士研究生郭一作"多重纪念空间：浅析《张雨题倪瓒像》"报告，考察了元《张雨题倪瓒像》中的多重纪念空间，探讨了这些空间的形成过程与特性。韩国高丽大学博士研究生陆淑婷的报告"图文诗互现：朝鲜语境下对孝子图说的展开——以《金氏世孝图》为中心"分析了朝鲜时期孝子图说的特点，探讨了朝鲜文人对"图说"这种表达形式和"孝"观念的认识。北京外国语大学亚洲学院曹旭博士作"朝鲜朝'行实图'对《列女传》的图像诠释"报告，考察了朝鲜朝"行实图"中对中国《列女传》故事及图像的重新诠释，分析了其中体现的王权政治性和理想化女性形象构建。北京大学外国语学院博士后虞雪健的报告"江户时代本草学与草双纸文学的互动关系探究"结合具体实例，探讨了江户时代本草学在吸收借鉴中国本草类著作的基础上，所呈现出的与博物学、妖怪文化等多元学术文化领域交叉融合的独特发展图景。日本大阪大学博士研究生李俊甫的报告"日本军记小说《前太平记》的绘本化研究——以鸟居清信所作初期草双纸《前太平记》为例"探讨了日本军记小说《前太平记》的绘本化过程，分析了绘本版本的特点及其文化意义。

　　论坛在热烈的学术氛围中圆满落下帷幕。闭幕式由陈明教授主持。王虹元助理教授、王志翔副教授和龚小凡教授分别作为与会学者代表发表了参会感言。他们分享了对本次论坛的见解和收获，肯定了会议的学术价值。

　　最后，赵宪章教授作总结发言并宣布会议闭幕。本次论坛的成功举办，进一步推动了文学与图像研究的学科交叉与融合，为该领域的未来发展指明了方向。与会学者纷纷表示，将以此次论坛为契机，不断深化相关研究，为文学与图像研究的繁荣发展贡献力量。

"文明与互鉴：东方的文学与文明"中国外国文学学会东方研究分会2024年第二次学术研讨会圆满落幕[*]

黄群俸

2024年12月13日至15日，由中国外国文学学会东方文学研究分会主办，四川大学文学与新闻学院、四川大学比较文学研究基地承办，北京大学东方文学研究中心协办的中国外国文学学会东方文学研究分会2024年第二次研讨会暨"文明与互鉴：东方的文学与文明"学术研讨会在成都丽景家园酒店举行。来自北京大学、中国社会科学院外国文学研究所、日本早稻田大学、四川大学、南昌大学等高校、科研机构的专家学者齐聚一堂。

13日上午，会议开幕式举行，中国外国文学学会东方文学研究分会副会长、四川大学文科讲席教授张哲俊致辞，表达了对与会专家学者的热烈欢迎以及共同深入探讨东方文学研究的热切期望。

第一场主旨报告上半场由四川省比较文学文学基地副主任、四川大学赵渭绒教授主持。北京大学陈明教授带领大家"观看"印度两大史诗的写本与插图；广东外语外贸大学刘志强教授分享了诉诸个人意境的越南语汉译的红楼梦诗词；中国社会科学院外国文学研究所研究员钟志清教授娓娓道来了希伯来语诺奖得主阿格农与德国文明的交汇；北京大学林丰民教授以纪伯伦和米哈伊尔·努埃曼为主探究阿拉伯旅美文学与中国文学的交流关系。下半场由四川大学寇淑婷副教授主持。张哲俊教授阐释了比较文学中的三种交流关系，提出网状关系的研究

---

[*] 撰稿者黄群俸为四川大学文学与新闻学院硕士生。

方法。日本早稻田大学河野贵美子教授和重庆大学王志松教授分别就《日本灵异记》和台湾作家杨逵的《送报夫》的文本思考了东方文学研究意义。主旨报告精彩纷呈，既有高屋建瓴的理论架构，也不乏层层递进的实例分析。

13日下午，平行论坛由四场专场组成，以"东方文学研究""韩国、东南亚文学研究""日本文学研究"三个主题展开，与会学者针对书写文学、译本研究、跨媒介问题进行了充分的谈论。其中，在日本文学平行论坛中，张哲俊教授、王志松教授和河野贵美子教授出席并给出了翔实的意见，学者们纷纷表示受益良多。

14日上午，大会第二场主旨报告由德州学院高文惠教授和北京大学翁家慧副教授分别主持。汇报学者分别是北京大学吴杰伟教授、北京大学李政教授、国防科技大学赵杨教授、对外经贸大学余玉萍教授、天津师范大学黎跃进教授、广西民族大学黄玲教授以及内蒙古财经大学丁晓敏教授。七位学者围绕东西方文化新视域、跨文化文学接受和文学作家的价值观念等主题为大家呈现了精彩的报告。

中国外国文学学会东方文学研究分会会长、北京大学外国语学院院长陈明教授对本次研讨会进行总结并致闭幕词。他首先表达了对四川大学会务同学细致准备和辛苦付出的感谢，之后陈会长对会议内容进行了总结：本次会议议题广泛，充分体现了跨区域、跨语种、跨文化、跨文学的研究的特色，体现了我国东方文学研究的新格局、新气象和新的收获。最后，陈明教授对全国各地参会的青年才俊表达了衷心感谢，希望今后为东方文学文化交流和文明互鉴的事业共同不懈努力。在热烈的掌声中，会议圆满落幕。

"学脉与学术：近现代学人的学风养成与学科建设"学术工作坊顺利举办[*]

姜 蕾

2024年12月20日，"季羡林北大外语学科史系列工作坊"之四"学脉与学术：近现代学人的学风养成与学科建设"学术工作坊在北京大学校史馆举行。

本次工作坊由北京大学东方文学研究中心、北京大学外国语学院、北京大学档案馆、北京大学校史馆和中国文化书院跨文化研究分院合作主办。来自北京大学、清华大学、复旦大学、北京外国语大学、北京航空航天大学、中央民族大学、山东大学、中国海洋大学、重庆师范大学等国内高校及中国社会科学院、国家图书馆、上海博物馆、中华书局、湖南美术出版社、后浪出版公司等单位的学者齐聚一堂，共同探讨近现代学脉传承与学科建设的经验。

开幕式由北京大学外国语学院院长、北京大学东方文学研究中心主任陈明主持，外国语学院党委书记李淑静致辞。李淑静老师对各位专家学者的到来表示欢迎。致辞首先回顾了北京大学外国语学科的发展历程，指出近现代学人在留学、交流、藏书、读书以及学科发展的各个方面的经历和学术成果对今天的学科建设提供了借鉴和启示。本次工作坊旨在深入探讨近现代学人的血脉传承，挖掘他们在学风养成和学科建设方面的经验和做法，期待通过各位学者的深入交流和探讨，能够进一步理清学术发展的脉络，明确未来的研究方向，为北大外语学科史的研究以及整个学术领域的发展作出积极的贡献。

---

[*] 撰稿者姜蕾为北京大学东方文学研究中心博士生。

第一场"留学·交流·学科"由北京大学外国语学院王建老师主持,北京外国语大学历史学院王丁老师评议。北京外国语大学历史学院院长李雪涛通过对鲁迅藏书的分析,探讨了第一代留日学人的学术背景及其知识结构的多元性,尤其是鲁迅作为代表人物的学养及其跨文化的学术成就,并将之与当代中国学者藏书的局限性进行对比,为当代学术界提供反思和借鉴的价值。北京大学图书馆栾伟平老师根据《传记文学》杂志连载本、赵元任英译本《杂记赵家》以及《赵元任日记》的记载,对刘半农在法国巴黎参加博士学位答辩时担任考官的六位法国教授名字重新考证,并梳理了答辩前后的部分相关史实。陈明老师借助近年来新发现的有关周一良的档案、照片、来往书信及报刊资料,对周一良在哈佛及归国之后的学业与研究加以梳理。报告指出,周一良在哈佛的学习科研、师承交游与其归国后的研究有着密切关联,而他归国后的学术环境及交往活动也属于中国史学史和中国东方学史的重要组成部分,追溯和学习周一良在哈佛及归国后的学业研究可以梳理近代留学与知识迁移的关系,借此有望推进学科史在未来的发展。王丁老师认为三位发言人的研究具有重要意义。他提出了"留学类型研究"这一概念,指出以往的留学史研究大部分基于留学生出国前和回国后的经历,而少有人着眼于留学生在国外的经历。近代中国的学术史研究不能单一、孤立地看待,而应放在民族国家的框架下、具备全球史的研究思路,从多语言、多文化、多传统的角度进行研究。

第二场"留学·交流·北大"由山东大学儒学高等研究院孙齐老师主持,李雪涛老师评议。中央民族大学民族学与社会学学院田方萌老师以潘光旦、吴定良和陶云逵为例,分析了西方优生运动与中国留学生的关系。20世纪二三十年代,英国、美国和德国分别形成了三个优生学研究中心,大致同期留学于三地的潘光旦、吴定良和陶云逵在不同程度上吸收了这套知识体系的观点和视角。报告基于近年中西方出版的有关学术史文献和史料,分析了优生学对于中国现代学术的早期影响,并从优生学角度阐明了潘光旦人类学思想的学术源流。北京大学外国语学院毛明超老师着眼于冯至的"学习时代"。报告以冯至书信、师友回忆、著译文章为切入点，介绍了冯至在北京、海德堡与柏林求学期间对德语文学的阅读、译介与研究，指出冯至在对德语文学的创造性接受中，除了一般研究多论及的形式特征与美学倾向，同样具有思想内涵与实践指向的维度，尤其是"工作而等待"这一核心的主题。王丁老师以季羡林的日记与回忆录为基础材料，考求了季羡林留德时期见于其日记等材料中的约三十位外国师友的生平及职业信息，为季羡林学术传记研究提供了一个环境背景，并复原了二战前后以德国暨哥廷根大学为中心的欧洲东方学学术史的有关线索。北京航空航天大学外国语学院吴晓樵老师的报告介绍了北大留德学人姚宝名与清季民初中德学术交流，以钩沉北大早期留德学人姚宝名的著译与交游为个案，探讨在北大德文学科创办前的留德学人在译介德国文学艺术以及中德学术交流等方面所做的努力及其开风气之先的意义。国家图书馆雷强老师介绍了袁同礼在欧美游学期间同伯希和等汉学家的交游以及归国后以北京图书馆（国立北平图书馆）为平台开展的一系列中文学术交流、合作活动，梳理、分析了袁同礼在中外学术交流中不可或缺的中枢作用。上海博物馆柳向春老师介绍了曾任职北京大学图书馆的徐森玉与北京大学的关联，梳理了北大前后两任校长蔡元培、胡适与徐森玉的交游往事，探析徐森玉与北大的渊源。李雪涛老师指出，学人交往的背后实际上是近代学术网络的形成，近代以来知识传播通过网络的连结点不断生产创新。六篇论文都涉及中国从传统向现代转变过程中知识分子扮演的角色和发挥的作用。田方萌老师的研究聚焦于思想史的研究，通过潘、吴、陶三人的学说可以透视背后的时代关系，今天对三位学人的学说讨论需要放在当时的语境下，看待他们对当时的学说如何继承与发展。毛明超老师的研究关注冯至在德国时期的求学经历，有助于衔接冯至留学前后的知识生成脉络、理清其学术和知识体系形成的原因。王丁老师对季羡林留德时期的交往做了细致的梳理工作；季羡林的《留德十年》中有一部分回忆的内容可能出现前后时间的颠倒或模糊，有必要对照档案、回忆录和日记加以澄清。吴晓樵老师对姚宝名与清季民初中德学术交流做了细致的研究，此类研究需要在中西文化两个脉络下同时展开，需要通晓不同语言和文化的学者共同参与。雷强老师关于袁同礼的报告提供了大量的书信等一手材料，为国家图书馆的资料整理和袁同礼的研究做出了巨大贡献。柳向春老师在交往和学术网络的大框架之下对徐森玉展开研究，挖掘那个时代的学者在整个社会和文化工作当中所起到的作用，这种关联性的研究具有重要的意义。

第三场"藏书·阅读·学术"由中华书局孟庆媛老师主持，北京大学图书馆邹新明老师评议。中国社会科学院哲学研究所高山杉老师的报告由北京外国语大学博士后王乐乐代为宣读。论文根据栾伟平于《钢和泰藏书在北京大学》一文中所做的最新研究，通过对坊间所见钢和泰及中印研究所的西文藏书以及书中批注加以考定，为彻底复原钢和泰及中印研究所的藏书提供新帮助。独立学者周运老师以"胡适外文藏书流散之佚闻"为题，以自己搜集整理所见市面流通的胡适外文藏书切入，梳理了胡适所藏部分线装书及外文书在不同时期在北京大学图书馆、人民大学图书馆等地的流转，对以往胡适藏书研究者未曾注意的问题进行了探究和补充。北京大学档案馆郭鹏老师通过信件、档案和相关文献，撷取刘国钧1951—1952年期间进入北京大学图书馆学系任教前后的几个片段，记述他在美国的留学经历、学术思想以及在北京大学图书馆学系初创时期的贡献。中国海洋大学文学与新闻传播学院张治老师结合相关读书笔记和北大图书馆发现的书籍借阅卡登记信息，对钱锺书在1953—1955年就职于北京大学文学研究所时期的个人阅读史加以梳理，从时间上还原了当年学术生活的部分现场，为理解钱锺书学术研究的一部分核心目标提供了新渠道。邹新明老师感谢了各位老师的分享并作点评。高山杉对钢和泰藏书中的标记和批注进行了细致的梳理，判断亦比较合理。针对胡适藏书的流散问题，邹老师认为20世纪50年代院系调整时期部分藏书管理存在混乱的情况，周运老师补充的信息对图书馆管理建设有很大帮助。郭鹏老师对刘国钧的情况加以细致梳理,这部分根据档案的研究具有重要意义。张治老师的研究将书籍借阅卡上学者签名的文物价值和阅读史进行结合,相较于以往的研究开辟了新角度;但在资料选择时或需注意借阅登记与实际阅读时间的差异。

第四场"学源·学科·学缘"由中华书局李世文老师主持,北京大学人文社会科学研究院孟繁之老师评议。北京大学外国语学院梁晶晶老师对"北京大学外国语学院自京师同文馆始"这一观点加以质疑,报告从学馆选址、组织架构、管理者职级称谓、人员心态、学生去向等角度入手,利用相关史料,对译学馆的建立、存续、解散三阶段加以分析,梳理了译学馆与京师大学堂、译学馆与京师大学堂下分科大学中各外国文学门的关系,重考北京大学外国语学院之起源。重庆师范大学历史与社会学院聂文华老师梳理了邓广铭在1932—1948年的早期学术历程,指出邓广铭经历了弃文从史的转折。从接受新文化运动的洗礼走上文学之路;再到在北大史学系接受系统的史学训练、从南宋浙东学派入手研究宋史,最后因胡适的传记专题实习课的影响,走向文史结合的谱传史学之路,完成了从"文学青年"到"新宋学最有功之一人"的学术转变。北京大学档案馆邹儒楠老师的报告"王选院士的北大学缘"介绍了汉字激光照排系统创始人和技术负责人王选在北大数学力学系的求学经历,从师承关系、同伴关系、课程设计、考试方式、专门化训练等多方面探寻王选的成才之路,并进一步探究我国高等教育拔尖创新人才培养的内部逻辑。湖南美术出版社王瑞智老师的报告聚焦于著名建筑史学家和建筑史教育家陈志华的学术研究方向,通过梳理陈志华从前期撰写翻译西方建筑学相关研究著作到后期全身心投入中国乡土建筑的调查保护研究的转向,探究其学术研究方法脉络。孟繁之老师在点评时肯定了梁晶晶老师的报告选题的突破性;指出论文的题目应稍加调整,此外论文中"人才培养方向、课程设置、毕业去向"等问题可以放到前面去讨论;期待未来对这一问题进行更深入的探究。聂文华老师关于邓广铭学术历程的编年式梳理对自己的研究和年谱整理工作有很大启发，并补充提供了在中国美院图书馆等地所见邓广铭藏书的信息。对于邹儒楠老师的报告，孟老师补充了20世纪80年代北大时任校长回忆录中有关王选的内容，建议在进一步研究中除了关注70年代末80年代初的"大环境"，也要关注"小环境、小氛围"。王瑞智老师系统梳理了陈志华的学术研究转向，指出陈志华在建筑学思想理念和对乡土中国的文化遗产保护等方面产生了非常深远的影响。

第五场"学术·学科·史学"由后浪出版公司宋希於老师主持，柳向春老师评议。邹新明老师对北京大学图书馆和哈佛燕京图书馆藏齐思和致洪业书信二十余通按时间顺序加以梳理和分析，考察了洪业对齐思和的提携和影响，以此个案分析探究洪业对燕大史学发展的贡献。复旦大学中国历史地理研究所孟刚老师做了题为"谭其骧《中国历史地图集》与历史地理学"的报告，指出作为现代中国历史地理学的奠基人与开拓者之一，谭其骧是中国传统沿革地理学向现代历史地理学学术转型最主要的推动者和完成者。这一学术转型与三个因素密切相关：一是《中国历史地图集》的编纂为转变提供了历史机遇；二是现代科学技术的进步尤其是地理学理论的进步、现代测绘技术的发展为转变提供了技术保障；三是新中国建设与发展的强大现实需求，对学科发展提出了迫切的要求。坚持谭其骧一生所倡导的历史地理学"实事求是"和"经世致用"，对于历史地理学发展具有重要现实意义。孟繁之老师的研究聚焦于1950年代北大历史学系考古专业的课程规划、目标培养等。报告以北京大学档案馆所藏旧档、1958年人民出版社所印行的《历史科学中两条道路的斗争》一书，及老一代考古人的口述回忆，从学校/院系、教师、同学"三位一体"，着眼大时代、大背景，考察1950年代中国考古学专业建立之初的学科发展之路。柳向春老师对三位学者的发言进行了精彩的点评和补充，首先从辩证的角度简单介绍了洪业的多面性，肯定了邹新明老师对二十余封书信的解读所提供的丰富信息，对了解学术史和人物研究的丰满性等方面都提供了很大帮助；孟刚老师的报告梳理了谭其骧的学术成果和研究脉络，有助于更深刻地理解谭其骧在学科建设和人才培养方面的贡献，柳老师结合自身求学和交游经历，进一步补充了谭其骧的学生和长子对其言传身教的坚持；孟繁之老师的报告介绍了从1949年之后面对新时代新要求、考古专业做出的全新学科规划，展现了这一时期学科发展立足现实的考量，柳老师认为：研究学术史或者思想史要立足时代，学术研究尤其要注意当代性。

闭幕式由北京大学外国语学院副院长吴杰伟主持，陈明老师与李雪涛老师致辞。陈明老师感谢了各位专家学者认真细致的分享，对参与会议筹办的团队表示了诚挚的感谢。陈老师指出，今年是北京大学的"学科质量年"，此次会议与《百年回眸》学科史的展览相结合进行讨论，为学院这一年的学科建设工作画上了圆满的句号。参会的各位发言人以及评议人、主持人绝大部分是年轻学者，显示了学术界的新力量、新兴趣、新探索，学科史研究的未来可期。会议论文主要围绕文化交流与文明互鉴，为学科史和学术史的研究提供了新内容、新方法，令人获益匪浅。李雪涛老师对本次工作坊的举办表示感谢。他认为"近现代学人的学风养成与学科建设"这一主题具有重要意义，启示我们对于中国学术史和学科史形成的探究，要放在全球知识史的背景之下进行。期待今后组织更多学者，尤其是年轻学者就这一问题进行更深入的讨论。

潮起东方　美韵华章[*]
——"古代东方美术理论选萃"新书发布

2025年1月9日，由广东省出版集团、南方传媒主办，广东教育出版社承办的"古代东方美术理论选萃"新书发布仪式在2025北京图书订货会举行。中宣部出版局图书处处长王为衡、北京大学外国语学院院长、教授，"古代东方美术理论选萃"丛书主编陈明，北京语言大学特聘教授、中国文艺评论家协会副主席、中华美学学会副会长王一川，中国社会科学院世界宗教研究所研究员、中国社会科学院大学教授周广荣，广东省出版集团、南方传媒党委书记、董事长谭君铁，广东省出版集团副总经理、南方传媒总编辑肖延兵，南方传媒副总经理、广东人民出版社社长、岭南古籍出版社负责人肖风华，南方传媒总经理助理、广东教育出版社社长朱文清，南方传媒副总编辑、出版部（国际部）总监萧宿荣等出席。发布仪式由北京大学外国语学院教授丁莉主持。

陈明在致辞中强调了古代东方文学图像研究的重要性，"古代东方美术理论选萃"丛书是一项国内首次汇集了梵语、波斯语、奥斯曼语、日语等多语种文献的译丛，为研究者提供了第一手的基础史料，该丛书的出版不仅响应了国家的文化倡议，还促进了文化多样性和艺术创作的发展，为"东方大文学"研究开拓了新格局。

朱文清在致辞中用三个"度"介绍了这部学术著作。第一是高度。丛书立足于促进"一带一路"沿线国家古代艺术和文化交流互鉴的基础之上，积极响应国家"一带一路"倡议，从而获得国家社科基金和国家出版基金的青睐。第二是深度，丛书摒弃对西方理论的完全套用，践行"在东方之上观照东方"的跨学科、跨文化研究范式，对于构筑

---

[*] 本文由《中国出版传媒商报》采写刊发。

中国特色理论体系具有重要的价值。第三是厚度。丛书涉及的文献林林总总，有古代西亚的波斯语、奥斯曼语文献、南亚的梵语文献以及我国的汉译佛经文献等，研究的难度可见一斑。该丛书的出版将为艺术研究者提供宝贵资料，进一步促进东西方文化交流。

圆桌论坛环节，王一川认为，该丛书汇集了多语种的艺术理论，凸显了东方艺术理论的声音，展现了艺术理论的多样性和丰富性，是跨文化学研究的重要传承成果，在当前文明交流互鉴的背景下，丛书的出版具有显著的价值。周广荣深入阐述了新书的价值，指出其虽以古代东方美术理论为主题，但涉及宗教、文学、语言、政治等多个方面，具有广泛的学术和文化价值。并希望有更多的年轻学者秉承着文化自信和实事求是的精神，推动东方学与西方的平等交流和对话。北京外国语大学亚非学院教授穆宏燕从东方文学、东方艺术学、艺术理论等方面肯定了这套丛书的重要性和价值。她认为陈明教授主持的项目发掘了与东方文学密切相关的图像宝藏，拓宽了东方文学研究的领域边界。

陈明分享了编纂丛书的初衷和过程。他提到，动力来自对东方的热爱、北大东方文学研究中心的学术传统继承与开拓，以及图像学研究对文学研究的启发性意义。他强调，东方图像研究不能完全套用西方理论，东方理论具有丰富性和百科全书性质。活动现场，北大东方文学研究中心与广东教育出版社签署了框架协议，旨在通过合作为广大读者奉上更多精品力作。南方传媒向北京大学东方文学研究中心赠送唐代拓像卷轴。

"古代东方美术理论选萃"丛书共8卷，从古代西亚的波斯语、奥斯曼语文献，南亚的梵语文献，东亚的日语文献以及我国的汉译佛经文献中，选取与绘画、造像、雕塑等美术理论以及艺术史相关的论著，进行翻译或辑录和注释。该丛书系国家社科基金重大项目的研究成果，获国家出版基金资助。丛书为进一步认识世界文明的整体性和多元化提供了新的资料和视野，对艺术创作和实践有积极的推动和启发，为当代中国文化的对外传播提供了借鉴和参照。

《跨文化对话》投稿须知与用稿体例

一、投稿须知

1.《跨文化对话》网络投稿平台网址是：http://www.pkujccs.cn。本刊坚持学术性、公益性，不收取任何版面费，所有来稿一律通过本网络投稿平台寄送。

2.来稿的作译者均请提供姓名、通信地址、电话和电子邮件地址（中英文）。

3.中文原创稿件，论文题目、作者简介（姓名、工作单位和职称），需附英译文。

4.中文译稿，论文题目、作者与译者简介（姓名、工作单位和职称），需附英译文。同时，务请附上稿件的原文，提供审稿时查核。

5.所有稿件，须附内容提要（中文200字以内）、关键词（中文20字以内）。

6.来稿请用 Word 格式和 PDF 电子文档两种形式，压缩成 ZIP 文件，上传至本期刊网络投稿平台。

7.本刊采用匿名审稿制，所有收稿反馈、修改意见、是否采用等信息，均通过网络投稿平台寄出。作（译）者在得到本刊确认收到稿件的回复后三个月如未收到反馈，可自行撤稿，另投他刊。

二、用稿体例

1.稿件正文格式。使用五号宋体，1.5倍行距。

2.标题级别。标题级别顺序为："一、""（一）""1.""（1）"。

3.引文。稿件中的引文，务请核对准确。一般引文，采用页下注形式，注明完整文献出处信息。重点引文，可采用成段引文格式，仿宋体，上下各空一行，左缩进两字，注明完整文献出处信息（参考本部分第6条和第8条）。

4.注码。正文中的注释,采用页下注连续编码的形式(每页从①起),注码排在所注文字的右上角,按数字序号(①、②……)排列。译者注,请特别注明(如:雅克·勒芒尚,法国戏剧评论家。——译者注)。

5.译文中的外文文献处理:(1)注释若只是注明文献出处,则不必译成中文,全部保留外文内容即可。(2)注释中若有作者的论述性或说明性文字,那么这部分文字应译成中文,而涉及原始文献的出版信息(如作者名、书名或文章名、出版社名称等),应括注在相应的译文后面,以便读者溯源外文原始文献。

6.中文图书的注释格式。作者(外国作者的国籍用六角括号表示)、书名、译者、出版社、出版年、页码(如:〔美〕伯克:《法国革命论》,何兆武等译,北京:商务印书馆,1988年,第47页)。期刊注释格式为:作者(外国作者的国籍用六角括号表示)、论文篇名、刊名、出版年,期号、页码(如:〔美〕成中英:《论〈周易〉作为本题诠释学的全面的"观"及其意义》,《国际易学研究》1995年第1期,第156页)。如需注作者朝代,用四角括号表示。

7.中文书刊名和文章篇名均使用书名号;外文书名、期刊名均使用斜体,外文文章名用双引号。

8.西文书籍和文章的完整注释格式如下:

专著类:

Raymond Williams, *Keywords* (New York: Oxford University Press, 1984), pp.184-186.

Herbert Spencer, *Principles of Sociology*, vol. I, 3rd. ed. (New York: Appleton, 1895), pp.44, 437.

篇章类:

William Wordsworth, "Lines Composed a Few Miles above Tintern Abbey", in *William Wordsworth: The Poems*, vol. I, ed. John O. Hayden (New Haven: Yale University Press, 1981), p.361.

编辑类:

Henry D. Thoreau, *Walden*, ed. J. Lyndon Shanley (Princeton:

Princeton University Press, 1971), pp.12, 112-114.

Frederick L. Gwynn and Joseph Blotner, eds., *Faulkner in the University* (New York: Vintage, 1965), p. 199.

翻译类：

Henri Lefebvre, *The Production of Space*, trans. Donald Nicholson-Smith (1974; Oxford: Blackwell, 1991), pp.222-225.

期刊类：

Louise Westling, "Virginia Woolf and the Flesh of the World", *New Literary History*, 30 (Autumn 1999), pp. 855-876.

James C. McKinley, Jr., "A Tiny Sparrow Is Cast as a Test of Will to Restore the Everglades," *New York Times*, June 5, 1999, sec. A, pp. 1, 19.

重印书：

John Muir, *Our National Parks* (1901; rpt., Madison: University of Wisconsin Press, 1981), p.125.

资料来源：

Lawrence Buell, *Writing for an Endangered World: Literature, Culture, and Environment in the U.S. and Beyond* (Cambridge, Massachusetts, and London, England: The Belknap Press of Harvard University Press, 2001), pp. 267-340.

9.译名。来稿中的译名，需采用学界或国内读者熟悉的通译或惯用译名，若无通译或惯用译名，请参照《大英百科全书》(中文版)、《世界人名翻译大辞典》、《世界地名译名手册》以及商务印书馆出版的人名、地名译名手册等工具书。工具书上未见的译名，可根据上下文情况或保留原文，或由译者自行翻译，但应在第一次出现时，把原文用括注标在中译文后。译名的处理方法要全文统一。

跨文化学

《跨文化对话》编辑部
商务印书馆编辑部
2020年5月20日